智慧课堂

新理念 新模式 新实践

刘邦奇 吴晓如 / 著

ZHIHUI KETANG

XINLINIAN XINMOSHI XINSHIJIAN

北京师范大学出版集团
BEIJING NORMAL UNIVERSITY PUBLISHING GROUP
北京师范大学出版社

图书在版编目（CIP）数据

智慧课堂：新理念　新模式　新实践/刘邦奇，吴晓如著. —北京：
北京师范大学出版社，2019.1（2022.1重印）
　　（课堂革命. 智慧课堂丛书）
　　ISBN 978-7-303-24421-8

　　Ⅰ. ①智… Ⅱ. ①刘… ②吴… Ⅲ. ①课堂教学—教学研究
Ⅳ. ①G424.21

中国版本图书馆 CIP 数据核字（2018）第 275212 号

营　销　中　心　电　话　010-58802135　58802786
北师大出版社教师教育分社微信公众号　京师教师教育

出版发行：北京师范大学出版社　www.bnupg.com
　　　　　北京市西城区新街口外大街 12-3 号
　　　　　邮政编码：100088
印　　刷：天津旭非印刷有限公司
经　　销：全国新华书店
开　　本：787 mm×1092 mm　1/16
印　　张：22.5
字　　数：352 千字
版　　次：2019 年 1 月第 1 版
印　　次：2022 年 1 月第 5 次印刷
定　　价：58.00 元

策划编辑：郭　翔　　　责任编辑：马力敏　李　迅
美术编辑：焦　丽　　　装帧设计：焦　丽
责任校对：韩兆涛　　　责任印制：马　洁

智慧课堂丛书
编委会

顾　问：何克抗

主　任：吴晓如

主　编：刘邦奇

编　委：（按姓氏笔画排序）

　　　　丁　鹏　王　卓　王　政　孙　波

　　　　李有毅　李新义　汪张龙　宋述强

　　　　张　海　贾积有　顾小清　郭绍青

　　　　黎加厚

总　序

ZONGXU

　　教育关系国计民生，是国家发展的基础性、先导性工程。党的十九大报告强调，"必须把教育事业放在优先位置，深化教育改革，加快教育现代化，办好人民满意的教育"。而实现这个宏伟目标，在当前全球已进入信息时代的背景下，以互联网、大数据、人工智能为代表的信息科技是关键支撑。为抢抓新一轮技术机遇，我国相继出台了《关于积极推进"互联网＋"行动的指导意见》《新一代人工智能发展规划》等，以期通过"互联网＋""人工智能"打造经济社会发展的新动能、新引擎。就教育领域，特别是基础教育领域而言，这些部署不仅为深化教育改革提供了新的视域，也引发了各界对"互联网＋教育"和"智能教育"等教育新形态的广泛探讨。

　　但是，就目前来看，学界、业界对"互联网＋教育"和"智能教育"的认知存在一定偏差，忽略了对概念所代表的实质性事实的辨析，相关概念被过度使用或混淆含义的情况时有发生，从而对政策制定和公众认知造成了一定的困扰。我们认为，问题主要集中在以下两个方面。

　　一是对"互联网＋教育"和"教育＋互联网"的认知偏差。"互联网＋教育"本质上是对传统教育运行逻辑的突破和创新，是通过解构、重构形成的全新的有别于传统的教育新生态。具体来说，就是在认识并尊重教育本质和规律的基础上，运用互联网的技术和思维，打破时空限制，以学习者为中心，重塑和再造教育教学的内容、工具、方法、模式、体系，为广大学习者提供优质、个性教育的新型教育服务模式。当前，"互联网＋教育"的案例并不多，2013年创办的密涅瓦大学（Minerva Schools）可以算是个典型。该校借助互联网系统以及其他一些资源，初步实现了沉浸式的全球化体验、现代化课程、终身成就支持和真正无地域限制、无歧视的招生等办学目标。而"教育＋互联网"则是指在原有的教育系统中加上互联网的技术，理顺、增强、优化既有的教育模式和教育逻辑的一种方式，教育在其中起到强势主导作用。显然，"教育＋互联网"并未跳脱传统应试教育的范畴，技术依旧是在原有的"教育跑道"中发挥助推作用，以提升应试教育体制下教、学、管、评等各个方面的效率为旨归。目前，在各级教育行政部门、各类教育机构中普遍采用的各种学习系统、管理系统，以及围绕二者所开展的一系列教育教学行为，都可以认为是"教育＋互联网"。

二是对"人工智能＋教育"与"教育＋人工智能"的认知偏差。目前，人工智能技术整体处于初级水平，尚未具备足够强大的"＋"的能力。各界对"人工智能＋教育"和"教育＋人工智能"的讨论，也是设想大于实践，且并未有成型的定义。参照"互联网＋教育"和"教育＋互联网"的分析框架，我们认为，所谓"人工智能＋教育"是指将人工智能技术视为教育领域的基础和核心工具，在教育领域通过全面、系统、深入地运用人工智能的思想、理论、技术、方法和工具等，使学习者在知识、技能、素养、品德等各个方面全面成长、全面发展的一种新型教育模式。在这种模式下，学习者的个性特点被充分尊重、身心智能得到充分发掘；教师的定位也会发生很大变化，优秀教师的定义也会被重新诠释。与之相应，所谓"教育＋人工智能"指的是以现有的教育模式、教育逻辑为依归，依托人工智能技术辅助教师、学生与教育管理者个体，辅助各级教育行政部门和各类教育机构优化教育教学过程，提升教育教学效能，从而更好地达到各类教育教学目标的过程。

当前，还鲜有典型的人工智能技术与教育融合的成功案例，既谈不上"教育＋人工智能"，更谈不上"人工智能＋教育"。大多关于智能教育、智慧教育的实践探索，实际上还是在做"教育＋互联网"的事情，对此我们要有清晰的认识。但值得肯定的是，这些探索是必要的、合理的。一方面其为解决已有教育问题提供了新的方式方法；另一方面也为实现教育深层变革奠定了技术、理论基础。其中，课堂作为人才培养的主阵地，技术赋能的探索尤为关键。

值得高兴的是，在越来越多的教育互联网企业蓬勃发展的同时，大约从2015年开始，我国多家杰出的互联网企业开始高度关注基础教育，形成了各自特点鲜明的教育事业部门，并依托自身技术优势，与政府、教育主管部门、其他企业、学校以及教师、学生、家长等频繁互动，大力度、大范围地介入基础教育的核心业务。虽然这样的探索还有很长的路要走，也总是有得有失，但这个势头对教育信息化的推动力巨大，也使我国的教育信息化 2.0 战略从一开始就有了政府、企业和社会力量多方合作的新态势。

在此背景下，由讯飞教育技术研究院策划和撰写的"智慧课堂丛书"陆续出版了。该丛书是作者围绕信息化背景下课堂教学变革这一热点问题，对近几年智慧课堂技术创新、理论探索和实验研究进行系列化研究的成果。丛书既包括智慧课堂的背景动因、宏观依据、体系构建、教学模式等理论，又包括智慧课堂教学设计与实施策略，以及在实践中形成的学科智慧教学典型案例，还包括大数据、人工智能等智能信息技术支持下智慧课堂的创新发展内容。该丛书对于各类学校正在开展的信息化教学实践具有较好的针对性、指导性和实用性。

教育部于 2018 年 4 月颁布的《教育信息化 2.0 行动计划》正式宣告了教育信息化从 1.0 到 2.0 的转段升级，智能信息技术对人才培养模式和教学方式变革将愈加深刻。借此，希望广大一线教师和研究工作者积极投入信息化教学变革的大潮，勇于探索实践，加强协作分享，共同创造学校教育信息化的美好未来。

是为序！

任友群

2018 年 8 月于丽娃河畔

3

序

随着时代的发展，培养和提升学习者的核心素养、关键能力已成为当今社会关注焦点和教育改革重点。新的目标需要新的人才培养模式。课堂是人才培养的主阵地，课堂模式影响人才培养模式和教育质量。随着教育信息化进入2.0时代，技术与教学的融合不断深化，技术对课堂教学的革命性影响愈发显现。教育部陈宝生部长提出："深化基础教育人才培养模式改革，掀起'课堂革命'，努力培养学生的创新精神和实践能力。"在信息化环境下重新设计课堂、重构教学流程，实现技术支持下的课堂教学结构性变革，是新时代学校教育深化改革和发展的重要任务。

"智慧课堂"的提出与发展，实际上是新一代信息技术与教育教学融合发展的必然结果，是学校教育信息化聚焦于教学、聚焦于课堂、聚焦于师生活动的客观要求。当今社会进入人工智能时代，物联网、云计算、大数据和人工智能等技术的运用将对教育教学领域产生深刻影响。当前确实有必要对传统的课堂教学进行深刻的反思，以现代教育技术和学习理论为指导，利用认知诊断、数据挖掘、学习分析等新的技术来改进教与学，探索新的课堂教学模式，破解传统教学中难以解决的问题。

在此背景下，刘邦奇、吴晓如的新作《智慧课堂——新理念 新模式 新实践》出版了。该书是对近几年智慧课堂技术创新、理论探索和实验研究的系统探讨，既包括智慧课堂的背景动因、概念内涵、体系构成和平台设计等理论描述，也包括智慧课堂的教学模式、教学方法和数据挖掘分析方法，还包括智慧课堂学科应用和学校整体推进智慧教学改革的丰富实践案例。该书结构合理，观点新颖，方法实用，阐述严谨，科学性、操作性强。当前各地教育部门积极推进教育信息化2.0建设，智慧校园、智慧课堂的建设兴起新的高潮，大家亟须智慧课堂建设方面的理论指导，而该书是一本难得的理论、

1

2

技术与应用有机结合的实用性著作，对于广大一线教师和学校开展信息化教学改革，极具指导意义和参考价值。

新时代，智能化、信息化正在悄然改变着人才培养模式和教学方式，"课堂革命"加速推进。新的时代赋予教育新的使命，也为学校教育信息化发展带来新挑战、新机遇。期待广大一线教师和研究工作者积极投入信息化教学变革大潮，共同开展智慧教育教学新实践，为构建信息化环境下的新型人才培养模式和教学方式而努力！

黎加厚

2018 年 9 月于上海师范大学科技园

前　言

QIANYAN

　　智慧课堂是实施智慧教育和培养高素质创新人才的主渠道，是当前教育教学信息化研究的前沿和热点话题。随着信息化社会、知识经济时代的加速发展，世界范围内的科技竞争、经济竞争和人才竞争日趋激烈。深入推进素质教育，发展学生学科核心素养，着力培养高素质人才是新时代教育改革发展的历史使命。与此同时，大数据、人工智能等技术迅猛发展，与教育的融合不断深入，教育信息化进入 2.0 时代。因此，客观要求以学习者为中心，加快推动信息化背景下人才培养模式和教学方法变革，实现技术支持的"课堂革命"。

　　进入 21 世纪以来，笔者带领的研究团队对学校教育信息化进行持续研究与实践探索。近几年，我们聚焦课堂教学信息化问题展开理论、技术与应用"三位一体"探索，先后出版了《智慧课堂》《智慧课堂教学理论与实践》两部著作。目前人们对智慧课堂的理解越来越深刻，途径越来越丰富，应用越来越深入。但实践中广大学校和教师提出了许多新问题和新需求，例如，智慧课堂与当前的素质教育、核心素养发展及新课程改革是什么关系，如何进行常态化应用，智慧课堂教学模式及方法有哪些，不同学科教学应用有什么特点，人工智能背景下智慧课堂平台如何升级，课堂中的大数据如何挖掘分析等。这些问题亟须从理论上予以回答、在技术上持续创新、于实践中加以解决。为此，我们撰写了第三部著作《智慧课堂——新理念 新模式 新实践》，以期为解决上述问题提供指导和参考。

　　本书的研究采取"聚焦问题、平台升级、教学实验、理论创新"的技术路线展开。全书共九章，分为系统架构、模式构建、学科应用三大部分，形成了新一代智慧课堂的新理念、新模式、新实践体系，主要内容如下。

　　第一部分为系统架构，包括第一章至第三章。该部分是新一代智慧课堂

1

2

构建的顶层设计和基础支撑,重点阐述了智慧课堂的发展背景、概念与体系、平台架构和系统功能。其中第一章从教育改革、技术发展和信息化教学实践等方面系统分析了智慧课堂的发展背景,描述了素质教育与核心素养发展、新一轮课程改革(以下简称新课改)与新高考、建构主义学习模型、基于技术的个性化学习、微课与翻转课堂等改革与实践背景,阐述了智慧课堂发展的根本动因。第二章对智慧课堂概念的提出与发展进行了详细地分析,描述了智慧课堂的新定义和新内涵,阐述了智慧课堂的特征、体系构成、主要功能和应用价值。第三章系统分析了智慧课堂智能化服务平台的构成,包括平台的总体架构、智能云服务、教室智能平台和智能端应用工具。

第二部分为模式构建,包括第四章至第六章。该部分是智慧课堂教学模式构建与应用支撑的重点内容,主要阐述了智慧课堂教学模式、教学方法、数据建模与应用方法。其中第四章重点研究了智慧课堂教学模式的构建,分析了智慧课堂教学模式概念、内涵及构成要素,提出和探讨了智慧课堂教学的互动式教学、探究式教学、生成性教学和混合式教学四种典型的教学模式。第五章阐述了智慧课堂教学方法,在智慧课堂教学一般流程介绍的基础上,从教师教学方法和学生学习方法两大方面进行了论述,主要包括发现式教学、导学式教学、讨论式教学、个别化教学、情境化教学方法与自主式学习、协作式学习、体验式学习、游戏化学习方法等。第六章阐述了智慧课堂数据挖掘分析方法,分析了数据挖掘目的与定位,提出了智慧课堂数据挖掘分析的总体框架,探讨了智慧课堂数据建模和挖掘流程及算法。

第三部分为学科应用,包括第七章至第九章。该部分是智慧课堂构建与应用的落脚点和重点,主要阐述了智慧课堂教学设计、学科智慧课堂教学典型案例,以及学校整体推进智慧课堂教学模式。其中第七章详细阐述了智慧课堂教学设计的概念、原则、内容、方法与步骤等,并讨论了智慧课堂教学设计方案的编写方法。第八章为学科智慧课堂教学典型案例,我们在 40 多个教学案例中精选了 9 个典型应用案例,涵盖了语文、数学、英语、物理、化学、生物、政治、历史、地理九个学科,详细介绍了各学科代表性智慧课堂教学的具体设计和实施方法,每个案例均由知名学科专家进行点评。第九章为学校整体推进智慧课堂教学模式,结合本团队参与设计和实施并获得省级教学成果一等奖的实践案例，从改革的总体设计、过程与方法、主要成果、收获与反思四个方面予以阐述。

本书的研究和撰写得到了多位专家的指导和同行的帮助。我国知名教育信息化专家、教育部教师教育信息化专家委员会委员、上海师范大学教育技术系主任黎加厚教授对本书研究给予指导并写了序，在此表示衷心的感谢！教育部教育现代化 2030 专家组成员、安徽省蚌埠第二中学（以下简称蚌埠二中）李新义校长为本书的教学实验给予了帮助和合作支持，在此深表感谢！安徽省蚌埠二中、北京市第十二中学、山东师范大学齐鲁实验学校、浙江省宁波市第二中学、绍兴市阳明中学、安徽省合肥市第八中学等提供了实践案例（具体作者见第八章案例），科大讯飞大数据研究院李鑫博士参加了第六章撰写，讯飞教育技术研究院袁婷婷参加了第三章修改、案例收集与修改、全书的排版和图表绘制等工作，魏如梦、孙岩松、李莎莎、朱广袤参加了案例整理和校对工作，北京师范大学出版社郭翔编辑对本书的修改和完善提出了宝贵意见，谨以向他们表示诚挚的谢意！本书撰写过程中借鉴了许多专家的研究成果，引用了国内外多方面的案例资料，恕不一一备注，我们在此表示衷心感谢！由于笔者水平所限，研究和探索还不够深入，可能有不当之处，敬请大家批评指正。

刘邦奇

2018 年 9 月

目录

第一章 课堂变革的时代背景与动因

当今社会进入信息化社会、知识经济时代，教育改革发展面临的社会环境发生了巨大变化。无论从基础教育存在的问题，还是从社会发展对个性化、高素质人才的需求来看，进一步深化以素质教育为核心的基础教育课程改革势在必行。与此同时，大数据、人工智能等新技术迅猛发展，与教育的融合不断深入，教育信息化进入 2.0 时代。客观要求以学习者为中心，加快推动信息化背景下人才培养模式和教学方法改革，实现技术支持的"课堂革命"，努力培养学生的创新精神和实践能力，促进学习者主动学习、释放潜能和全面发展。[①]

▸ 第一节 从素质教育到核心素养发展

素质教育是指一种以提高受教育者诸方面素质为目标的教育模式。素质教育与应试教育相对应。随着知识经济时代加速发展，世界范围内的科技竞争、经济竞争和人才竞争日趋激烈，综合国力的强弱越来越取决于劳动者素质的高低。深入推进素质教育，发展学生核心素养，着力培养高素质人才是新时代教育改革发展的历史使命。

一、素质教育的内涵与特征

1. 素质教育的含义

素质教育是基于素质的教育。素质的含义有狭义和广义之分，狭义的素

1

---

① 陈宝生：《努力办好人民满意的教育》，载《人民日报》，2017-09-08。

质概念是生理学和心理学意义上的素质概念。素质教育中的素质是广义的素质概念，是指在遗传素质的基础上通过教育的外力作用所获得的、内在的、相对稳定的、长期发挥作用的身心特征及其基本品质结构，通常又称为素养，主要包括人的道德素质、智力素质、身体素质、审美素质和劳动技能素质等。

素质教育是在遵循人的自身发展、客观规律和人与社会需求之间客观规律的基础上展开的教育活动，是一种以提高受教育者诸方面素质为目标的教育模式。具体来说，素质教育是依据人的发展和社会发展的实际需要，以全面提高人的基本素质为根本目的，以尊重人的主体性和主动精神，以人的性格为基础，注重开发人的智慧潜能，注重形成人的健全个性为根本特征的教育。① 它重视人的思想道德素质、能力培养、个性发展、身体健康和心理健康教育等。

对素质教育的内涵可以从三个方面理解：素质教育的实施依据是人的全面发展和社会实际需要；素质教育以全面提高全体学生基本素质为根本目的；素质教育实施要注重发挥学生的主体性和主动精神，注重开发人的智慧潜能，注重形成人的健全个性。素质教育既重视面向每一个人的基础教育，以帮助每一个个体维持自身生存的基本素质，同时关注每一个个体先天禀赋的给定性和差异性，顺势而为地进行个性化教育，此外还要关注个体获取某一职业或某项技术的专业素养，以创造更大的社会价值。因此，从整体上讲，学校开展的素质教育应该是针对人的基本素质、个体特质和专业素质而开展的教育。

2. 素质教育的特征

（1）全体性。全体性是指为全体适龄儿童提供接受正规的基础教育的机会。全体性是素质教育最本质的规定、最根本的要求。② 世界上大多数国家都把素质教育与实施义务教育联系在一起，从义务教育立法上保证了教育机会的均等性与受教育权利的公平性和全体性。

（2）全面性。在教育目标上，素质教育是使每个学生的所有素质都得到培养和提高，实现学生全面发展。"全面发展"已经列入世界上许多国家的教育目标之中。在素质教育实施的过程中，教育者应从整体出发，重视受教育者各项素质的全方位发展，使思想、政治、道德、知识、能力、心理、身体等

---

① 李勤：《素质教育与特色发展之关系研究》，载《江西教育学院学报（社会科学）》，2013(5)。
② 盛群力：《"素质教育"四种属性之探讨》，载《华东师范大学学报（教育科学版）》，1991(4)。

各方面的教育紧密结合，相互促进而不偏废。

（3）主体性。在素质教育中，教师要尊重学生的自觉性、自主性和创造性。在整个教育过程中，必须承认并尊重学生的主体地位，把学生作为认知和发展的主体，充分发挥他们的主观能动作用，把被动接受的"要我学"转化为主动进取的"我要学"，使学生真正成为学习的主人。[1]

（4）发展性。要着眼于培养学生自我学习、自我教育、自我发展的知识与能力，真正把学生的重心转移到启迪心智、孕育潜力、增强后劲上来。[2] 素质教育强调培养能力、促进发展，正确处理知识和能力之间的关系，不仅重视学生知识和技能的掌握，更重视学生智慧、潜能和个性的发展。

（5）开放性。素质教育的开放性是指要突破应试教育的封闭性，教育空间从传统的课堂走向学校教育、家庭教育和社会教育相结合的教育网络，知识和信息的来源从教师和课本走向校外、社会、互联网，教学方式从课内理论学习走向生活和综合实践，体现为素质教育在教育思想、教育内容、教育范围、教育过程、教育方法上的系统性、兼容性和全程性。[3]

3. 素质教育与应试教育

正确理解素质教育的内涵，必须区分素质教育与应试教育的不同点。事实上，素质教育是针对"应试教育"的不足提出的。这里所说的"应试教育"是指那种片面追求升学率的教育，把应试作为主要的教育目标，把考试分数和升学率看作是衡量学生学习好坏的最重要的标准，甚至是唯一的标准。应试教育是一种片面的教育模式，其主要问题和弊端包括以下方面。

（1）片面重视智育，忽视普及、全面发展教育。"德、智、体、美、劳"五育是全面发展教育的重要组成部分，它们是相互联系、相辅相成、不可分割的。但是应试教育出现了片面重视智育，忽视其他教育的现象。这样做的结果必然导致学生道德滑坡，人文精神失落，理想和信念萎缩，身体素质下降，造就出的只能是畸形发展的人。

（2）重视应考学科和知识传授，忽视能力培养。片面重视应考学科，肢解

---

① 姚炎昕：《基础教育阶段素质教育的问题及对策思考》，载《当代教育论坛（综合研究）》，2011(2)。
② 盛群力：《"素质教育"四种属性之探讨》，载《华东师范大学学报（教育科学版）》，1991(4)。
③ 李翠英：《试论素质教育的开放性》，载《山西高等学校社会科学学报》，2000(6)。

课程体系的科学性和完整性，造成学生认知结构、知识结构和能力结构的残缺不全。这种对应考学科的片面重视，其本身偏重的是知识的传授和学习，学生智力和其他能力的发展只在知识的学习与掌握中附带地进行，因而大大压抑了学生能力的发展。

（3）重视少数学生，忽视大多数学生的发展。在应试教育体制下，表面上看一个班所有的学生都在上同样的课，接受同一教师同样的教育和影响，似乎他们享有同等的受教育的机会和权利。但实际上，在教育和教学过程中，教师的注意力总是集中在少数能升入高一级学校的学生身上，并给他们以很高的期望和较多的关爱，忽视大多数学生的发展。

（4）重视统一标准教学，忽视学生个性的发展。教学组织形式基本上都是班级授课制，这种模式具有集体化、同步化和标准化的特点，很难顾及学生中客观存在的个别差异，根本无法实现真正意义上的因材施教，这严重阻碍了学生个性、志趣的发展，不利于培养学生的个性风格、竞争意识、创新精神和创造能力等个性品质。

（5）加重学生课业负担，阻碍学生生动活泼发展。片面追求升学率，在教学中重灌输、轻启发，重记忆、轻理解，重理论、轻实践，课堂上满堂灌，课外"题海战术"，加重了学生的课业负担，学生的课外阅读、科技活动、文体活动、社会公益活动等全被挤掉，单调的快节奏的学习生活令人乏味，生动活泼主动地发展成为空谈。

应试教育客观存在难以克服的弊端。但我们并非是说过去的教育都是"应试教育"，而应全盘否定。素质教育是对应试教育的扬弃，素质教育也不是不要考试，而是把考试作为检查学习情况和教学效果的一种手段，并以此作为改进教学的依据，反对把考试分数当成衡量学生成绩优劣和教育质量的唯一标准。因此，要正确认识素质教育指导思想，切实转变教育观念，准确理解和把握素质教育的内涵，自觉、准确地实施素质教育。

二、我国推进素质教育的总体思路

1. 推进素质教育的历程

我国正式提出推进素质教育是在 20 世纪 90 年代初，至今已有近 30 年的探索历程，总体上分为四个发展阶段。

（1）萌芽与提出阶段。

自20世纪90年代初，国家教育行政部门对多年的应试教育进行总结和反思，逐步提出提高素质、素质教育的概念。1993年2月，中共中央、国务院制定发布的《中国教育改革和发展纲要》中指出："中小学要从'应试教育'转向全面提高国民素质的轨道"。1994年8月，《中共中央关于进一步加强和改进学校德育工作的若干意见》中明确指出："增强适应时代发展、社会进步，以及建立社会主义市场经济体制的新要求和迫切需要的素质教育。"这是第一次正式在国家文件中使用素质教育的概念。

（2）区域性试验与探索阶段。

1994年，开始正式启动了素质教育改革的区域性试验，掀起了素质教育实践探索的高潮。1994年6月，中共中央、国务院召开了第二次全国教育工作会议，提出"基础教育必须从'应试教育'转到素质教育的轨道上来"，各地要抓素质教育改革试验区。1997年10月，国家教委颁发的《关于当前积极推进中小学实施素质教育的若干意见》中强调："在中小学全面贯彻国家的教育方针，积极推进素质教育，已经是摆在我们面前的刻不容缓的重大任务。"全国首批建立了十个素质教育实验区，一些省市也建立了省级素质教育实验区。

（3）全面推进与发展阶段。

21世纪初，国家进入全面推进素质教育实施阶段。1999年，国务院批转教育部制定的《面向21世纪教育振兴行动计划》中明确提出：实施"跨世纪素质教育工程"。同年，中共中央、国务院颁布了《关于深化教育改革，全面推进素质教育的决定》，并召开了以素质教育为主题的全国教育工作会议。从此素质教育进入国家推进、重点突破、全面实施的新阶段。2001年，教育部颁发了《基础教育课程改革纲要（试行）》，启动了新一轮基础教育课程改革，课程改革在全面实施素质教育中发挥了核心和关键作用。

（4）深化和持续发展阶段。

在近二十年探索实践的基础上，素质教育进入深化发展阶段。2010年4月，教育部印发《教育部关于深化基础教育课程改革 进一步推进素质教育的意见》。2014年，教育部印发《关于全面深化课程改革 落实立德树人根本任务的

5

意见》，提出研制各学段学生发展核心素养体系。2014 年，国务院出台了《国务院关于深化考试招生制度改革的实施意见》和两个配套文件，全面推进与素质教育相适应的考试评价改革。2016 年 9 月，《中国学生发展核心素养》正式发布。2017 年 10 月，党的十九大报告中明确指出："落实立德树人根本任务，发展素质教育，推进教育公平，培养德智体美全面发展的社会主义建设者和接班人。"

2. 素质教育实施的指导思想和要求

(1)指导思想。

实施素质教育，就是全面贯彻党的教育方针，以提高国民素质为根本宗旨，以培养学生的创新精神和实践能力为重点，造就"有理想、有道德、有文化、有纪律"、德智体美等全面发展的社会主义建设者和接班人。

全面推进素质教育，要面向现代化、面向世界、面向未来，使受教育者坚持学习科学文化与加强思想修养的统一，坚持学习书本知识与投身社会实践的统一，坚持实现自身价值与服务祖国人民的统一，坚持树立远大理想与进行艰苦奋斗的统一。

全面推进素质教育，要坚持面向全体学生，为学生的全面发展创造相应的条件，依法保障适龄儿童和青少年学习的基本权利，尊重学生身心发展特点和教育规律，使学生生动活泼、积极主动地得到发展。

(2)总体要求。

实施素质教育应当贯穿于幼儿教育、中小学教育、职业教育、成人教育和高等教育等各级各类教育，应当贯穿于学校教育、家庭教育和社会教育等各个方面。在不同阶段和不同方面应当有不同的内容和重点，相互配合，全面推进。在不同地区还应体现地区特点，尤其是少数民族地区的特点。

实施素质教育，必须把德育、智育、体育、美育等有机地统一在教育活动的各个环节中。学校教育不仅要抓好智育，更要重视德育，还要加强体育、美育、劳动技术教育和社会实践，使诸方面教育相互渗透、协调发展，促进学生的全面发展和健康成长。

三、素质教育实施的途径与方法

实施素质教育是教育的一场深刻变革，是一项复杂、艰巨的社会系统工程，必须科学筹划和实施。

1. 更新教育教学思想观念

实施素质教育要树立新的教育观、人才观和质量观。一是系统的教育观。既要重视知识的传授、课内教学和传统教学方法的应用，也要重视通过教学培养学生全面素质，重视课外活动和社会实践活动，重视发挥现代教学手段的作用、增强教学互动。二是多元化的人才观。正确认识当今社会生活多元化的时代特征，对人才的需要趋于多元化、多层次，要努力摆脱应试教育的束缚，提高全体学生的全面素质。三是全面的质量观。必须从分数质量观中解放出来，建立素质全面发展的质量观，把学生思想道德素质、科学文化素质、身心素质、审美素质、能力素质、劳动素质的全面发展水平作为衡量教育工作质量和学生质量的标准，使教育所培养的人能更好地适应社会需要。

2. 构建素质教育目标体系

构建素质教育目标体系，既是对学生身心素质发展质量指标体系的规定，也是对素质教育实施成果评价的尺度和准绳。素质教育目标内容要全面包含素质结构中的各个要素，即思想道德素质、科学文化素质、生理素质、心理素质、审美素质和劳动技能素质等，并针对应试教育的问题症结，寻求解决问题的办法，发挥其规范和导向功能。构建素质教育目标体系必须以马克思主义关于人的全面发展理论为指导，以揭示人的身心发展规律的科学理论为依据，以先进的教育理论为基础，必须坚持方向性、价值性、全面性、科学性原则。只有这样，才能构建全面、科学的素质教育目标体系，促进素质教育深入、全面地开展。

3. 建立素质教育课程体系

实施素质教育必须进行课程改革，建立以促进学生全面发展为中心的素质教育课程体系。在课程内容上，加强课程内容与学生生活及现代社会和科技发展的联系，关注学生的学习兴趣和经验，精选终身学习必备的基础知识和技能。在课程标准上，要体现国家对不同阶段的学生在知识与技能、过程与方法、情感态度与价值观等方面的基本要求，规定各门课程的性质、目标、基本框架，提出教学和评价建议。在课程改革的目标上，要适应科技发展和社会进步的要求，加快构建符合素质教育要求的新的基础教育课程体系，根据不同年龄学生的认知规律，优化课程结构，调整课程门类，更新课程内容，

7

引导学生积极主动学习。同时鼓励开发地方课程和校本课程，探索体现时代要求和素质教育要求的新课程。

4. 构建素质教育教学模式

素质教育教学模式应注重对学生全面素质的培养和发展。一是构建德育新模式。要通过多种形式把德育贯穿于教育的全过程，渗透到学校教育及各个学科的各个方面，学校、家庭、社会紧密配合，形成多方参与、相互补充、相互促进的德育体系。二是全面优化课堂教学，通过优化教学目标，做到知识与智能协调、认知因素与非认知因素协调、身体与心理协调。通过优化教学方法，采用启发、点拨、引导等教学方式，运用多种教学资源和手段，调动学生学习积极性，使学生爱学、乐学、会学。通过优化教学流程，引导学生在师生合作过程中轻松、愉快、主动地学习，提高素质。三是加强特长教育。将特长教育作为实施素质教育的突破口，通过成立特长班、兴趣小组，以及开展第二课堂活动，充分发展学生个性特长。

5. 培养新型教师队伍

培养适应素质教育的新型教师队伍是实施素质教育的关键。一是引导教师树立正确的素质教育观。引导教师热爱教育事业，不断学习专业方面的知识，提高自身素质，鼓励教师开展科学研究及教学研究，不断地提升完善自己。二是按照素质教育的要求，通过培训班、公开课、优质课、教学能手及优秀论文评选等活动，引导教师在教学过程中不断创新，改进教学方法，拓展教学内容，积极实践，提高教育智慧和教学水平。三是真正做到为人师表，以自己的模范行动影响和带动学生，以自己的学术造诣和优秀品格赢得学生的尊重和热爱，要关心爱护学生，对学生负责，注意对学生的自信心和自尊心的培养，激发学生的好奇心、求知欲，培养学生发现并解决问题的能力及创新精神。[①]

6. 加强素质教育评价

依据素质教育的目标，开展和改进素质教育评价。一是以全面素质培养为导向，建立科学、全面、系统的素质教育评价指标体系。如学生评价应包括德、智、体、美等方面是否得到生动、活泼的发展；教师评价包括基本素

---

① 姚炎昕：《基础教育阶段素质教育的问题及对策思考》，载《当代教育论坛（综合研究）》，2011(2)。

质、工作表现、思想品质、教学质量和科研成果等方面；学校评价应包括培养目标、办学条件、办学过程、办学质量等方面。二是改进评价方法，采取定性评价与定量评价相结合、静态评价与动态评价相结合、自评与他评相结合、考试与考核相结合，进行科学有效的评价。三是突出课堂教学评价，重点考察教学中是否面向全体学生进行层次性教学，使全体学生都得到发展；是否改变应试教育教学方式，进行全面的素质教育；是否重视学生能力的培养，使学生学会学习；等等。

四、从素质教育到核心素养

1. 核心素养的起源与发展

"核心素养"是从"能力为本"的教育观念发展而来的。20 世纪 60 年代后期，以美国、英国、澳大利亚为首的发达国家，先后开展了以"能力为本"的教育改革。然而随着时代的变迁，传统"能力观"对知识与技能的要求已经无法满足人们对新时代背景下学习结果的新要求，由此催生了"核心素养"一词。"核心素养"作为能够帮助人实现自我价值，适应和融入社会生活所不可或缺的能力技能，体现了教育的本质意义，更加具有鲜明的时代特征。在当今具有重大影响的核心素养研究框架中，核心素养指的是在进入 21 世纪，人们对工作、生活和自我价值实现的新特点和新要求。

国际上较早对核心素养体系做出系统解释的是经济合作与发展组织（Organization for Economic Co-operation and Development，OECD）。1997 年，OECD 启动"素养的界定与遴选：理论和概念基础"项目，确定了关于核心素养三个维度九个方面的素养。随后美欧等发达国家和地区先后开展核心素养框架的研究和建设。2002 年，美劳工部联合若干企业一起拟定了《21 世纪技能框架》。2012 年，美国国家研究理事会（NRC）出台了《K-12 年级科学教育框架》，旨在对科学教育学科应达到的素养维度进行规定和说明。21 世纪初，欧盟为应对全球化等一系列挑战，提出用"核心素养"取代传统以读写算为核心的基本能力战略。2006 年，欧洲议会和欧盟理事会通过了关于核心素养的建议案，并向其成员国推荐 8 项核心素养。2010 年，欧盟理事会和欧盟委员会联合发布了《面向变化中的世界的核心素养》的报告。2012 年，欧盟还启动了"重

9

新思考教育"计划，将核心素养课程实施与评价纳入了专题研究范畴。

我国进行学生核心素养的研究起始于 21 世纪初，随着国际上对 21 世纪人才核心素养的研究，国内专家也开始进行相关研究。但政府层面正式开展中国学生发展核心素养研究是在 2014 年，教育部在总结近 20 年推进素质教育的基础上，研制印发《关于全面深化课程改革 落实立德树人根本任务的意见》，提出"教育部将组织研究提出各学段学生发展核心素养体系，明确学生应具备的适应终身发展和社会发展需要的必备品格和关键能力"。并委托北京师范大学联合国内高校近百位专家成立联合课题组，采取科学的程序和方法，历时 3 年完成研究论证，于 2016 年 9 月发布了《中国学生发展核心素养》。2018 年初，已经把各学科核心素养培养体现在高中新课程方案和标准中。

2. 《中国学生发展核心素养》框架与内涵

《中国学生发展核心素养》明确指出，学生发展核心素养主要是指学生应具备的，能够适应终身发展和社会发展需要的必备品格和关键能力。研究学生发展核心素养是落实立德树人根本任务的一项重要举措，也是适应世界教育改革发展趋势，提升我国教育国际竞争力的迫切需要。

《中国学生发展核心素养》以科学性、时代性和民族性为基本原则，以培养"全面发展的人"为核心，分为文化基础、自主发展和社会参与三个方面。综合表现为人文底蕴、科学精神、学会学习、健康生活、责任担当、实践创新六大素养，具体细化为 18 个基本要点(详见图 1-1)。文化基础、自主发展和社会参与三个方面构成的核心素养总框架充分体现了马克思主义关于人的社会性等本质属性的观点，与我国治学、修身、济世的文化传统相呼应，有效整合了个人、社会和国家三个层面对学生发展的要求。六大素养既涵盖了学生适应终身发展和社会发展所需的品格与能力，又体现了核心素养"最关键、最必要"这一重要特征。六大素养之间相互联系、相互补充、相互促进，在不同情境中整体发挥作用。根据这一总体框架，可针对学生年龄特点进一步提出各学段学生的具体表现要求。

正确理解学生发展核心素养的内涵，要把握学生发展核心素养具备的以下特征。① 一是综合性，即核心素养是关于学生知识、技能、情感、态度、价

---

① 辛涛、姜宇、林崇德等：《论学生发展核心素养的内涵特征及框架定位》，载《中国教育学刊》，2016(6)。

值观等多方面要求的综合表现。二是共同性，学生发展核心素养一定是社会群体成员共有的素养，也是每一名学生获得成功生活、适应个人终身发展和社会发展都需要的且不可或缺的共同素养。三是发展性，体现核心素养的形成不是一蹴而就的，具有终身的连续性，其体系构建必须尊重学生身心发展规律，按照学生发展的敏感期，合理设置发展目标，不能跨越，更不能颠倒。四是可教可学，核心素养是在先天遗传的基础上，综合后天环境的影响而获得的，可以通过接受教育来形成和发展，需要经过学生的学习积累获得，可以通过各教育阶段的课程设计与教学实施加以培养。

图 1-1　中国学生发展核心素养总体框架

3. 核心素养与素质教育的关系

我国素质教育经过二三十年的发展，日渐丰富与完善。但总体而言，素质教育的实践效果并不能令人满意，也未能真正根除应试教育的弊端。2006年，一份关于素质教育的调研总报告明确指出："虽然素质教育取得了一定的进展，但仍没有达到预期的效果，造成一些地方素质教育喊得轰轰烈烈，应试教育抓得扎扎实实。"[①]2010年，《国家中长期教育改革和发展规划纲要（2010—2020年）》则直接指出："素质教育推进困难"。素质教育的发展迫切需要开辟一条新的有效路径，而核心素养理念的提出则为素质教育的深化发展提供了一条有效路径，具体体现在以下三个方面。

（1）核心素养是对素质教育内涵的具体阐释。从素质教育改革的角度来看，学生发展核心素养研究体现了以"学生发展"为核心的教育视角的变化。学生发展核心素养主要是指在教育过程中逐渐形成的知识、能力和态度等方面的综合表现，核心素养是对素质教育内涵的具体阐述，可以使新时期素质教育目标更加清晰、细化，内涵更加丰富，也更加具有指导性和可操作性，更易于融入教育实践，对于全面推进素质教育具有重要意义。

（2）核心素养培养是实施和发展素质教育的关键。从核心素养的总体框架中可以看出，核心素养和素质教育的核心都是促进人的全面发展，两者所要实现的目标是相同的，但素质教育所强调的素质是全面素质，而核心素养则侧重于关键素养，它是全面素质的重要组成部分，更是全面素质发展的"核心"，是决定全面素质发展水平的必要而关键的要素，是实现个人全面发展所必须具备的品格和能力。因此，核心素养的培养和发展，必将成为素质教育实施和发展的关键。

（3）核心素养是推进和落实素质教育的重要抓手。核心素养框架体系三大素养的要求更为明确，目标更为具体，使素质教育改革的各项要求与目标能够得到真正的落实。课程与教学的内容可以根据核心素养框架体系进行精心选择，以真正扭转学科本位、知识中心的教学模式，建构结构合理、内容丰富、形态多样的素质教育课程体系，使学生在知识、能力、情意、道德、审

---

① 张羽、田秋华：《论核心素养养成与素质教育发展》，载《课程教学研究》，2016(12)。

美等方面得到全面发展，最终实现素质教育的发展目标。

五、基于核心素养的教育改革路径

学生发展核心素养是一套经过系统设计的育人目标框架，其落实需要从整体上推动各教育环节的变革，最终形成以学生发展为核心的完整育人体系。

1. 通过课程改革落实核心素养

基于学生发展核心素养的顶层设计，指导课程改革，把学生发展核心素养作为课程设计的依据和出发点，进一步明确各学段、各学科具体的育人目标和任务，落实到学科核心素养发展中(见表1-1)。学科核心素养是学科育人价值的集中体现，体现了学科性、科学性、教育性与人本性。学科核心素养是知识与技能、过程与方法、情感态度价值观"三维目标"的整合与提升，是学科育人目标的认知升级。由于学科不同，各学科凝练的学科核心素养也有差异。核心素养是通过整体发挥作用的，尽管在同一学科中为了可表述、可操作、可测评，而把学科核心素养分开来表述为3~6个，但我们应该把它理解为一个整体，需要从整体上去把握它。

表1-1 高中学生学科核心素养一览表

学科	学科核心素养
语文	语言建构与运用、思维发展与提升、审美鉴赏与创造、文化传承与理解
数学	数学抽象、逻辑推理、数学建模、直观想象、数学运算、数据分析
英语	语言能力、文化意识、思维品质、学习能力
物理	物理观念、科学思维、科学探究、科学态度与责任
化学	宏观辨识与微观探析、变化观念与平衡思想、证据推理与模型认知、科学探究与创新意识、科学态度与社会责任
生物学	生命观念、科学思维、科学探究、社会责任
思想政治	政治认同、科学精神、法治意识、公共参与
历史	唯物史观、时空观念、史料实证、历史解释、家国情怀
地理	人地协调观、综合思维、区域认知、地理实践力
信息技术	信息意识、计算思维、数字化学习与创新、信息社会责任
……	……

2. 通过教学转型落实核心素养

传统教学重授不重教，因此培养学生核心素养亟待教学转型，改变当前存在的"学科本位"和"知识本位"现象，以学生核心素养发展为引领，转变传统的教学内容与方式。一是在教学内容改革上，从"学科知识中心"走向"核心素养"中心，教学内容的选择从注重知识的系统性转向核心素养的发展性。二是在教学方法改革上，从讲授主导型走向发展主导型，以学生发展为本，改革传统的教学模式，将讲授式转变为对话式，倡导发现教学模式，鼓励学生自主、合作、探究学习。三是在教学手段与环境上，深化基于核心素养标准的课堂教学改革，把握现代课堂教学的走向和趋势，探索"互联网＋"，大数据背景下教学内容、方式和路径的创新策略，开展课堂观察、教学行为分析，提出精准教学建议，推进现代信息技术与教学的深度整合，促进课堂教学变革，真正实现个性化学习和因材施教。

3. 通过教师提升落实核心素养

核心素养的推动与落实需要教师对核心素养的理解与认可，发动一线教师在认识上重视、在理解中深化、在参与中推动。一是自上而下逐步落实核心素养。从国家层面倡议颁布到一线教师的理解渗透并付诸实践，逐层推动落实。二是通过教师教学实践理解和落实核心素养。教师对待核心素养可以结合教学实践深化理解，在归纳经典教学案例、总结优秀教学方法、关注学生成长的基础上，凝练学生应当具备的关键品格和关键能力。三是通过多种方式提升教师核心素养培养能力。建立教学—研究—培训"三位一体"促进教师专业发展的有效机制，在教学和培训中强化研究成分，提供多样化的研训形式，提高教师参与研训的主动性和自觉性，培养教师适应核心素养需求的课程教学能力。

4. 通过评价改革落实核心素养

建立基于核心素养的学业质量标准，通过多元主体、多样方式和综合化评价，推动核心素养的落实。一是评价主体的多元化，建立由教师、学生、管理者、家长和专业研究人员等共同参与的评价系统，将传统的被评价者转变为评价主体的一员，有利于评价者与被评价者之间的互动，在民主、平等的互动中深入了解和关注学生发展的真实状况和需要。二是评价方式的多样化，将终结性评价与过程性评价、定量评价与定性评价有机结合起来，从而更清晰、准确地描述学生核心素养的发展状况。三是评价指标的综合化，评价的指标不能局限在学业成绩和考试分数上，还需要对学生的学习态度、实践能力、责任意识、创新精神和身心健康等进行全面考查和综合评价。

▸ 第二节　从新课改到新评价、新课堂

　　课程是教育思想、教育目标和教育内容的主要载体，是学校教育教学活动的基本依据，直接影响人才培养质量。因此，在教育改革中，课程的改革是核心。① 推进素质教育改革，必然要求进行相应的课程改革。而课程改革的配套措施是考试评价改革，课程实施的主要途径是课堂教学，新课改呼唤新评价、新课堂。

一、新课改的提出及发展

1. 新课改提出的背景

　　新中国成立以来，我国对基础教育工作十分重视，不断改革探索，先后进行了七次基础教育课程教材改革。随着我国改革开放和社会主义现代化建设进入新的时期，面对社会发展对培养目标的新要求，现行基础教育课程存在的问题和弊端日益突出。主要表现在：教育目标偏重知识传授，忽视了价值观、创新素质培养；课程内容偏难、偏重于书本知识，脱离了学生的基础和经验；课程体系偏重学科知识、学科本位，忽视了综合知识和学科联系；教学过程偏重于讲授式教、接受式学，忽视了学生学习的主动性；教育评价偏重于甄别、选拔功能，忽视了促进学生发展和提高；课程管理过于集中、统一，忽视了多方参与和发展活力。随着素质教育的实施和深化，客观要求有别于应试教育的课程。为了全面实施素质教育，更好地解决之前课程改革遗留的问题，我国于 20 世纪 90 年代末启动了新一轮基础教育课程改革。

15

---

① 　顾明远：《课程改革的世纪回顾与瞻望》，载《教育研究》，2001(7)。

2. 新课改的发展历程

16

(1)改革设计与实施准备阶段。

新课改实际上起始于 1996 年。在基础教育司组织下，调研了 1993 年开始实施的九年义务教育课程的实施现状，组织专家规划和设计新的基础教育课程体系。1999 年 1 月，成立了基础教育课改专家工作组，起草了《基础教育课程改革纲要(试行)》，展开各科标准制定、教材编写、各项专题的研究和政策制定工作，进行政策文件的出台与实施准备。

(2)改革启动与全国性实验阶段。

新课改全面启动的标志是先后出台"两个《决定》，一个《纲要》"，即 1999 年印发的《中共中央、国务院关于深化教育改革，全面推进素质教育的决定》和 2001 年发布的《国务院关于基础教育改革与发展的决定》，以及 2001 年 2 月国务院批准发布的《基础教育课程改革纲要(试行)》。2001 年 9 月，新课程进入全国性试验阶段。2003 年，对试验的课程标准和教材进行全面修订，颁布了《普通高中课程方案(实验)》和各学科课程标准(实验)。

(3)实验总结与全面推广阶段。

2004 年，在对实验区工作进行全面评估和广泛交流的基础上，课程改革进入全面推广阶段。2005—2010 年，逐步在全国范围内全面推行新课程体系。到 2007 年进入新课改的高中已经约占全国高中总量的 50％。2007 年，教育部办公厅印发《关于 2007 年推进普通高中新课程实验工作的通知》。到 2008 年共有 21 个省(市、区)使用新的高中课程，有三分之二的省份进入了高中新课程实验。

(4)深化发展与持续推进阶段。

2010 年 7 月，中共中央、国务院印发《国家中长期教育改革和发展规划纲要(2010—2020 年)》。在此背景下，教育部发布了义务教育学科课程标准并修订教材，借以完善已经实验十年的课程标准。2010 年 4 月，出台《教育部关于深化基础教育课程改革 进一步推进素质教育的意见》。2014 年，《教育部关于全面深化课程改革落实立德树人根本任务的意见》提出"研究制订学生发展核心素养体系和学业质量标准"。2016 年 9 月，《中国学生发展核心素养》发布。2018 年 1 月，教育部印发"普通高中课程方案和语文等学科课程标准(2017 年版)"，标志着新课程改革持续改进与实施。

二、新课改的目标与任务

1. 新课改的指导思想与目标

（1）新课改的指导思想。基础教育课程改革以邓小平同志关于"教育要面向现代化，面向世界，面向未来"，江泽民同志"三个代表"的重要思想，胡锦涛"科学发展观"和习近平"新时代中国特色社会主义思想"为指导，全面贯彻党的教育方针，全面推进素质教育。

（2）新课改的培养目标要求。要使学生具有爱国主义、集体主义精神，热爱社会主义，继承和发扬中华民族的优秀传统和革命传统；具有社会主义民主法制意识，遵守国家法律和社会公德；逐步形成正确的世界观、人生观和价值观；具有社会责任感，努力为人民服务；具有初步的创新精神、实践能力、科学和人文素养以及环境意识；具有适应终身学习的基础知识、基本技能和方法；具有健壮的体魄和良好的心理素质，养成健康的审美情趣和生活方式，成为有理想、有道德、有文化、有纪律的一代新人。

2. 新课改的主要任务

新课改的根本任务是全面贯彻党的教育方针，调整和改革基础教育的课程体系、结构和内容，构建符合素质教育要求的新的基础教育课程体系。为了实现新课程的培养目标，同时针对现行的基础教育课程教材中存在的弊端，新课改针对现行基础教育的弊端确立了六个方面的改革任务（见表1-2）。

表1-2　新课改的内容与任务

序号	改革内容	改革任务及要求
1	课程体系	改变课程过于注重知识传授的倾向，强调形成积极主动的学习态度，使获得基础知识与基本技能的过程同时成为学会学习和形成正确价值观的过程
2	课程结构	改变课程结构过于强调学科本位、科目过多和缺乏整合的现状，整体设置九年一贯的课程门类和课时比例，并设置综合课程，以适应不同地区和学生发展的需求，体现课程结构的均衡性、综合性和选择性
3	课程内容	改变课程内容"难、繁、偏、旧"和过于注重书本知识的现状，加强课程内容与学生生活以及现代社会和科技发展的联系，关注学生的学习兴趣和经验，精选终身学习必备的基础知识和技能

17

续表

序号	改革内容	改革任务及要求
4	课程实施	改变课程实施过于强调接受学习、死记硬背、机械训练的现状，倡导学生主动参与、乐于探究、勤于动手，培养学生搜集和处理信息的能力、获取新知识的能力、分析和解决问题的能力以及交流与合作的能力
5	课程评价	改变课程评价过分强调甄别与选拔的功能，发挥评价促进学生发展、教师提高和改进教学实践的功能
6	课程管理	改变课程管理过于集中的状况，实行国家、地方和学校三级课程管理，增强课程对地方、学校和学生的适应性

三、新课改推动"新评价(新高考)"

1. 正确处理"课改"与"考改"的关系

新课改在素质教育思想的指导下，配合课程范式的转变，在考试评价的观念上也发生了根本性的变化，在新课改背景下如何制订与新课程相适应的考试评价体系，推进"新评价(新高考)"正成为教育改革的一项重要任务。就课改与考改的关系而言，一方面，考试评价必须顺应课改，以新课程为导向，才能发挥考试对于课改的辅助功能；另一方面，高考也应该发挥促教、促学、促课改的调控和引导功能。课改要成功，关键在于考试评价制度。改革落后的考试理念、考试内容、考试方法，使其与课改衔接和贯通，建立以国家统一考试录取为主，与多元化考试和多样化选拔录取相结合，高校自主自律、政府宏观调控、社会有效监督的高校招生考试制度，保证整体素质高、学有专长的学生能够进入理想学校，成为新课改背景下高考改革的迫切任务。

2. 在新课改中推进"新高考"

为了促进考评制度改革，引导儿童健康发展，早在 1999 年，《中共中央、国务院关于深化教育改革，全面推进素质教育的决定》中就提出：加快改革招生考试和评价制度，改变"一次考试定终身"的状况。2001 年，《国务院关于基础教育改革与发展的决定》指出，探索科学的评价办法，加强对学生能力和素质的考查，改革高等学校招生考试内容，探索多次机会、双向选择、综合评价的考试、选拔方式，推进高等学校招生考试和选拔制度改革。2002 年，教育部下发了《关于积极推进中小学评价与考试制度改革的通知》，2005 年又下发了《教育部关于基础教育课程改革实验区初中毕业考试与普通高中招生制度改革的指导意见》。

随着新课改的逐步推进，为了保证课改和考改的有效衔接和平稳过渡，教育部于 2008 年 1 月下发了《教育部关于普通高中新课程省份深化高校招生考试改革的指导意见》。截至 2010 年 6 月，全国共有 19 个省、自治区、直辖市相继开展了与国家基础教育课程改革相适应的高考改革。2013 年 6 月，《教育部关于推进中小学教育质量综合评价改革的意见》提出：基本建立体现素质教育要求、以学生发展为核心、科学多元的中小学教育质量评价制度。2013 年 11 月，《中共中央关于全面深化改革若干重大问题的决定》提出："推进考试招生制度改革"。2014 年 9 月，国务院出台了《国务院关于深化考试招生制度改革的实施意见》，同年教育部发布了《教育部关于普通高中学业水平考试的实施意见》和《教育部关于加强和改进普通高中学生综合素质评价的意见》两个配套文件，新课程改革背景下的"新高考"正式实施。

3. "新高考"与综合素质评价

"新高考"改革路线图的内容包括：实施把普通本科和高等职业教育入学考试分开的人才选拔方式；完善高中学业考试和综合素质评价，引导学生学好各门课程，克服文理偏科现象；部分科目实行一年多考，减轻学生高考压力；完善高考招生名额分配办法，清理规范升学加分政策，维护考试招生公平公正；加快建立多渠道升学和学习立交桥，为学生成长成才提供多次选拔机会。

"新高考"改革总体计划和目标是：2014 年国家发布总体方案及高考改革等各领域的改革实施意见，有条件的省份开始综合改革试点或专项改革试点；2017 年总结成效和经验，全面推进实施；到 2020 年基本建立中国特色现代教育考试招生制度，形成分类考试、综合评价、多元录取的考试招生模式，健全促进公平、科学选才、监督有力的体制机制，构建衔接沟通各级各类教育、认可多种学习成果的终身学习"立交桥"。

因此，综合素质评价是此次"新高考"改革的重大举措。综合素质评价是对学生全面发展状况的观察、记录和分析，是发现和培育学生良好个性的重要手段，是深入推进素质教育的一项重要制度。全面实施综合素质评价，有

20

利于促进学生认识自我、规划人生，积极主动地发展；有利于促进学校把握学生成长规律，切实转变人才培养模式；有利于促进评价方式改革，转变以考试成绩为唯一标准评价学生的做法，为高校招生录取提供重要参考。综合素质评价的内容见表1-3。

表 1-3 综合素质评价的内容与重点

序号	评价内容	评价重点
1	思想品德	学生参与党团活动、有关社团活动、公益劳动、志愿服务等活动的次数和持续时间等
2	学业水平	学业水平考试成绩、选修课程内容和学习成绩、研究性学习与创新成果等
3	身心健康	《国家学生体质健康标准》测试主要结果、体育运动特长项目、参加体育运动的效果、应对困难和挫折的表现等
4	艺术素养	在音乐、美术、舞蹈、戏剧、戏曲、影视、书法等方面表现出来的兴趣特长，参加艺术活动的成果等
5	社会实践	学生参加实践活动的次数和持续时间，形成的作品和调查报告等

综合素质评价的流程包括写实记录、整理筛选、公示审核到形成档案、材料使用。评价的起点是客观记录，写实记录要真实、有据可查，而不能是人为的、主观的评价。教师要指导学生客观记录在成长过程中集中反映综合素质主要内容的具体活动，收集相关事实材料，及时填写活动记录单。每学期末，教师指导学生整理、遴选具有代表性的重要活动记录和典型事实材料以及其他有关材料。高中教师要充分利用写实记录材料，对学生成长过程进行科学分析，引导学生发现自我，建立自信，指导学生发扬优点，克服不足，明确努力方向。

四、新课改实施亟须建立"新课堂"

1. 新课改实施迫切需要建立"新课堂"

课程改革的实质就是以全新的教育理念为指导，以灵活多变的教学方法为工具，改变传统的教学理念和教学模式，以达到国家颁布的《普通高中课程标准》中的课改要求。2013年，教育部正式启动对2003年印发的《普通高中课程标准（实验）》的修订工作，经过学科专家、教育专家和富有教学实践经验的高中校长、教师、教研员的共同努力，完成了普通高中语文等20门学科课标的编制。2018年1月，教育部正式印发和推进实施"普通高中课程方案和语文等学科课程标准（2017年版）"。普通高中新课程方案总体框架如图1-2所示。

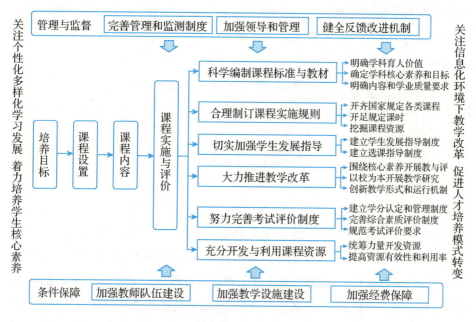

图1-2 普通高中新课程方案总体框架

新课程方案和标准的颁布实施，必然要求加快传统教学方式变革，构建与实施与之相适应的新型课堂教学模式。课堂是教育教学的主阵地，是课程实施的基本途径。可以说课堂教学质量和效益的高低决定了新课程改革的成败。课程改革越深化，课堂教学就越重要。倡导新理念、编制新教材、激活新课堂，让学生成为课堂的主人，让课堂焕发生命活力，让知识生成智慧，让生命回归本真，是新课程改革在教学上的追求。"新课改"特别强调改变学生的学习方式，倡导学生主动参与、乐于探究、勤于动手，注重培养学生的独立性和自主性，引导学生质疑、调查、探究等。但传统教学的"班级授课制"模式与新课改的要求相比相去甚远。因此，"新课改"得以落实、取得成效，亟须传统课堂教学变革转型，建立"新课堂"。

2. 信息化环境下掀起"课堂革命"

课堂变革是多年来学校的追求，因材施教和个性化学习一直是师生的教学理想。但是，多少年来传统的课堂教学依然变化不大。随着新一代信息技术的加速发展和应用，技术与教学的融合不断深化，技术对课堂教学的革命性影响即将显现。在信息化环境下，课堂教学将发生结构性变革。新课程背景下课堂教学转型的核心要求是"两个关注、一个促进"：关注信息化环境下的教学改革，关注学生个性化、多样化的学习和发展需求，促进人才培养模式的转变。[①] 新的课程方案和学科课程标准提出要大力推进教学改革，关注学生学习过程，创设与生活关联的、任务导向的真实情境，促进学生自主、合作、探究地学习，注重对学习过程的评价，推进信息技术在教学中的合理应用，提高课程实施水平。

为此，课堂教学要始终坚持以学习者为中心，为不同层次、不同类型的受教育者提供个性化、多样化、高质量的教育服务，促进学习者主动学习、释放潜能、全面发展。2017 年 9 月，教育部部长陈宝生指出："坚持内涵发展，加快教育由量的增长向质的提升转变。把质量作为教育的生命线，坚持回归常识、回归本分、回归初心、回归梦想。深化基础教育人才培养模式改革，掀起'课堂革命'，努力培养学生的创新精神和实践能力"。[②] 教育部在《教育部 2018 年工作要点》中再次明确提出，"实施信息技术与教育教学深度融合的变轨超车工程，推进高等学校课堂革命"。因此，"课堂革命"作为新时代推进教学变革和人才培养模式改革的重要举措，已得到政府部门的高度重视。在信息化环境下重新设计课堂、重构教学流程，推进"课堂革命"，实现技术支持下的课堂教学结构性变革，是新课程改革不断深化和持续发展的重要任务。

▸ 第三节　从传统教学到建构主义学习

无论是推进素质教育、发展学生核心素养，还是实施新课程方案和标准，对传统的课堂教学模式都提出了新的挑战和要求。如何破解"班级授课制"存在的弊端和不足，如何实现对传统课堂教学的解构与重构，需要我们从理念、

---

① 中华人民共和国教育部：《普通高中课程方案（2017 年版）》，北京，人民教育出版社，2018。
② 陈宝生：《努力办好人民满意的教育》，载《人民日报》，2017-09-08。

技术等多个视角对传统课堂教学进行反思和剖析，探索建立适应新时代新技术要求的新的学习模型和教学模式。

一、对传统课堂教学不足的分析与反思

传统课堂教学是指教师给学生班级集体传授知识和技能的全过程。相对"个别教学"而言，传统的课堂教学也被称作"班级授课制"。有学者对传统课堂教学的典型风貌进行了精彩的描述[①]："教师一五一十地讲授教案中的知识""学生聚精会神地聆听""教师巧妙地设问，学生异口同声地回答""教师按部就班地完成预定的教学内容"……这样的描述听起来很精彩、很生动，但是，课堂教学的现实状况果真是如此吗？事实上，许多学校存在课堂上学生睡觉、玩手机的现象，许多学生早退、迟到或缺课，甚至老教授上课时只有一名同学听课。学生们为什么不愿意来课堂？为什么不愿意听课？恐怕不能简单地归结为学习风气不好、学习动力不足。事实上，在新的时代背景下"班级授课制"这一传统教学模式先天存在着明显的弊端。

1. 学情分析与教学预设"粗放式""经验化"

传统课堂采取基于经验的学情分析与教学预设。有调查表明，很多教师在整个备课过程中，20％的精力用于钻研教材和了解学情，80％的精力用于书写教案。而对于了解学情，由于课前教师没有渠道去了解学生对相关知识的掌握情况，没有时间去了解每个学生的个性化思维特点和学习需求，因此教师只能靠平时对学生学习情况的模糊印象和感觉，基于经验来主观地、大致地判断，这便意味着，教师课前并没有进行科学的学情调查和分析，这样的学情分析必然是"粗放式"的。这样的教学预设所崇尚的必然是"知识教学"，所依据的是"文本课程"（教学计划、教学大纲、教科书等文件），所注重的是教学程序的设计，甚至对什么时间讲授、什么时间提问、给学生多少时间回答问题等都安排得丝丝入扣。这样的预设看起来周密严谨，其实是背离了学生需求的表面形式。因为，教师不清楚学生已经知道了哪些东西，不知道他们需要哪些东西，对哪些东西感兴趣，会有什么奇思妙想，还有哪些学习和

---

① 胡庆芳、贺永旺、杨利华等：《精彩课堂的预设与生成》，北京，教育科学出版社，2007。

24

发展需求等，教学预设全靠教师的经验，看起来"精彩"，实际上缺乏科学依据和针对性，不可能"精准"，这在技术手段丰富多样的时代显然不合时宜。

2. 不同个体教育"标准化""统一化"

学校教育面对的是不同个性特征的个体，但传统班级授课制采取"整齐划一"的学习标准和进程，按照"工厂化"的生产模式，把学生当作"产品"进行批量生产，按照统一的计划、统一的标准、统一的流程、统一的进度进行生产加工。教师在课堂中按全校统一，甚至全市、全省统一的各门学科教学大纲规定的内容，根据固定的时间表，向全班学生进行统一授课，并按照统一的课程标准进行考试评价，这对于一个四五十人的班级来讲，根本不可能照顾到每个学生的个体差异，忽视了学生的个体特征，违背了人的个性化成长和个性化教育规律，更不适合数字化新生代的教育与学习。在传统课堂教学中，教师严格按照自己课前设计好的教学方案去展开教学活动，教师的教和学生的学在课堂上最理想的进程是规范准时地完成教学预设，按时完成教学任务。在这种整齐划一的场面下课堂教学缺少活力，教师教得辛苦，学生学得枯燥。他们生活在一种压抑与束缚中，可能扼杀了学生潜在的创造才能，压抑了学生的思想情感。

3. 师生交流互动"形式化""简单化"

传统的课堂教学"以教师为中心"，教师是知识的传授者、灌输者，在教学中处于控制、主导地位，习惯于"一讲到底"，学生是被灌输的容器、被教师加工的对象，学习方式单一、被动，缺乏有效的师生互动、平等的交流。这样导致师生之间的教学关系就是：我讲，你听；我问，你答；我写，你抄；我给，你收。在这样的课堂上，"双边活动"变成了"单边活动"，教代替了学。因此，师生间的交流互动往往是形式化的、淡而无味的一问一答。教师按照教学预设提出问题，只需要个别学生配合教师做出回答，直到出现预设的答案为止，因此课堂上只是对一小部分学生代表的提问与交流。在整个教学过程中看不到师生的双向互动，看不到教师的随机应变，看不到对学生思维出现阻碍时的点拨，不能激发学生的求知欲、启发创新思维。这对于调动学生学习的积极性、主动性，增进学生学习的主体意识，培养学生的好奇心和创新思维十分不利。

4. 课内外协作互助"孤立化""局限性"

传统的课堂教学缺乏课内外的协作与同伴互助。从课内活动来看，学生在课上获取信息和开展协作学习受阻。在传统课堂上，教师拥有的资料有教科书、教辅参考书、教案等，而学生的学习资料只有教科书。通常在教师讲课时，是不允许学生看书的，也不能"交头接耳"、自由讨论，只能跟着教师的讲授去听课，在规定的时间内看教师指定的内容，当学生遇到问题时，没有渠道去查阅资料，或尝试合作探究，使得学生在课上获取信息和开展协作学习受阻，具有很大的局限性。而在课外进行协作交流也不方便，学生缺少课外合作交流获取知识的机会，大多数不住校的同学放学后各自回家，当他们在课外做作业遇到问题时，与老师、同学没有相互沟通交流的手段，学生不方便随时向教师请教、与同伴互助，再加上很少使用项目学习、任务驱动的学习方式，缺少协作互助的时间和空间，使得学生的问题得不到及时的解决。

5. 学习评价与反馈"粗略化""滞后性"

传统的课堂教学对学习的评价不仅粗略，而且反馈不及时，不利于教学的改进。在传统课堂教学中，教师为了检验学生是否掌握了所学内容，一般采用三种方式来进行：一是提问，个别学生回答问题，教师给出点评；二是现场布置几道测试题让学生做，交卷之后教师挑几张卷子看看和讲评；三是下发课后作业题。这些评价及反馈方式存在明显的不足：一是以偏概全，前两种评价方式大都是对个别学生的学习掌握情况的评价，并以此来对全班学生的学习情况做出评判，这种评价必然是粗略的、经验性的；二是缺少对测试结果的详细分析，在较短的时间内，教师无法统计出全体学生对每一个知识点的认知程度；三是评价与反馈滞后，学生课后完成作业并交给老师，老师课后批改，最快在下次上课时讲评，慢的话要等到再下一次上课时才进行讲评。由于缺少有效的技术手段，在传统课堂上对测试结果难以进行详细的分析，做不到贯穿课堂教学全过程的学习诊断与评价，而课后的作业批改和讲评往往更不及时，使得评价信息反馈严重滞后。

传统课堂教学存在上述不足和弊端，其根本原因在于采取的"以教材为中心、以课堂为中心、以教师为中心"的教学理念和方式，教学手段落后，教学

25

资源不足，教学结构单一，课堂由教师主宰和控制着，学生始终处于被动的地位，这些利用传统的方式和手段难以解决。这样的教学情景与互联网时代格格不入，必然引发学习者的不满，造成课堂教学中的不协调现象。因此，我们需要客观上采取新的视角和新的方法手段来改变，对传统课堂教学进行根本性的变革。

二、基于"建构主义"理论的学习模型

传统课堂教学存在的不足已经引起了教育理论界的重视和探索，在互联网环境下如何进行教学与学习，西方学者提出了一些新的学习技术及理论，其中最具代表性的当属"建构主义学习理论"和"联通主义学习理论"等。联通主义学习理论作为互联网、社会媒体等技术快速发展以及知识更新速度日益加剧背景下催生出的重要学习理论，从全新的角度提出了解释开放、复杂、快速变化、信息大爆炸时代学习如何发生的问题，特别契合当前的互联网时代特征。但是联通主义学习并不适合应用于所有学习者，联通主义学习的发生以学习者具有一定的学习能力为基础，就目前来说这种学习更适合于高等教育和在职学习，或者说更适合高中后的高等教育与非正式学习。[①] 我国著名教育技术专家何克抗[②]教授指出，"建构主义"是适应互联网时代技术变革，富有全新理念和模式的新型教育理论，为开展网络环境下的教学和学习提供了科学依据。建构主义理论对于破解传统课堂教学的困境具有重要的启示。因此，这里我们着重对"建构主义"理论下的学习模型进行构建分析。

1. "建构主义"学习的基本内涵

建构主义是当代教育和学习理论的一场革命。自 20 世纪 90 年代以来，建构主义学习理论逐渐成为互联网时代的核心教育理论。建构主义是现代学习理论在历经行为主义、认知主义之后的进一步发展，它对现代网络化教学过程与教学资源的设计、开发与应用，将产生革命性的影响，并具有普遍的

---

① 王志军、陈丽：《联通主义学习理论及其最新进展》，载《开放教育研究》，2014(5)。
② 何克抗：《建构主义——革新传统教学的理论基础(上)》，载《电化教育研究》，1997(3)。

指导意义。①

　　建构主义学习理论关于"学习"的定义与过去的学习理论是不同的。建构主义认为，学习是获取知识的过程，知识不是通过教师传授得到，而是学习者在一定的情境(即社会文化背景)下，借助其他人(包括教师和学习伙伴)的帮助，利用必要的学习资料，通过意义建构的方式而获得。由于学习是在一定的情境下，借助其他人的帮助即通过人际的协作活动而实现的意义建构过程，因此建构主义认为"情境""协作""会话"和"意义建构"是学习环境中的四大要素或四大属性。在学习过程中，帮助学生建构意义就是要帮助学生对当前学习内容所反映的事物的性质、规律以及该事物与其他事物之间的内在联系达到较深刻的理解。这种理解在大脑中的长期存储形式就是关于当前所学内容的认知结构。

　　由这一"学习"的定义可知，学习的质量是学习者建构意义能力的函数，而不是学习者重现教师思维过程能力的函数。换句话说，获得知识的多少取决于学习者根据自身经验去建构有关知识的意义的能力强弱，而不取决于学习者记忆和背诵教师讲授内容的能力。这与我们对学习的传统理解是完全不一样的。在众多教育理论中，只有建构主义理论特别强调学习者的自主建构、自主探究和自主发现(在教师和学习伙伴的帮助下)，并要求将这种自主学习与基于情境的合作式学习、与基于问题解决的研究性学习结合起来，因而特别有利于学习者创新意识、创新思维与创新能力的培养。

　　建构主义学习理论的一大特色是突出"学习环境"的构建与应用。建构主义认为，学习者的知识是在一定情境下，借助于他人的帮助，如人与人之间的协作、交流、利用必要的信息等，通过意义的建构而获得的，为此必须为学习者构建有利于意义建构的学习环境。理想的学习环境应当包括情境、协作、会话和意义建构四个部分。

2. 以学生为中心的"建构主义"学习模型

　　因而"建构主义"倡导"以学生为中心"，将学习的自主权还给学生，让学生自主学习，在教学实践中十分重视理想学习环境的构建，突出协作、互动

---

① 王光玲、宋延山:《基于建构主义的网络教学浅论》，载《山东师范大学学报(人文社会科学版)》，2003(4)。

第一章　课堂变革的时代背景与动因

的学习方式。① 建构主义学习模型为互联网时代破解"班级授课制"教学的难题，创建新的课堂教学模式提供了重要的理论参考模型。"建构主义"学习模型基本架构见图1-3。

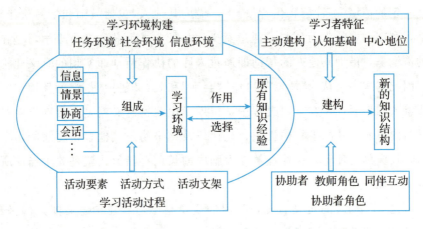

图1-3 "建构主义"学习模型基本架构

3. 学习者特征

(1)学生是知识意义的主动建构者，是学习的主体；学生不是被加工的对象，不是知识信息的被动接受者，不是被动接受知识灌输的"容器"。

(2)学习者依靠自己已有的认知基础(包括知识经验、认知能力等)，通过新、旧知识之间的双向相互作用，调整、改造原有的经验，形成新的经验体系。因此，对学生已有认识水平和特征的掌握，即进行学情分析，是帮助和促进学生学习的前提。

(3)必须"以学习者为中心"，真正把学习的自主权交还给学生，让学生成为课堂的主人，课堂教学要始终围绕"学"的需要，坚持教学评价以"学"的评价为核心，对学的结果、学的过程、学习行为、学习风格进行全面评价，以利于改进为"学"服务的"教"。

4. 协助者角色

(1)学习是一种社会性活动，学习者同他人的交往起着十分重要的作用，

————————————

① 吕雪晴、王华清、刘满芝：《基于建构主义学习理论的网络教学模式构建》，载《教学与管理(理论版)》，2006(2)。

需要借助教师和学习伙伴等他人的帮助。协助者是学习活动中不可缺少的。

（2）教师不是知识的灌输者，而是意义建构的帮助者、引导者和促进者。教师应利用各种信息资源和环境设计有价值的、有意义的问题，引导学生持续思考，帮助和促进学生愿意学习、善于学习。

（3）同伴互助。学习者相互之间的合作互助非常重要，同学之间是学习伙伴关系，同学之间基于现代信息技术手段，借助一定的资源、环境进行讨论与交流，共同发现与解决问题，有利于学习者意义建构。

5. 学习环境构建

（1）注重教学情境的创设。在教学中应该把所学知识与一定的现实问题或真实任务联系起来，创设具体的教学情境以激发学生自主学习、发现问题和解决问题的兴趣，帮助学习者认识事情的本质。

（2）重视协商会话。认为学习具有社会互动性，在教学中创造条件鼓励协商会话，可以形成对知识更为丰富、更为深入、更为灵活的理解，为知识建构提供丰富的资源和积极的支持。

（3）重视信息提供。利用各种新技术、新媒体，为学习者及时、大量地提供丰富的媒体学习资源，辅助学生建构知识意义。

（4）实现互动交流。通过开发利用智能教室、电子书包和智慧学习平台等，促进师生之间、生生之间进行更为灵活、更为高效的交流互动，构建有利于协作交流、富有智慧的学习环境。

6. 学习活动模型

（1）学习是学习者在一定的情境及其他人的帮助下，在原有知识经验的基础上，主动构建新的认知结构的活动过程。

（2）学习活动的关键要素是"联系"与"思考"，即把当前学习内容与自己已经知道的事物相联系，并对这种联系加以思考，实现意义建构。

（3）学习活动的方式包括自主学习、协作学习等，自主学习主要是自我探究和思考，协作学习即学习者内部之间通过交流、讨论、辩论等进行学习探索。

（4）学习活动中，教师通过各种技术和媒体创设一定的学习情境，组织丰富的教学资源，开发利用支架式、抛锚式、随机进入式等教学方法，进行协作和会话交流，帮助学习者完成意义建构。

"建构主义"学习模型是适应互联网时代技术变革，富有全新理念和模式的新型教育理论，为开展互联网环境下的教学和学习提供了科学依据。基于互联网技术变革传统课堂教学，要打破"班级授课"的传统教学流程和结构，构建技术支持的新型教学环境，促进知识内化的优化，建立新的教学与认知模式。

三、用"建构主义"理论指导课堂变革

建构主义学习模型为互联网时代破解"班级授课制"难题，以及创建新的课堂教学模式提供了重要的理论参考模型。上述分析表明，建构主义学习模型是适应互联网时代技术变革，富有全新理念和模式的新型教育理论，为开展网络环境下的教学和学习提供了科学依据。在"互联网＋"的时代背景下，应利用建构主义的学习理论和模型，指导课堂变革，构建新的课堂教学模式。应重点把握以下原则要求。

1. 让学习者主动建构知识意义

建构主义理论认为，学习是学习者主动建构知识意义的过程。学习过程中学生依靠已有的知识经验和认知能力，通过新、旧知识之间的双向相互作用，调整、改造原有的经验，形成新的经验体系。这充分体现了学习是学生主动的行为，而不是被动的外部刺激接受，课堂教学是必须"以学生为中心"的。我们必须真正将课堂交还给学生，衡量课堂教学效果优劣的根本标准在于"学"得怎样，包括学生在课堂上的学习态度、学习气氛和学习参与程度等行为表现。

2. 让教师帮助和促进学生意义建构

在建构主义模式下，教师不是知识的灌输者，而是学生意义建构的帮助者和促进者。教师应当摒弃那种以自我为中心和"控制课堂"的思想，摒弃那种照本宣科的"灌输式"教学方式，通过设计有价值的、有意义的问题，引导学生持续思考，不断丰富或调整学生原有的知识经验，帮助学生建构起真正的、灵活的知识，激发学生学习的热情、好奇心以及探索研究的精神，帮助和促进学生愿学、乐学、会学。

3. 用情境、会话、信息促进意义建构

建构主义告诉我们，"情境""会话""信息"是促进意义建构的关键要素。建构主义强调课堂教学情境的创设，在教学中应该把所学知识与一定的真实任务联系起来，通过具体情景认识其本质，以便灵活运用于现实世界的真实问题中；建构主义认为学习具有社会互动性，学生通过协商会话，可以形成对知识更丰富、深入、灵活的理解，为知识建构提供丰富的资源和积极的支持；信息提供是实现建构主义学习的重要支持，它可以及时、大量地提供学习资源信息，辅助学生建构知识意义。

4. 用信息技术创设理想的学习环境

建构主义教学情境的创设离不开先进的技术手段。现代信息技术的发展与广泛应用，尤其是大数据、物联网、移动互联网和人工智能等智能信息技术，为打造信息化、智能化的学习环境提供了先进的技术手段。通过开发利用智能教室、电子书包、智慧学习平台等，实现"云""台""端"的教学运用，在课堂教学中，师生可进行更为灵活、更为高效的交流互动，实现即时、动态的评价信息反馈，构建理想的学习环境。

▶ 第四节　从智能信息技术到个性化学习

大数据、人工智能等智能信息技术的发展和应用，为教与学方式的变革提供了重要技术支撑。美国的《通过教育数据挖掘和学习分析促进教与学》[1]报告指出：互联网与物联网、云计算与大数据和智能终端支撑下的个性化学习是国际信息技术发展趋势的核心，基本内容包括服务个性化、决策数据化、设备移动化和应用云端化四个方面。我国《教育信息化十年发展规划（2011—2020 年）》指出，努力为每一名学生和学习者提供个性化学习、终身学习的信息化环境和服务。正如知名教育信息化专家杨宗凯教授指出的：古今中外，

---

① Bienkowski M., Feng M. & Means B., " Enhancing teaching and learning through educational data mining and learning analytics：An issue brief," https：// tech. ed. gov/wp-content/uploads/2014/03/edm-la-brief. pdf，2018-08-25.

32

实现全纳、公平与个性化的学习一直是教育追求的梦想。个性化学习已成为世界各国教育创新改革的重点。[①] "互联网+"的思维方式和新一代信息技术为个性化学习提供了重要的支撑。

一、基于 Web 2.0 的个性化学习

Web 2.0 是当前最主要的一类互联网应用的统称，从 Web 1.0 发展而来，并正在向 Web 3.0 发展，甚至有人提出了 Web 4.0 的概念。假如说 Web 1.0 的本质是联合，那么 Web 2.0 的本质就是互动，它让网民更多地参与信息产品的创造、传播和分享，而 Web 3.0 正在向语义网络（智能网络）和智能应用发展。互联网技术的应用和普及，既为教学提供了极为丰富的学习资源，也提供了不受时空限制的与其他社会成员便捷沟通的平台。基于 Web 2.0 为学生的个性化学习提供了资源丰富、开放交互的学习环境。Web 2.0 是互联网的一次理念和思想体系的升级换代，由原来自上而下的由少数资源控制者集中控制主导的互联网体系转变为自下而上的由广大用户集体智慧和力量主导的互联网体系。Web 2.0 的核心思想是对社会化的强调，对个性化的尊重。社会化，意味着互联网真正走近普通大众，将网络内容的创造使用权递交到普通用户的手中，同时提倡广大用户互助、协作、聚焦集体智慧和力量。个性化，意味着以每个用户为核心，尊重每个用户的个体需求和微弱贡献。[②] 这种思想会帮助教师用 Web 2.0 去改造我们的教育，会产生一种新的催生力，促使我们教育观念的转换，比如，充分发挥每一个学习者的作用，学习者本身又是分享者，这样微观的动力，让学习真正实现自主化和个性化。

Web 2.0 强调用户参与、开放分享的理念决定了其更易于激发个体的热情和智慧，通过个性化的聚合空间实现知识信息共享，这恰恰是 Web 2.0 最独特的价值之一。利用 RSS、TAG、Blog（博客）、WIKI、SNS 等 Web 2.0 技术构建具有知识获取、交流互动、发布共享等功能的个人学习环境，并发布各种学习资源，供学生学习与参考，为学习者提供个性化的学习服务。基于 Web 2.0 的个性化学习应用场景主要表现在以下几个方面。

---

① 杨桂青：《智能时代教育发展之道》，载《中国教育报》，2018-07-12。
② 陈青：《Web 2.0 及其在远程教育中的应用》，载《课程·教材·教法》，2009(2)。

1. 个性化协作交流——实现开放分享、互动交流

在互联网环境下，充分整合各种 Web 2.0 技术，建设开放交互的学习环境。Web 2.0 强调开放分享的思想，让教师和学生把自己在教学和学习中的经验、心得、想法分享给别人，面向所有用户开放，鼓励用户参与、互动和交流。学生个人既是知识的消费者，同时也是知识的生产者与管理者，通过互动交流充分参与知识的创造和管理。学习作为一种对话与交流活动，学生可以在 Web 2.0 的开放环境下，与教师、专家以及其他社会成员的交流或协作中实现自主和个性化学习。

2. 个性化资源发布——提倡平等个性、主动参与

Web 2.0 强调的是个人力量，它是个性张扬的时代，个人主动参与到互联网中，而不是作为一个被动的个体。每个用户既是信息的阅读者、享受者，又是信息的创造者、发布者，人人享有平等的权利。Web 2.0 的绝大部分服务基本上都为每个人标识明确的页面，用户也是信息源，门户对信息的控制将被削弱，知识信息传播的渠道也因此发生改变。比如，作为一个完全属于发表个人知识信息的空间，博客(Blog)最能体现博客(Blogger)的个性。

3. 个性化学习评价——注重形成性、差异化评价

由于在 Web 2.0 的个人学习环境中，学生参与学习会留下很多痕迹，因此在完成学习后，教师可以对学生进行形成性评价并反馈给学生，以实现差异化评价。具体来说，学生的活动主要是登录个人学习环境，针对预设的主题开展学习，利用学习环境中的各种资源库进行搜索、选择与探究，利用博客、RSS、标签和可视化工具进行知识共享、积件式写作和个性化改写，利用好友圈、群组等与同伴进行交流、协作与互动等。基于这些活动行为记录，可根据需要进行个性化的评价、反思和总结。

二、基于云计算的个性化学习

教育云在学校教学中的应用突破了传统课堂的局限性，拓展了学生学习的时空，为个性化学习提供了开放共享的云服务环境。云计算是一种新的 IT 基础设施的交付和使用模式，用户通过互联网络以按需、易扩展的方式获得所需的资源，如计算服务、数据存储和网络资源等。在云计算模式中，用户

33

34

所处理的数据并不存储在本地，而是保存在互联网上的数据中心，用户所需的应用程序并不运行在用户的个人电脑、手机等终端设备上，而是运行在互联网上大规模的服务器集群中。用户只需能够接入互联网，就可以通过电脑、手机等终端设备，在任何地点方便快捷地使用数据和服务，最终改变人们获取信息、分享内容和互相沟通的方式。① 基于教育云建设个性化云学习空间，云空间围绕学习和学习事务处理等需要，把分离的以及有利于学习的资源、资讯、工具和服务等聚合起来，方便管理和使用。它的构架和功能可以方便用户共同参与平台内容与功能的建设与拓展，利用集体的智慧，充实平台的资源内容，丰富平台的各种创新型功能，为每个学习者提供个性化学习门户。

"十二五"时期我国教育信息化的核心目标与标志工程，就是建设好"三通两平台"，云计算是实现其中的"网络学习空间人人通"目标的重要途径。利用与云计算服务合作的商业运行模式，租用云服务提供商运营的网络服务空间，在教育云上开设相应的个人网络空间，包括教师、学生、管理人员和家长的教育云空间，为学习者提供多样化的网络空间服务。基于云计算的个性化学习应用场景如下。

1. 教师空间个性化学习

在教师空间中，将课上课下所要学习的资料、作业、优秀的教学案例、教学课件、微课资源等发布到空间里，将教师的教研成果、学术成果呈现出来，学生可以自主访问教师空间中的相关资源进行学习和交流，尽享优质教学资源，选择适合他们自己学习需求的信息资源。

2. 学生空间个性化学习

在学生空间中，学生可以完成作业、论文和实习报告，整个学习过程都记录在空间里；学生还可以搜集与课程相关的学习资源，并保存在自己的空间里，拓宽了知识的获取途径；学习者可自行制订学习计划、完全自主选课、自定学习进度和路径、设定学习日程；信息服务可采取定制、推送方式，定制和推送新闻、定制和推送通知、定制和推送个性化消息等。

---

① 朱莉、王鹏：《云计算在高校的部署与应用研究——以开源云计算产品 Eucalyptus 为例》，载《吉林师范大学学报(自然科学版)》，2011(2)。

3. 空间交流个性化学习

空间交流是师生共同学习和交流的深化，利用云空间进行交流互动，实现开放式学习、开放式教学，这使得网络学习空间有别于各类静态的学习网站，它是一个开放式的活的资源库、学习平台与个人成长平台，满足了学生个性化学习的需要。利用空间的交互式功能，学生还可以得到伙伴、教师和自我等多元主体的评价。利用空间记录学生学习的全过程，实现总结性评价与形成性评价的有机结合，成为对学生的学习与成长有利的有效激励措施。

三、基于移动终端的个性化学习

基于移动终端的学习，亦称基于移动互联网的学习，是一种利用无线移动通信网络技术(如 3G/4G/5G、Wi-Fi 等)及无线移动通信设备(如智能手机、平板电脑等)获取教育信息、资源和服务的一种新型学习模式。移动互联网(Mobile Internet，MI)是移动通信技术与互联网技术融合的产物，一般指用户使用手机等无线终端，通过速率较高的移动网络接入互联网，可以在移动状态下使用互联网的网络资源。随着移动终端和互联网的发展，移动互联网得到迅速发展。根据权威统计[1]，截至 2017 年 12 月，我国手机网民规模达7.53 亿，较 2016 年年底增加 5734 万人。网民中使用手机上网人群的占比由2016 年的 95.1％提升至 97.5％，网民手机上网比例继续攀升，移动互联网成为当前网民主要的上网方式。移动互联网的意义在于它融合了移动通信随时随地随身和互联网开放、共享、互动的优势，代表了未来网络的重要发展方向，改变了人们的学习和生活方式。[2] 近几年来，随着信息技术以及智能移动终端设备的快速普及，同时工作、生活节奏不断加快，人们对快速获取信息有了更高的追求，利用碎片时间通过手机、平板电脑等智能移动终端进行随时随地获取信息、交流沟通和学习已成为一种生活习惯，学习方式发生了重大变化，真正实现了"Anyone、Anytime、Anywhere、Any style"(4A)的个性

---

[1] 张俊：《CNNIC：2018 年第 41 次中国互联网络发展状况统计报告》，http：//www.199it.com/ar-chives/685063.html，2018-01-31。

[2] 查英华、朱其慎：《基于个性化推荐的移动学习模式探究》，载《职教论坛》，2015(23)。

化、自主化学习。①

36

基于移动终端的个性化学习，其核心在于依托移动互联网络和移动终端设备为学习活动提供平台，以丰富的视听资源来满足个性化学习的需要，使学生充分发挥潜能，开展个性化学习，从而促进个体发展。基于移动终端的个性化学习体现在如下几个方面。

1. 社交网络个性化

基于移动互联网，除了从老师、同学、亲属、朋友等各种传统的社会关系中获得学习收获外，学习者可以通过各种社交媒体，如论坛、QQ 群、微信群、公众号、朋友圈、微博的粉丝群等拓展学习的范围，形成自己的个性化学习社交网络，当学习者向这些人提出一个问题的时候，可能会得到几十个、几百个甚至更多的回复，学习和社交网络可以无限扩大，形成了社会化的学习圈子，带来更加高效和可持续性的学习。

2. 学习方式个性化

基于移动互联网，突破了传统的需要在固定时间、固定地点进行系统化学习的限制，利用智能手机或者其他移动终端，可以在任何时间、地点和空间按需进行"碎片化"学习，适应现代社会学习者流动分散的学习特征和紧张快速的工作节奏，使学习者通过一点一滴的信息和知识的获取，以及学习思考积累，实现一种无时不有、无处不在的灵活学习方式，使得每个碎片的学习时间变得更加可控，学习兴趣更加浓厚，学习更加个性化、更有针对性。

3. 资源传递个性化

依托移动互联网，知识信息的获取非常方便灵活，如通过博客、微博和微信等手段，知识和信息的提供开始逐步走向自组织和自生产阶段，每一个学习者都可以不断地制造和传播知识信息等内容。基于微信学习平台订阅推送，用户可以关注并订阅某个微信公众号发布的信息，信源也可以主动将个性化信息推送给用户，具有及时性强、更新性好的特点，满足了学习者的个体学习兴趣和学习需求。②

---

① 郑云翔：《新建构主义视角下大学生个性化学习的教学模式探究》，载《远程教育杂志》，2015(4)。
② 赵苗苗、陈琳：《基于大数据的智慧型个性化学习服务研究》，载《教育导刊》，2015(19)。

4. 评价反馈个性化

基于移动互联网，师生可充分发挥移动信息技术手段的优势进行各种作业练习、检测评价和即时反馈。例如，借助学生移动终端的一对一学习功能，增加巩固练习的环节并进行自我检测与评价，教师可针对学习结果进行点评，或小组互评等多种方式结合，向学生反馈学习效果，让每个学生真正掌握知识并感受成功的喜悦。在此基础上可以进行个性化总结经验，反思学习效果，不断获得提高。

四、基于大数据的个性化学习

教育大数据分析是一场变革，改变了现有的管理流程、教学、学习以及工作方式，有益于教学决策和教学实践，使个性化学习得以真正实现。如果说互联网和移动互联网技术促进了教育的全球化、民主化和多元化，那么大数据技术将实现教育的个性化和定制化，大数据时代个性化教育的研究价值和应用潜力巨大。[①] 个性化教育的前提在于识别和发现学习者的个性，构建个性化教育环境为其个性化发展提供支撑。在大数据时代，教育过程中的一切行为都可以转化为教育大数据，数据的产生是伴随式、全过程性的，基于过程数据可以去关注每一个个体学生的微观表现，是高度个性化表现特征的体现。与传统数据相比，教育大数据具有数据量大、产生速度快、数据多样的特点，这些特点正好适应了个性化和人性化的学习变化。[②] 在大数据背景之下，利用数据挖掘、机器学习和深度学习等大数据技术，进行大规模教育数据集的深度挖掘和分析预测，可以对教育数据进行从微观到宏观的统计、分析、推理和预测，促进其对学习者的了解，以及对学习者学习过程的理解和观测，为个性化干预提供可靠的决策依据，进而提升学习者的学习效果，使传统教育从统一化、标准化转向个体关注，能实现真正意义上的个性化学习。

具体来说，利用大数据技术可以获取人力无法搜集的数据，快速分析学习过程，归纳总结出学习者各方面的信息或状态，实现对学习者的特点和个

---

① 徐鹏、王以宁、刘艳华等：《大数据视角分析学习变革——美国〈通过教育数据挖掘和学习分析促进教与学〉报告解读及启示》，载《远程教育杂志》，2013(6)。
② 刘三女牙：《大数据开启个性化教育新时代》，载《中国教育报》，2017-03-05。

性差异的准确诊断，从而基于数据确定个性化学习目标和学习路径，及时改进学习策略，提高学习成效，适应个性化学习需求。基于大数据的个性化学习主要体现在以下几个方面的应用场景。

1. 改善个性化学习诊断

通过大数据的分析，有效地改进了个性化的学习诊断。以前的学习诊断只能简单地基于考试成绩来分析学生学习情况，现在通过学生的出勤、课堂表现、作业的过程、师生或生生互动的过程等，进行即时性的学习行为与现象的记录，获得过程性的评价数据，通过这些数据的整合能够诠释教学全过程中学生个体的学习状态、表现和水平。利用大数据和一定的观测采集技术，我们可以去关注每一个学生个体的微观表现，比如，他在什么时候翻开书，在听到什么话的时候微笑点头，在一道题上逗留了多久，在不同学科课堂上提问多少次，开小差的次数分别为多少，会向多少同班同学发起主动交流等。

2. 提供个性化学业预测

大数据的核心是预测分析，通过对教育大数据的采集、处理和分析，可以构建学习者学习行为相关模型，分析学习者已有学习行为，并对学习者的未来学习趋势进行科学预测。基于大数据的学习分析可以实现对学生学业成绩的预测，发现学生的不良学习行为以及影响学习者个性化学习的因素，亦可鉴别出在学业上需要帮助的学生。此外，还可以预测学生的学习行为，帮助学生设定自己的目标，并跟踪他们的学习进度，让学生获得自己的数据，为学生的自我学习监控提供更精细化的服务。同时，这些预测的分析结果还可以帮助教育者对教学过程中可能出现的情况进行预警，事先采取预防措施。

3. 进行个性化学习辅导

大数据技术将给教师提供最为真实、最为个性化的学生特点信息，教师可以全面跟踪学生学习行为、学习过程，分析评估每个学生的学习需求、学习风格、学习态度和学习模式，在教学过程中可以有针对性地进行因材施教。比如，在课堂学习过程中，哪些同学注意基础部分，哪些同学注意实践内容，哪些同学完成某一练习，哪些同学可以阅读推荐书目等。学习者可以发现并开发他们的潜力，掌握学习的主动权，自主规划学习计划，随时随地监督学习进度，检查学习效果，根据自身需求，决定个性化的学习参与路径，选择和定制个性化的学习内容。

4. 制订个性化生涯规划

通过大数据的记录分析，为每个学生建立个性化学习和成长档案。学习档案中不仅应包含学生智力成就方面的数据，还应该包含影响学业成绩和职业成就的学生情感非认知属性数据以及行为数据等。基于这些数据进行学生综合素质评价，帮助学生制订生涯发展规划，促使学校在人才培养方面更加注重综合人才的培养，在大数据的支撑下学校通过电子学习档案，通过学业发展的柱状图和学生成长的态势雷达图，可以分析学生的兴趣爱好和能力倾向，来预测学生的发展趋势。学校从课程选择指导、参与职业体验、提升兴趣特长等方面为学生制订个性化的生涯规划，扬长补短，促进学生综合素质提高。

五、基于 AI 的个性化学习

人工智能（Artificial Intelligence，AI）为个性化教育提供了丰富的手段和应用场景。个性化学习已经成为全球教育行业发展的一个重要趋势，AI 正在推动个性化学习快速发展。个性化学习是技术与教育深度融合在高级阶段的表现形式，近年来，以机器学习和深度学习为关键支撑的 AI 技术的回归，对个性化学习进行了重塑和再造。[①] AI 研发是当今世界各国科技竞争的热点，国际组织以及世界主要发达国家相继发布了人工智能政策，2016 年 10 月，美国颁布了《国家人工智能研究与发展策略规划》，以此从政府层面来推动 AI 领域的快速发展。我国已经将其作为国家战略，于 2016 年和 2017 年相继发布《"互联网＋"人工智能三年行动实施方案》《智能制造发展规划（2016—2020年）》《新一代人工智能发展规划》等多部 AI 领域的重要规划性文件。随着"人工智能＋"时代的来临，在整合教育大数据、机器学习、学习分析等先进技术的基础上，智能教育云服务可以为学习者提供个性化学习服务，以支持其自主发展，这破解了教育在个性培养方面不足的难题。美国课程监督和发展委

39

---

① 车智佳：《"人工智能 ＋"时代的个性化学习理论重思与开解》，载《远程教育杂志》，2017(3)。

40

员会在 2010 年的研讨会发表了一个报告《创新到教育——对个性化学习的系统设计》①，报告中确定了个性化学习应该包括的五个元素，基于这五个元素分析人工智能是怎么实现个性化学习的。我国也有学者开始探讨 AI 技术支持下的个性化学习路径。② 通过 AI 技术分析个人学习情况及兴趣目标，为学习者提供个性化服务定制，让最优学习内容智能制造，正成为"人工智能＋教育"的新路径。

AI 对个性化教育的影响目前还在探讨之中。我们无法准确预测 AI 时代教育的确切形态，只能立足当下展望未来。AI 应用于教育的最大意义，应该在于它能克服人在时间、精力、脑容量、经验上的局限，将个性化学习真正带给每一个人。充分发掘人工智能的优势，解决当前教育教学中的典型问题，如差异化教学、个性化学习、个性化决策等。AI 技术支持下的个性化学习主要体现在以下几个方面。

1. 发掘个性化学习潜力

传统教育实施"标准化""大生产"教育模式，各门学科的教材、教学都有一定的标准，这种标准化对推进教育规模化起到了非常重要的作用，但难以适应知识经济时代创新型个性化人才培养的需要。在此背景下，个性化学习应运而生，近年来快速发展的 AI 技术为此提供了重要的手段。有数据表明，80％的人没有明确的学习目标，对自己潜在的天赋也没有感知，需要高明的老师来发掘和引导，人工智能可以充当这样的老师。AI 用于教育可以发掘每个学习者的学习兴趣和潜力，通过好的体验和好的内容，激发学习欲望。③

2. 驱动个性化学习体验

利用 AI 技术提供个性化学习内容，驱动个性化学习体验，激发学习者的学习欲望。借助语音交互、拍照、AR 等技术，在学习中让优质的内容触手可及，让学生随时获得感兴趣的内容。通过人工智能整理庞杂的学习资料和知识点，打造系统化的知识网络，实现优质内容的图谱化，也是突破固有学习

---

① 任学堂：《人工智能是怎么实现个性化学习的？》，http：//www.15yan.com/story/9LNvHwkPkI9/，2018-08-25。

② 车智佳：《"人工智能 ＋"时代的个性化学习理论重思与开解》，载《远程教育杂志》，2017(3)。

③ 官志雄：《人工智能推动个性化学习，激发学习欲望》，http：//www.chinanews.com/business/2017/05-15/8224215.shtml，2018-08-25。

体验的技术创新亮点。AI 可以通过精准描绘用户画像，对用户不同的学习主题、兴趣点的深度分析，根据不同人的认知特点和学习兴趣，以及对知识掌握的熟练程度，推荐个性化学习内容。

3. 提供个性化学习规划

借力 AI 技术，让个性化的学习按需定制，实现"千人千面"的个性化学习。基于这一技术，可以实现真正的个性化教育，极大提升学习效率。不同的学习者因能力特点、学习风格、个体发展的特殊性等，对各类知识的掌握能力差异很大，通过制订个性化的学习目标，为学习者定制最适合学习者的学习路径，并根据实时的测评和学习者持续增加的学习行为数据不断调整学习计划，科学分配学习者在不同知识点上的学习时间和顺序，呈现出最优的学习路径。

4. 实施个性化自适应学习

2015 年，美国新媒体联盟发布的《新媒体联盟地平线报告（2015 基础教育版）》把推进个性化学习作为"有难度的挑战"，并认为自适应学习技术是未来 2~3 年内在基础教育领域被采纳的关键技术。[1] 2017 年，新媒体联盟发布的《地平线报告（高等教育版）》在影响高等教育的重要发展部分中，再次把自适应学习技术作为近一年内被广泛采用的关键技术。[2] 自适应学习技术通过监控一系列学习过程行为及数据，基于个人能力和技能水平动态调整课程内容以进一步适应和提高学习者表现，实现教学的自动干预。利用人工智能技术实现了对学习内容和学习活动的智能序列组合，根据学习者最近发展区需求，智能教育云服务平台推送给学习者，由其自定步调进行学习。[3]

5. 进行个性化学习分析

利用人工智能技术开展全过程数据采集和分析评价，从知识学习和认知发展等方面对学习过程和结果进行个性化评价，可以让学生及时掌握学习的全面情况，实现个性化学习改进。例如，通过语音识别、图像识别、手写识

① ［美］L. 约翰逊、S. 亚当斯贝克尔、V. 埃斯特拉达等：《新媒体联盟地平线报告（2015 基础教育版）》，北京开放大学项目组，译，载《北京广播电视大学学报》，2015(A1)。
② Adams Becker S. , Cummins M. & Davis A. etc. NMC Horizon Report：2017 Higher Education Edition，Austin，Texas，The New Media Consortium，2017.
③ 车智佳：《"人工智能＋"时代的个性化学习理论重思与开解》，载《远程教育杂志》，2017(3)。

别、自动阅卷等技术，对随堂互动、课后作业、单元测试、期中期末考试、区域联考等各类教学场景下的教学过程数据进行收集汇聚，采用智能录播技术和图像识别技术对学习者在课堂中的知识学习、即时测评、互动讨论等学习活动表现，对这些数据进行智能分析和综合评判，解析出充满差异的个性学习者特征，可以分析和评价出每个学生对知识点的掌握情况和存在的问题，促进 AI 支持下的个性化学习改进。

▶ 第五节　从微课、翻转课堂到智慧课堂

自 20 世纪 80 年代中期以来，随着计算机和互联网技术的迅猛发展及其在学校教育中的广泛应用，信息化教学的发展呈现出快速发展之势。目前越来越多的学校和教师在不断尝试运用信息技术手段变革课堂教学，从早期的计算机辅助教学、网络教学平台向与学科教学的融合发展，有代表性的如微课、慕课（Massive Open Online Courses，MOOC）翻转课堂等信息化教学应用形式，使得传统课堂向信息化、智慧化课堂发展。

一、微课与微课教学

1. 微课的概念及特点

微课或微课程（Microlecture），是指基于教学设计思想，以短小精悍的视频为主要载体，针对某个知识点（重点、难点、疑点等）或教学环节而设计开发的一种情景化、支持多种学习方式的微型课程。"微课"的核心组成内容是课堂教学视频，同时还包含与该教学主题相关的教学设计、素材课件、教学反思、练习测试及学生反馈、教师点评等辅助性教学资源，它们以一定的组织关系和呈现方式共同"营造"了一个半结构化、主题式的资源单元应用"小环境"。因此，"微课"既有别于传统单一资源类型的教学课例、教学课件、教学设计、教学反思等教学资源，又是在其基础上继承和发展起来的一种新型教学资源。

微课以音视频、PPT、动画等多种信息技术集成的多媒体为表现形式，具有短、小、精、易等特征。随着移动通信技术和社交媒体的快速发展，互联网进入了"微"时代，微博、微信、微视频等风起云涌，微课是微时代在教育领域出现的新事物。微课①的主要特点包括：教学时间较短；主题突出；资源容量较小；资源"情景化"；草根创作；多样传播等。因为微课内容具体、主题突出，所以其内容容易表达、成果也容易转化。而且微课课程容量微小、用时简短，因此传播形式是多种多样的，如网上视频、手机传播、微博讨论等，在移动互联环境下特别容易实现。

在教育教学中，微课所讲授的内容呈点状、碎片化，这些知识点，可以是教材解读、题型精讲、考点归纳；也可以是方法传授、教学经验等技能方面的知识讲解和展示。微课是课堂教学的有效补充形式，微课不仅适合移动学习时代知识的传播，也适合学习者个性化、深度学习的需求。张一春教授认为，"微课"是指为使学习者自主学习获得最佳效果，经过精心的信息化教学设计，以流媒体形式展示的围绕某个知识点或教学环节开展的简短完整的教学活动。它的形式是自主学习，目的是最佳效果，设计是精心的信息化教学设计，形式是流媒体，内容是某个知识点或教学环节，时间是简短的，本质是完整的教学活动。因此，对于教师而言，最关键的是要从学生的角度去制作微课，而不是从教师的角度去制作，要体现以学生为本的教学思想。②

2. 基于微课的教学变革

微课教学突破了传统的教学理念和模式，符合信息时代学习者的认知心理和当下"微"时代的要求，微课教学将引发学校教学的深刻变革。传统的教学观念认为学生的学习就是在班级授课制的模式下，在课堂上进行集中学习，教师集中讲解，互联网时代这种教学组织形式将发生变化。学校以微课为载体，坚持先进的理念引领，积极实施微课教学，大力推进信息化教学改革，将过去四五十分钟一节课分解成多种类型并且只有 10 分钟左右的"微课"，统一的课堂教学转变为混合式教学、个别化学习，探索建立了新的教学模式。基于微课的教学变革主要体现在以下几个方面。

---

① 微课百科网址：https://baike.so.com/doc/5395202-5632354.html，2018-09-12。
② 张一春：《微课建设研究与思考》，载《中国教育网络》，2013(10)。

44

(1)教学互动方式的变革。微课教学让课堂上的教学互动更好地有效实现。过去教师站在讲台上，拿着书本对着学生讲，现在可以走下来，教室处处皆讲台，学生也不需要再上讲台。教师过去书写板书时"背"对着学生，不知道学生的理解和接受情况，现在拿着手持工具进行电子板书，"面"向学生，与学生共同观看板书内容，及时与学生沟通、交流，教学互动更容易。

(2)课堂教学结构的变革。在传统的课堂教学（大课）中引入微课教学，通过微课与大课的有机结合，形成了新的教学模式，使传统的课堂教学结构发生了重大改变。比如，把微课作为大课中的一个环节和过程，巧妙地将大课的知识点进行分解或化解，分解难点，化整为零。根据课堂教学需要，可以制作和应用多种类型的微课，按内容可分为导入类、讲授类、探究类、合作类、实验类、复习类和练习类等类型，满足了不同类型教学和学习的需要。

(3)教学资源体系的变革。实施微课教学，要对微课内容进行规划组织，面向学习者，从学生知识学习掌握的实际过程出发，精心设计，建立讲授型、辅导型、作业型等系列化的微课体系。系列化微课强调了内容与知识点的挂接，实现了学习、考试、作业过程的交互与推送，构成了"闭环"学习过程，学生可以从新课、考试或作业任何一个节点进入学习，相互配合、相互衔接，形成了完整的微课内容体系。[①]

(4)学生学习方式的变革。微课内容的碎片化和时间短正好满足了学生利用各种零碎时间进行学习，学生可以利用生活中的碎片化时间随时随地进行碎片化学习。学生可以在任何一个用以上课的教室上网，通过教师上传或推送的微课进行随时学习，还可以随身携带智能手机、平板电脑等移动终端，在校园里、在家里、在地铁上甚至在高速公路上都能进行学习，实现碎片化、混合式学习。

二、翻转课堂与教学变革

1. 翻转课堂的概念及特征

翻转课堂（Flipped Class）是相对于传统课堂教学过程而言的新型教学模

---

① 刘邦奇：《基于微课的高校信息化教学策略与应用研究》，载《中国信息技术教育》，2015(11)。

式。传统课堂采取"先教后学"教学，即教师在课堂上讲授新知识，并给学生布置作业，学生回家后完成作业，以实现知识的内化。翻转课堂则颠倒了这一教学流程，倡导"先学后教"，即把"知识传递"的过程放在了课前，由学生在课前观看教师推送的教学视频，自主学习新知识，而到了课堂上由教师通过组织和指导学生讨论交流、探究活动，引导学生实现"知识的内化"。

2000 年，美国 Maureen J. Lage，Glenn J. Platt 和 Michael Treglia 在论文中介绍了他们在美国迈阿密大学教授"经济学入门"时采用"翻转教学"的模式，以及取得的成绩。但是他们并没有提出"翻转课堂"的名词。① 2007 年，美国科罗拉多州的林地公园学校正式提出了"翻转课堂"的理念及实践模式。这一做法后来被广泛推广应用到其他学校，从而使得翻转课堂的理念和模式在美国迅速流行起来。2011 年，翻转课堂被加拿大《环球邮报》评为影响课堂教学的重大技术变革。国际社会公认的《新媒体联盟地平线报告》(2014 年高等教育版)把翻转课堂作为未来五年内高等教育将采用的六项重大技术中的第一项。近年来我国也迅速展开对翻转课堂的研究，并在各类各层次教学实践中广泛应用。

翻转课堂的技术特征包括多个方面，其中最核心的是基于微课视频实现翻转教学。② 实践表明，视频、互联网等信息技术对翻转课堂的支持作用实现了传统教学方式的"翻转"，制作和观看教学视频成为翻转课堂得以广泛推广应用的基本前提。近十几年来，人们统计发现互联网上的微视频十分受欢迎，翻转课堂最主要的学习资源是视频微课。③ 因此制作和使用 10 分钟左右的微课视频成为翻转课堂教学中的主流，这样比较符合中小学生的认知特点和学习规律。

翻转课堂的认知特征体现在知识内化的提前和多次内化上。首先在教学进程上实现了"先教后学"到"先学后教"的流程颠倒和知识内化的提前。随着课堂改革的深入实践和探索，翻转课堂体现了认知过程的"递进式内化原

① Maureen J. Lage，Glenn J. Platt & Michael Treglia，"Inverting the classroom：A gateway to creating an inclusive learning environment," The Journal of Economic Education，2000(31)，pp. 30-43.
② 刘邦奇：《翻转课堂的技术特征及发展趋势》，载《中国教育信息化》，2015(18)。
③ 祝智庭：《智慧教育新发展：从翻转课堂到智慧课堂及智慧学习空间》，载《开放教育研究》，2016(1)。

45

46

理"。① 实际上，在课堂教学中，一个概念的学习仅通过一次内化是远远不够的，必须经过多次内化、多个情景的应用才能达到熟练掌握。尤其是那些复杂的、非良构的、不能自发建立知识概念的内化，通常需要"课前、课中、课后"三次内化来完成。②

2. 翻转课堂促进教学系统变革

随着翻转课堂的不断实践与发展，促进了课堂教学系统的流程、结构变革，构建了技术支持下的新型教学模式。正如乔恩·伯格曼（Jon Bergmann）等人强调，翻转课堂实质上是直接指导和建议式学习的混合模式，是一种促进师生互动的方法。翻转课堂为学生提供了一个自主学习的环境，让学生都能跟进学习进度，获得个性化教育。③ 北京师范大学何克抗教授指出，翻转课堂不仅能促进学生与教师之间的互动以及增加学生个性化学习时间，它还是一种全新的"混合式学习方式"——是在以"B-Learning"为标志的教育思想指导下，对课堂教学模式实施重大变革所产生的成果。④ 可见，翻转课堂不仅是教学流程的颠倒，必将在教学理念、学习内容、学习方式、师生关系、教学管理等方面进行全面的变革，还是技术支持下教学系统的结构性变革，表明翻转课堂的发展进入了全新的阶段。

在实践中，随着各种新技术的广泛应用及教学流程的变化，技术与教学深度融合，促使课堂教学过程中的各个要素和环节发生改变，知识内化的方式、教学模式、教学理念均发生了颠覆性的变化，翻转课堂体现了更加丰富和深刻的内涵。事实上，翻转课堂已经从初始的"教学流程的颠倒"转向"技术支持的教学系统变革"，进入崭新的 2.0 发展阶段。这场以信息技术与教学融合为主要动因和标志的教学变革，已从初始的教学视频应用走向全面、全过程技术支持学习，促进课堂教学理念、学习内容、学习方式、师生关系、教学结构等全面变革。

与早期的翻转课堂 1.0 颠倒了传统的教学流程相比，翻转课堂 2.0 则进

---

① 赵兴龙：《翻转课堂中知识内化过程及教学模式设计》，载《现代远程教育研究》，2014(2)。

② 刘邦奇：《翻转课堂 2.0：教学系统结构性变革趋势》，载《江苏教育报》，2015-05-06。

③ 刘健智、王丹：《国内外关于翻转课堂的研究与实践评述》，载《当代教育理论与实践》，2014(2)。

④ 何克抗：《从"翻转课堂"的本质，看"翻转课堂"在我国的未来发展》，载《电化教育研究》，2014(7)。

一步实现了课堂教学结构的全面变革，基于各类信息化教学平台和工具，颠覆了传统的教室布局和课堂形式，实现了更为开放的教室、更为开放的课堂活动；通过情境感知、数据挖掘等方法，提供动态学习数据的采集和即时分析功能，实现了基于数据的教学决策和教学机智，教学进程从"先教后学"到"先学后教"，进一步向"以学定教"深化发展，重构了课堂教学组织形式，使得教学系统发生了结构性变化。

三、从翻转课堂走向智慧课堂

1. 翻转课堂向智慧化教学发展

随着各种新技术的迅速发展与应用，技术与教学融合不断深化，翻转课堂的发展显现出崭新的特点。祝智庭教授专门分析了翻转课堂在信息化教学应用实践中的五大智慧亮点，并提出了翻转课堂向智慧课堂转变的实用方法。[①] 事实上，翻转课堂 2.0 已从初始的"视频应用""教学流程颠倒"，走向全过程技术支持学习，促进学习理念的转变，构建智能化学习平台，实施混合式教学方式，实现教学系统的结构性变革，体现了技术支持下的翻转课堂向智慧化教学发展。

（1）倡导"技术支持学习"理念。传统课堂教学长期遵循的是"以教材为中心、以课堂为中心、以教师为中心"的理念。由于对学习者的关注不够，针对学习者的需求创设情境、组织资源和活动不够，所以翻转课堂打破了这一理念，倡导"以学习者为中心"，注重利用技术为学习者的学习服务，呈现鲜明的技术特征。"技术支持学习"成为当今国际教育发展的潮流，2010 年，美国颁布和实施国家教育技术计划《改革美国教育：技术支持的学习》。2016 年，美国又颁布和实施最新一轮国家教育技术计划《为未来而准备的学习——重塑技术在教育中的作用》，提出了技术推动下的学习愿景与计划。随着新一代信息技术的迅速发展，以及技术与教学融合的不断深化，"技术支持学习"成为新的教育理念，通过将技术融入学习过程，基于技术组织学习资源和教学活动，变革学习内容和方式，将使学习成效发生较大的飞跃。

---

① 祝智庭：《智慧教育新发展：从翻转课堂到智慧课堂及智慧学习空间》，载《开放教育研究》，2016(1)。

48

(2)构建互动化、智能化学习平台。翻转课堂早期主要是依托互联网推送教学视频来支持学生课前的知识学习。近年来基于物联网、云技术、大数据、移动互联网和人工智能等新一代信息技术，开发建立了多种互动化、智能化的信息化平台，使得翻转课堂平台呈现出全新的特点，从过去单向的教学视频观看向互动式、富媒体学习资源转变，从单一的教学工具向网络学习空间、互动学习社区转变，从数字化教学支撑平台向网络化、智能化、泛在化学习环境转变，技术支持的翻转课堂向智慧课堂发展。例如，人们已经开发应用了微课教学平台、智慧学习平台、个性化网络学习空间、网络学习社区、智慧教室、电子书包等翻转课堂技术平台①，目前比较流行的还有 MOOC、小规模限制性在线课程（Small Private Online Course，SPOC）等在线课程学习平台。②

(3)从流程颠倒到混合式教学。翻转课堂教学从过去先听教师讲授、学生课后作业实现知识内化，改变为学生课前观看教学视频、课堂上针对问题讨论交流基本完成知识内化，通过颠倒"先教后学"的传统流程实现知识内化的提前，而且课堂讨论交流有利于学生认知和创新能力的培养。近年来随着各类学习资源和技术平台越来越丰富，翻转课堂从简单的流程颠倒进一步向线上学习与线下教学相结合的混合教学发展。③ 比如，教学视频发展为在线课程MOOC(SPOC)，由学生进行在线课程学习，线下在实体课堂进行面授教学、讨论交流，是一种基于"互联网＋"的新型翻转课堂教学。在基础教育领域，在线课程是继"班级授课制"以来最重要的教学方式变革，美国可汗学院、荷兰乔布斯学校、美国大学理事会授权的大学先修课程，以及迈阿密大学开办的"在线高中"等都建立了 MOOC，我国华东师范大学慕课中心也牵头成立"C20 慕课联盟"，通过线上学习与线下教学的有机结合，使课堂教学更加生动、多元、高效，有利于进行自主探究和协作学习。

(4)促进教学系统的结构性变革。随着各类新媒体和新技术的广泛应用，信息技术与学科教学的融合全面深化，"翻转课堂"实现了课堂教学结构的重

---

① 刘邦奇、孙曙辉：《翻转课堂技术平台及应用综述》，载《软件导刊》，2015(11)。

② 王素敏：《基于任务的大学英语翻转课堂教学模式研究》，载《现代教育技术》，2016(9)。

③ 张其亮、王爱春：《基于"翻转课堂"的新型混合式教学模式研究》，载《现代教育技术》，2014(4)。

大变革。首先，早期的翻转课堂基于课前视频学习、课堂上讨论交流，实现了从"先教后学"到"先学后教"，颠倒了传统的教学流程。其次，近年来基于各类信息化教学系统和工具的应用，从早期的"流程颠倒"不断深化发展，进一步颠覆了传统的教室布局和课堂形式，实现了更为开放的教室、更为开放的课堂活动，重构了课堂教学组织形式，使得教学系统发生了结构性变化。尤其是基于物联网、大数据、人工智能等新一代信息技术，提供了情境感知、数据挖掘、动态学习评价等功能，实现了基于教育大数据的教学决策和学习分析，翻转课堂进一步从"先学后教"发展到"以学定教"，体现了技术支持下的"教学机智"，向智慧化教学发展。

2. 智慧课堂与传统课堂、翻转课堂的比较

智慧课堂是技术支持下传统课堂向翻转课堂转变并进一步发展的必然趋势。正如祝智庭[①]教授指出的，"智慧课堂是以崭新的智慧教育理念为指导，积极借鉴翻转课堂应用实践的成功经验，对翻转课堂进行重塑和升级，为当前阶段技术支持下的智慧教育提供典型范例。"随着新一代信息技术的广泛应用，技术与课堂教学的融合不断深入，课堂变革向深层次创新发展。从技术辅助教学的传统课堂教学模式，到技术颠倒教学流程的翻转课堂教学，再到技术与教学融合创新的智慧课堂教学，实现了课堂教学理念、学习内容、学习方式、师生关系和教学结构等全面变革。本书在后面各章节将对智慧课堂构建与应用进行详细阐述，这里先简要对比分析智慧课堂与传统课堂、翻转课堂的关系，见表1-4。

表1-4　智慧课堂与传统课堂、翻转课堂的对比

名称 \ 方面	传统课堂	翻转课堂	智慧课堂
教学理念	以教材为中心 以课堂为中心 以教师为中心	以学习者为中心 技术支持学习	建构主义学习理论 以全体学生为中心

① 祝智庭：《智慧教育新发展：从翻转课堂到智慧课堂及智慧学习空间》，载《开放教育研究》，2016(2)。

49

续表

方面＼名称	传统课堂	翻转课堂	智慧课堂
教学目标	学习掌握知识	培养思维和能力	培养核心素养 实现人的智慧发展
教学内容	知识的讲解传授	问题研究与解决	项目学习、问题探究
教学方式	实体课堂教学	课前视频学习 课中实体课堂教学	混合教学：课前、课后线上学习，课中线下实体课堂教学
教学流程结构	先教后学：教师在课堂上讲授知识，学生课后练习、完成作业	先学后教：学生课前学习教学视频，教师课中组织讨论交流	先学后教、以学定教：课堂形式、活动进程和组织形式等全面变革，实现精准教学、数据化决策
技术支持	电化教学 多媒体教学 电子白板	教学视频 互联网资源 网络学习社区	基于数据的课堂 富媒体学习资源 富有智慧的学习环境

第二章　智慧课堂概念与体系构成

DIERZHANG　ZHIHUI KETANG GAINIAN YU TIXI GOUCHENG

　　智慧课堂既是一种新型课堂教学实践模式，也是一个进行信息化教学研究的理论概念。构建智慧课堂的理论体系与应用模式，首先需要从学校教学信息化建设与应用的实践出发，来分析和构建智慧课堂的概念定义、技术系统和应用模式，从而形成智慧课堂理论与实践的基本框架。本章对智慧课堂概念的提出和发展进行了详细地分析，描述了智慧课堂的新定义和新内涵，阐述了智慧课堂的特征、体系构成、主要功能和应用。

▸ 第一节　智慧课堂概念的提出与发展

　　智慧课堂概念的提出与发展实际上是学校教育信息化聚焦于教学、聚焦于课堂、聚焦于师生活动的必然结果。随着现代信息科技的迅速发展及广泛应用，信息技术与教育教学的融合不断深入，新的教学技术手段不断涌现，课堂教学模式也在不断发生变化。从基于物联网技术构建的智能教室，到利用电子书包开展智慧学习，再到基于云计算和网络技术搭建的智慧课堂，以及利用大数据、人工智能开展智能评测、学情分析和资源推荐，信息技术不断增强了课堂互动交流能力，提升了课堂教学效率，传统课堂向信息化、智能化课堂发展，为课堂教学变革提供了新的思路和条件。

一、智慧课堂概念提出的历史渊源

　　关于智慧课堂的含义，从不同的视角有不同的理解。"智慧"通常包含心理学意义上的"聪敏、有见解、有谋略"和技术上的"智能化"两个不同层面上

52

的含义。① 因而对智慧课堂概念总体上有基于教育和信息化两种视角的理解。前者是 21 世纪初随着素质教育和新课程改革的推进提出的，强调从注重知识传授的"知识课堂"向注重开发智慧的"智慧课堂"发展；后者是近几年随着教学信息化发展而提出的，从使用传统教学手段的"传统课堂"向使用信息技术构建的"智慧课堂"发展。本书所研究的是后者。事实上这两种视角的认识是紧密关联的，利用信息技术构建智慧课堂，其根本目的也是推进"知识课堂"向促进学生智慧发展转变。因此，在研究信息化视角智慧课堂概念之前，有必要对早期教育视角智慧课堂进行溯源分析。

1. 早期智慧课堂概念的提出

从中国知网数据库中进行文献检索可以看到，早期人们在实践中使用或在理论研究中涉及的智慧课堂概念基本上都是基于教育视角的，直到 2013 年，才有少数几篇论文是基于信息化视角的。基于教育视角最早提及智慧课堂概念的是我国学者靖国平②，2004 年，他提出，"课堂教学不仅具有传达知识的属性，更具有启迪智慧的责任和使命。课堂教学是一种通过知识引导人的智慧成长的艺术，是人对人智慧的引导、激发和唤醒，是人们心灵的体操和精神的交流与对话。教育的真谛在于将知识转化为智慧，使文明积淀成人格"。"智慧的课堂需要智慧的教师。当代教师需要作为学生智慧成长的引导者、促进者和自我智慧成长的反思者、实践者"。自此，许多学者开始研究智慧课堂的有关理论问题，并在学科教学实践中积极探讨智慧课堂的应用。

从教育学的视角，新的课程理念认为教学不是简单的知识学习的过程，它是师生共同成长的生命历程，是情感与智慧综合生成的过程。《辞海》中对智慧的解释是，"对事物能认识、辨析、判断处理和发明创造的能力"。2005 年，国家督学成尚荣③先生曾初步概括了智慧的要点：智慧是一种整体品质，它在情境中诞生和表现，以美德和创造为方向，以能力为核心，以敏感和顿悟为特征，以机智为主要表现形式，科学素养与人文素养的结合赋予它底蕴和张力。可见，知识不等于智慧，智慧不能像知识一样直接传授，但它需要

---

① 刘晓琳、黄荣怀：《从知识走向智慧：真实学习视域中的智慧教育》，载《中国电化教育》，2016(3)。
② 靖国平：《让课堂充满智慧探险》，载《中国教育报》，2004-06-05。
③ 成尚荣：《为智慧的生长而教》，载《人民教育》，2006(3)。

在一定的情境下、在知识意义获取的过程中经由教育的帮助和促进而不断得到开启、丰富和发展。因此，智慧的发展只能在富有智慧的教育环境下才能实现。正如哲学家冯契先生在阐释"转识成智"①时认为，主要是指课程知识教学的"破"与"立"，旨在通过"破"与"立"的辩证转化过程，经过从无知到有知、从知识到智慧的两次认识过程的飞跃，实现"转识成智"，最终走向课程知识教学的"圆融"境界。

2. 早期智慧课堂的理论探索

21世纪初，许多学者从教育视角对智慧课堂教学进行了不断深入的理论研究。如吴晓静②等提出，针对知识课堂教学而提出的智慧课堂教学，是指智慧课堂中的教学内容、教学方式和教学策略等以学生的智慧发展为价值追求，以教师的教学智慧为根本条件，建立在教师独特的课程认识基础上，在教学设计、教学实施以及教学评价中体现"转识成智"，促进学生智慧成长的教学过程。智慧课堂教学的基本理念包括以追求学生的智慧发展为指向的教学目的观，以强调师生情智交流为本体的教学过程观和以关注学生智慧发展过程为重点的教学评价观三个方面。吴晓静对智慧课堂教学的基本特征③进行了研究，认为智慧课堂作为启迪学生智慧的场所，从教学方式看，教师重视启发与诱导，教学手段具有激发性；从学生的学习过程看，智慧生成主要是在知识经验积累中经历直觉感悟的过程，因而具有顿悟性；从课堂教学过程和教学结果看，智慧课堂教学具有体验性、生成性、创新性和道德性等基本特征。

智慧课堂在实施新课程教学、推进教育改革转型中担负着重要的使命，成尚荣④明确提出"课程改革、教育改革正使课堂发生根本性的变革：从知识课堂走向智慧课堂，为学生智慧的生长而教"。宋孝忠⑤提出，"从教育改革来看，当下的课程改革的核心观念应该是如何通过课程的改革来引导、激发人的智慧的生成，因此，课堂不应是一个简单进行知识传授的场所，而应该成为

---

① 李栋、田良臣：《"转识成智"：课程知识教学的"破"与"立"》，载《教育理论与实践》，2015(7)。
② 吴晓静、傅岩：《智慧课堂教学的基本理念》，载《教育探索》，2009(9)。
③ 吴晓静：《智慧课堂教学的基本特征》，载《黑龙江教育学院学报》，2010(10)。
④ 成尚荣：《为智慧的生长而教》，载《人民教育》，2006(3)。
⑤ 宋孝忠：《走向智慧教育》，载《教育研究与实验》，2005(2)。

学生生命智慧成长的殿堂"。居南生①指出，"转识成智"是当代教育的内在要求，是素质教育的根本价值取向。当代教育需要"化知识为智慧"，"转识成智"是当代教育转型的客观反映和必然趋势。当前正在实施以核心素养提升为根本目标的新课程方案，林崇德②教授认为：核心素养是"学生在接受相应学段的教育过程中，逐步形成的适应个人终身发展和社会发展需要的必备品格与关键能力"。知识教学与核心素养培育存在关联，知识教学是核心素养培育的前提，核心素养培育是知识教学的目的。然而，传统的知识教学却阻碍了学生核心素养的培育。李润洲③提出，核心素养视域的知识教学是融会知识、深挖知识、转识成智的教学。核心素养视域的知识教学不再仅仅关注对已有知识的识记、理解与运用，而是强调对已有知识的分析、评价与创造。这集中表现为"转识成智"，即将知识教学由知识的传递、占有转变为基于现实问题解决的知识探索和创新，从而将学生的认知由原先的只是对已有知识的信息加工转化为面对实践问题的创造性运用，并在转识成智中培育、生成自己的核心素养。

二、智慧课堂的提出与发展历程

本书基于信息化视角对智慧课堂进行专门、系统的研究，因此这里重点从课堂教学信息化的发展来分析智慧课堂的提出和发展历程。首先对信息化视角智慧课堂概念的提出、定义、实践和发展进行分析与反思，弄清智慧课堂发展的基本特点和规律。

1. 智慧课堂概念提出的技术背景

基于信息化视角的智慧课堂概念出现，无疑起源于 IBM"智慧地球"战略的提出及其在教育教学领域的推广应用，也是教学信息化从"数字课堂"到"智慧课堂"高级阶段的必然发展趋势。1998 年，美国前副总统戈尔(AL GORE)在加利福尼亚科学中心发表了题为"数字地球：二十一世纪认识地球的方式"(*The Digital Earth*：*Understanding our planet in the 21st Century*)的演讲，

---

① 居南生：《"转识成智"与当代大学素质教育的反思》，载《滁州学院学报》，2010(4)。
② 林崇德：《21 世纪学生发展核心素养研究》，北京，北京师范大学出版社，2016。
③ 李润洲：《核心素养视域下的知识教学》，载《教育发展研究》，2017(8)。

最先提出"数字地球"概念。自此，全世界开始普遍接受数字化概念，引出"数字城市""数字校园""数字课堂"等各种概念。十年后的 2008 年，IBM 在《智慧地球：新一代领导议程》中首次提出"智慧地球"（Smart Planet）概念。其愿景是：借助于传感技术、物联网技术、移动通信、大数据、3D 打印等新一代信息技术的强力支持，让地球上的所有物体被感知化、互联化和智能化，成为一个"智慧"的星球。实际上，"智慧地球"是"数字地球"的进一步发展。这一概念得到了时任美国总统奥巴马的肯定，并迅速在全球得到普遍应用。随着"智慧地球"概念的推广应用，引出了"智慧城市""智慧教育""智慧课堂"等各种新概念。同理，"智慧课堂"是"数字课堂"的进一步发展。

2. 智慧课堂的实践与理论研究

在国内学校信息化建设与应用实践中，最早提出和建设"智慧课堂"的是上海市虹口区八所"电子书包"[①]试点学校。2010 年 11 月 8 日，中国电信上海公司与上海市虹口区教育局、英特尔（中国）公司和微创公司签订共建"基础教育电子书包"项目协议，率先在全国推广"电子书包"应用，首期覆盖 8 所幼儿园和中小学校，涵盖 760 余名学生。课堂上，学生人手一台笔记本电脑，通过内部网络连接并配合投影仪，与老师进行即时问答互动，师生同步共享课程内容，整个课堂充满温馨而又富有趣味。他们把这种基于电子书包的课堂称为"智慧的课堂"。本质上说"电子书包"是教育理念的创新，教学模式、学习方法的变革，而不仅是媒介的改变，更不是简单的硬件、软件和教学内容的叠加。2011 年，张彤[②]针对基于学校"智慧"技术的应用指出："智慧"在校园中表现在很多方面，如教学、科研、管理和生活、服务等。教学是学校最核心的业务，因此也是应用"智慧"技术最丰富的领域，如智慧课堂、虚拟学习、智慧图书馆等。2012 年，冯翔等[③]提出智慧课堂的标准研制问题，在应用层以当时关注度高的智慧校园和智慧课堂为研究领域，研究在应用层采标以及智慧校园和智慧课堂系列标准问题。

---

① 上海八所学校试点电子书包：《"智慧课堂"改变传统教学模式》，载《中国教育信息化》，2011(18)。
② 张彤：《营造智慧的校园》，载《中国教育网络》，2011(11)。
③ 冯翔、姜鑫、吴永和：《物联网教育应用的标准建设研究》，载《华东师范大学学报（自然科学版）》，2012(2)。

2013 年，有学者开始进行"智慧课堂"的理论研究。如林利尧[①]对基于"电子书包"的"智慧课堂"系统进行研究，认为"智慧课堂"具有课前多媒体电子教材预习、课中互动教学、课后微课程作业辅导的功能，解决了 Pad 不受控、Wi-Fi 掉线、与电子白板难以无缝对接等关键问题，并建立了"电子书包智慧课堂"教学模型，为教师和学生提供了一种高效的"教"与"学"模式。赵辉等[②]对"智慧课堂"教与学系统进行设计，认为智慧课堂应搭载先进网络及教学硬件设备，以提供智慧笔记本等物质条件，如 Wi-Fi 设备、计算机等，并配合智慧笔记本，教师端的授课应有智慧教案，二者相互借鉴，使课堂知识信息和教学资源实现跨平台传播。邓光强[③]提出，"智慧课堂"重点是课堂中的应用，是通过云计算、网络技术、应答系统等技术手段来支持个性化学习的有效开展，具体依托课前备课系统、多媒体教学系统、问卷和答题系统等信息化技术手段为个性化学习的开展提供支持。王盛之等[④]强调"智慧课堂"的基于物联网"智能化"感知特点，认为"智慧课堂"互动教学是一种由"互动教学系统"整合了电脑终端、互动电子白板、实物展台、即时反馈系统、智能终端等软、硬件的智能化教学方式。唐烨伟博士等[⑤]认为，"智慧课堂"的构建应以主动、轻松愉快、高质高效和提升智慧为根本目标，智慧的培养应贯穿于整个"智慧课堂"中，并将"智慧课堂"描述为：在信息技术的支持下，通过变革教学方式方法、将技术融入课堂教学中，构建个性化、智能化、数字化的课堂学习环境，从而有效促进智慧能力培养的新型课堂。从中国知网数据库的文献检索可以看到，2015 年以后基于信息化的"智慧课堂"理论研究文章开始多于基于教育学视角的智慧课堂文献，表明近几年对"智慧课堂"概念的研究主要是从信息化的视角来研究的。

3. 智慧课堂概念的定义及发展

从信息化视角建立"智慧课堂"的统一定义，是开展信息化教学研究的前

① 林利尧：《中小学智慧课堂建设与应用研究》，载《中国现代教育装备》，2013(20)。
② 赵辉、曾倩：《智慧课堂教与学系统设计》，载《软件导刊（教育技术）》，2013(7)。
③ 邓光强：《"智慧课堂"中的学生个性化学习》，载《教育信息技术》，2013(12)。
④ 王盛之、毛沛勇：《基于数字化教学案的智慧课堂互动教学系统实践研究》，载《教学月刊（中学版）》，2014(4)。
⑤ 唐烨伟、庞敬文、钟绍春等：《信息技术环境下智慧课堂构建方法及案例研究》，载《中国电化教育》，2014(11)。

提，也是构建互联网环境下"智慧课堂"教学理论与实践体系的逻辑起点。笔者带领的研究团队长期从事学校信息化建设与应用研究，自 2012 年开始重点研究数字化校园、"智慧课堂"、学科智慧教学模式、课堂教学数据挖掘与分析等领域，先后承担了四个全国教育信息技术研究重点课题。2014 年，我们基于互联网和中国知网(CNKI)数据库检索，对国内的学校或教育信息化企业发布的智慧课堂相关应用或产品研发项目，以及学者使用的智慧课堂概念进行了系统的梳理分析，总体上有 40 多种，但大都是含义相同或相近的。在此基础上，2015 年初，我们正式给出了"智慧课堂"的定义①（以下简称 2015 年定义或智慧课堂 1.0）：所谓"智慧课堂"，是以建构主义学习理论为依据，利用大数据、物联网、移动互联网等新一代信息技术打造的智能、高效的课堂。其实质是基于大数据学习分析和移动学习终端的运用，通过数据化的教学决策、即时化的评价反馈、立体化的互动交流和智能化的资源推送，全面变革课堂教学内容与结构，构建大数据时代的信息化课堂教学模式。

2016 年 5 月，我们撰写的国内第一部《智慧课堂》专著由北京师范大学出版社正式出版。在该书中我们又对上述定义进行了补充修订②："智慧课堂"是指以建构主义学习理论为依据，利用大数据、云计算、物联网和移动互联网等新一代信息技术打造的，实现课前、课中、课后全过程应用的智能、高效的课堂。其实质是基于动态学习数据分析和"云—网—端"的运用，实现教学决策数据化、评价反馈即时化、交流互动立体化、资源推送智能化，创设有利于协作交流和意义建构的学习环境，通过智慧高效的教与学，促进全体学生实现符合个性化成长规律的智慧发展，至此形成了智慧课堂 1.0 的完整概念。

该定义提出和发布后，得到了广大学校和教师的认可，但由于"智慧课堂"的教学实践在不断深化和发展，人们对"智慧课堂"内涵的认识也在不断深化。特别值得一提的是，笔者带领研究团队自 2013 年以来在安徽省蚌埠二中、蚌埠市第一中学等名校持续开展了"智慧课堂"教学改革实验项目，负责项目的总体设计、理论指导和实验研究（详见第十章）。我们在多年的信息化教学改革与实验研究中也感到，经过几年的探索和发展，智慧课堂的理论与

---

① 刘邦奇：《当智慧课堂遇到大数据》，载《中国教育网络》，2015(7)。
② 孙曙辉、刘邦奇：《智慧课堂》，北京，北京师范大学出版社，2016。

58

实践都有着极其丰富和深刻的内涵。为此，在继承 2015 年定义的基础上，结合智慧课堂教改实验研究，2017 年底我们撰写出版了第二部智慧课堂著作《智慧课堂教学理论与实践》。在该书中提出了智慧课堂概念的升级版定义①②（以下简称 2017 年定义或智慧课堂 2.0），即"互联网＋"时代的"智慧课堂"是以建构主义学习理论为依据，利用"互联网＋"的思维方式和物联网、云计算、大数据、人工智能等新一代信息技术构建智能、高效的新型课堂，实现教学决策数据化、评价反馈即时化、交流互动立体化、资源推送智能化、实验过程数字化和教学呈现可视化，创设有利于协作交流和意义建构、富有智慧的学习环境，促进课堂教学结构和学科教学模式变革，实现全体学生的智慧发展。

2017 年定义增加了智慧课堂的新内涵：一是从关注技术向关注教与学本身转变，适应课程改革深化发展的需要，以实现全体学生的智慧发展为根本宗旨；二是在技术应用上深化发展，利用"互联网＋"的思维方式和物联网、云计算、大数据、人工智能等新一代信息技术，建立学科智慧课堂特色，如可视化教学呈现和数字化实验展示等符合物理、化学、生物等自然科学学科的智慧教学要求；三是构建全新的智慧课堂教学模式，开展基于课堂数据分析的精准化教学和个性化学习，促进教学系统的结构性变革，推动信息技术支持下的课堂革命；四是体现了智慧课堂的常态化应用，基于丰富的智慧课堂教学实践案例，总结提炼了中小学九个学科的智慧课堂教学模式。

三、新一代智慧课堂的提出及发展需求

从智慧课堂概念提出与发展的历程可以看到，2015 年定义发布后被广大学校和教师所接受。《智慧课堂》一书在两年内六次重印，并在许多地区和学校用作通用培训教材。我们提出的"智慧课堂"定义被收入百度百科条目，同时在非营销类条目中长期处于排名第一。许多文章和方案引用或借鉴了该定义，可见其得到了广大学校师生和教育行政部门的肯定与欢迎。在此基础上 2017 年定义进行了内涵拓展，充分体现了实践应用的成果和要求。近年来，

① 李新义、刘邦奇：《智慧课堂教学理论与实践》，合肥，安徽教育出版社，2018。
② 李新义、刘邦奇：《基于建构主义的智慧课堂教学模式研究》，载《中国教育信息化》，2018(6)。

由于大数据、人工智能等新的智能信息技术广泛应用，技术与教育教学的融合不断加深，智慧课堂的实践探索日益加强，以及新课程改革的深入发展、学科核心素养的培养提升等，对智慧课堂的进一步发展提出了新的需求。主要表现在以下几个方面。

一是服务目的的新需求。智慧课堂建设与应用不是为了信息化而信息化，构建智慧课堂信息化平台、建立信息化教学环境本身不是目的，课堂信息化的归宿在于教学应用，在于运用智慧课堂信息化环境促进教学工作，实现信息化的教与学，从"教学信息化"向"信息化教学"转变，最终回归到人才培养上来，以促进学生核心素养发展为目的。

二是应用方式的新需求。智慧课堂在教学中发挥作用关键在于教学过程中的融合应用，要从"表演式应用"向"常态化应用"转变，实现人人用、课课用、经常用，平台功能要提供线上学习与线下学习、课内学习与课外学习多种方式，既能支持学习、教学、教研，又能支持管理、评价、决策等。

三是数据处理的新需求。智慧课堂大数据与智慧课堂应用是相辅相成的，在智慧课堂常态化应用中产生了大量的教学行为数据，对这些数据进行采集、汇聚和处理，对智慧课堂的学习分析、评价、决策起到重要的支持作用，反过来又进一步促进智慧课堂更好地常态化应用。因此，对智慧课堂大数据进行挖掘和分析是智慧课堂升级发展的必然要求。

四是学科教学的新需求。智慧课堂具有教学决策数据化、评价反馈即时化、交流互动立体化、资源推送智能化等基本特征，在实践应用中我们发现，这些特征只是基本的共性特征，对不同的学科来说还具有本学科特点的个性化特征，如自然学科中的实验教学、社会学科中的情境体验等。因此，需要建立各学科的智慧课堂特征模型和教学模式。

五是智能发展的新需求。随着大数据、人工智能等智能信息技术在教育领域的广泛应用，出现了智能教育教学的新形态。我国提出教育信息化进入2.0时代，其核心标志之一就是"智能化"。因此，智慧课堂的构建需要充分利用智能语音、智能测评、智能推荐、智能检索等技术手段，进一步提高智能化水平，解决教育教学中长期存在的个性化学习、教育公平和教学质量提升难题。

60

同时，我们在各类学校开展的智慧课堂教学改革与实验研究中也感到，经过几年的探索和发展，智慧课堂的平台构建、理论研究与应用实践都取得了很大的进展，智慧课堂概念与应用模式有着极其丰富和深刻的新内涵。为此，在继承现有定义的基础上，客观需要对智慧课堂的概念和模式进行完善和升级，提出智慧课堂的新定义、新范式，以更好地指导未来智慧教学的新实践。

▶ 第二节　智慧课堂的定义与内涵

基于信息化视角的智慧课堂概念从最早提出到现在已有七八年的时间，随着信息化课堂教学实践探索不断深入，人们对智慧课堂的认识也在不断发展和提高，智慧课堂概念的类型和内涵不断丰富，我们在对当前智慧课堂的现状分类，并结合相关概念辨析的基础上，来构建智慧课堂的新定义。

一、智慧课堂的现状及分类

在智慧课堂建设与应用的实践中，由于使用不同的信息技术，着眼于不同的应用目的与场景，针对不同的学科应用，使得智慧课堂概念和类型十分丰富多样。对智慧课堂进行分类，从不同的标准划分可以有不同的类型。

1. 按所采用的信息技术划分

按智慧课堂构建所使用的信息技术不同来分，可以划分为：基于物联网和教育云端等新技术于一体的智慧课堂[1]，整合了电脑终端、互动电子白板、实物展台、即时反馈系统、智能终端等软、硬件的智能化教学方式；基于电子书包的智慧课堂[2]，提供课前多媒体微课程电子教材预习、课中互动教学、课后微课程作业辅导三大功能，为教师和学生提供了一种高效的"教"与"学"

---

[1]　王盛之、毛沛勇：《基于数字化教学案的智慧课堂互动教学系统实践研究》，载《教学月刊（中学版）》，2014(4)。

[2]　林利尧：《中小学智慧课堂建设与应用研究》，载《中国现代教育装备》，2013(20)。

模式；基于云计算和互联网技术应用的"智慧课堂"①，通过云计算、网络技术、应答系统等技术手段来支持个性化学习的有效开展；基于网络教学平台的智慧课堂②，在基于 Web 的网络教学平台支持下，运用一定的教学策略，有效支持学生进行个性化学习；基于大数据决策的智慧课堂③④，以大数据为依托，形成数据的采集、抓取、筛选、挖掘，为形成智慧决策提供数据模型，从而洞悉学生潜在的、真实的需求，形成预判，建立纵向评估体系，形成智慧课堂。

2. 按学校类型和层次划分

按建设与应用智慧课堂的学校类型和层次的不同来分类，可以划分为三种类型。

中小学智慧课堂⑤，针对中小学生身心发展的实际情况和基础教育课程教学及管理特点，旨在利用电子书包融合课前、课中、课后环节，校内、校外两个场景，实现教师、学生、家长、管理者四位一体的互通模式，充分整合电子白板、多媒体电脑等设备；有效实现教师快速备课、师生互动、及时评价、实时表扬、家校互通、资源共享等功能；轻松构建具有互动、探究特性的中小学智慧课堂。

职教智慧课堂⑥，针对职业教育"高智能"人才培养的需要，利用物联网、大数据、人工智能等技术改变传统的"知识课堂"，构建"智慧课堂"，从而实现个性化学习和因材施教，突出职教资源智能推荐服务，进行模拟仿真训练、虚拟化实验实训、智能化综合测评等，更好培养多样化人才、传承技术技能、促进就业创业，形成适应职业教育的智慧课堂。

大学智慧课堂⑦⑧，针对大学生手机普及化、班级规模大、师生互动交流

---

① 邓光强：《"智慧课堂"中的学生个性化学习》，载《教育信息技术》，2013(12)。
② 杨福星、谢李伟：《网络教学平台支持下的小学信息技术智慧课堂》，载《教育信息技术》，2014(12)。
③ 周晓雨：《大数据背景下的高职智慧课堂研究》，载《电脑知识与技术》，2017(34)。
④ 袁秀娟：《智慧课堂的理念构建及模型解析》，载《教学与管理》，2017(7)。
⑤ 白艾琴：《基于电子书包的中小学智慧课堂构建探究》，载《软件导刊（教育技术）》，2017(11)。
⑥ 盛昀瑶、张力、包林霞：《高职院校智慧课堂的教学模式研究》，载《教育观察》，2017(6)。
⑦ 周晓雨：《大数据背景下的高职智慧课堂研究》，载《电脑知识与技术（学术交流）》，2017(12)。
⑧ 朱健、杜选、孟庆辉等：《构建大学智慧课堂——有效提升教学效果》，载《电脑知识与技术》，2016(15)。

少等现实问题，基于移动互联网络构建以教学内容实时传达、师生之间良好互动、生生协作学习、学习行为记录和分析为主要特征，以传统课堂和信息技术深度融合为核心的大学智慧课堂，在课堂上实现学生签到、教师点名、随堂测验、学生及时回答，平时成绩记录与统计等功能，增强课堂师生互动，创设优化学习情境，实现有意义的学习，提升课堂教学管理效率。

3. 按学科专业应用类型划分

按实施智慧教学实践的学科专业不同来分，可以划分为各学科的智慧课堂，如中小学的语文、数学、英语、物理、化学、生物、政治、历史、地理等学科智慧课堂。例如，在中小学教学中普遍开展数学智慧课堂教学①，数学是一门逻辑性强、较为抽象的学科，学生课堂学习较为枯燥单调，不利于吸收和理解知识。通过创建智慧学习情境，能够引导学生发现自己的智慧，基于信息化手段开展合作互助学习，利用游戏学习平台，激发学习兴趣，体会学习数学的乐趣，这不仅能够让学生在学习中对数学知识有更深刻的理解，还能够促进学生之间的思想碰撞、情感交流，彼此交换意见、启迪智慧，并应用智慧解决问题，增强教学效果，实现素质教育目标。

高校和职业教育院校包括公共课、专业基础课、专业课、综合实践课等各类课程的智慧课堂。以高职机电类专业基础课《电工电子技术》为例②，通过打造学科智慧课堂，促进课堂教学品质内涵发展，建构一种前所未有的具有自我组织、自我进化、自我完善、自我构建、自我发展，具有独特个性的完整的智慧课堂体系。具体实现方式包括：一是构建真实的、与实际生活紧密联系的智慧课堂教学情境；二是营造动静结合、宽松和谐的智慧课堂氛围；三是创设民主、自由的智慧课堂管理体制；四是采用引导学生智慧生成的策略和方法，探索科学、合理的智慧课堂形成性评价机制。

二、智慧课堂与相关概念的关系

正确理解智慧课堂的新含义，需要研究和区分智慧课堂与智慧教育、智慧教室、高效课堂、未来课堂等概念的关系，我们比较分析如下。

---

① 李俊钦：《初中数学智慧课堂构建与实践的几点思考》，载《中国教育技术装备》，2017(3)。
② 李亚峰：《"智慧型课堂"在高职专业基础课中的构建与实施》，载《课程教育研究》，2014(10)。

1. 智慧课堂与智慧教育

与智慧课堂概念的理解类似，对智慧教育概念也有基于教育学和基于信息化两个视角的理解，我们这里使用的主要是基于信息化视角的智慧教育概念。智慧教育源于"智慧地球"概念在教育领域的推广应用。以华东师范大学祝智庭教授为代表的国内教育信息化专家提出了较为完整的智慧教育[①]概念，认为信息化环境下的智慧教育是指运用物联网、云计算、移动网络等新一代信息技术，通过构建智慧学习环境，运用智慧教学法，促进学习者进行智慧学习，从而培养具有良好的价值取向、较高的思维品质和较强思维能力的智慧型人才。因此，"智慧教育"是教育的一种过程、一种境界，它与未来事业密切相关并有利于人才的智慧发展。在智慧教育中，教师应该是充满教育智慧的，课堂应该是智慧的课堂，管理应该是智慧的管理，智慧教育的真谛是给予学生以智慧，以教师的智慧激发学生的智慧潜能，不是只关注学生的知识、技能、分数，而是更关注学生的未知世界、学生生命的智慧。

课堂教学是学校教育的主阵地，智慧教育需要智慧课堂教学环境来实现智慧教育。智慧课堂是智慧教育的核心载体，是实施和实现智慧教育的主战场。无论是人才培养活动，还是课程教学的实施，都是以课堂教学的形式为主来开展的。在当前教育模式下，只要学校存在，课堂教学就不会消失。智慧课堂[②]是以崭新的智慧教育理念为指导，积极借鉴翻转课堂应用实践的成功经验，对翻转课堂进行重塑和升级，为当前阶段技术支持下的智慧教育提供典型范例。智慧课堂直接帮助老师建立完整的教育方式，其主要目的在于引导所授学生发现自身智慧，帮助学生开发智慧，辅助学生运用自己的智慧，培养出学生创造性。其价值在于构建一种引导学生完善自我成长、自我组织、自我发展的创造性思维智慧体系。2017年，陈宝生在《人民日报》撰文，提出"始终坚持以学习者为中心，为不同层次、不同类型的受教育者提供个性化、多样化、高质量的教育服务，促进学习者主动学习、释放潜能、全面发展"，以此吹响了"课堂革命"的号角。课堂是教育的主战场，它一端连接着学生，另一端连接着民族的未来。课堂不变，教育改革就无法推进，教育改革只有

---

① 　祝智庭、贺斌：《智慧教育：教育信息化的新境界》，载《电化教育研究》，2012(12)。
② 　祝智庭：《智慧教育新发展：从翻转课堂到智慧课堂及智慧学习空间》，载《开放教育研究》，2016(1)。

64

进入课堂层面，才真正进入了深水区；课堂是教育发展的核心地带，只有抓住课堂这个核心地带，教育才能真正发展。"智慧课堂"是深化教学改革的有效途径，教育必须以学生为中心，教育工作者必须为学生提供个性化、多样化、高质量的教育服务，开发学生的智能和潜能，使学生主动学习、创新思维、全面发展。

2. 智慧课堂与"智慧教室"

与智慧课堂含义十分相近，也是容易混淆的一个概念就是智慧教室。智慧教室概念的提出也是源于"智慧地球"概念在教育领域的推广应用，国内众多学者提出了智慧教室的概念。我国知名教育信息化专家黄荣怀等[1]认为，教室是一种物理环境，在传感技术、网络技术、富媒体技术及人工智能技术充分发展的信息时代，教室环境应是一种能优化教学内容呈现、便利学习资源获取、促进课堂交互开展，具有情景感知和环境管理功能的新型教室，这种教室被称为智慧教室。聂风华等[2]认为智慧教室是为教学活动提供智慧应用服务的教室空间及其软硬件装备的总和，由基础设施（Infrastructure）、网络感知（Network Sensor）、可视管理（Visual Management）、增强现实（Augmented Reality）、实时记录（Real-time Recording）和泛在技术（Ubiquitous Technology）六大系统组成。

我们研究认为，智慧课堂与智慧教室是两个不同的概念。更明确地说，我们认为智慧课堂概念的提出和发展是成立的、合理的，而"智慧教室"概念是不成立的，至少是不切合实际的。其主要理由是，从智慧的中文本义上来讲，"智"这个字可以用于人，也可以用于物，比如说智能。"慧"这个字几乎都用于人，很少用于物。因此逐渐形成了一种"汇人之慧，赋物以智"的说法[3]。"智慧"是人具有的一种高级能力，而"教室"是一种物质形态，以物理环境的形式存在，不具有"智慧性"，至多具有"机器智能"。按照课程和教学论的观点，课堂的含义更深的层次是指学校的课堂教学活动，是课程与教学活

---

① 黄荣怀、胡永斌、杨俊锋：《智慧教室的概念及特征》，载《开放教育研究》，2012(2)。

② 聂风华、钟晓流、宋述强：《智慧教室：概念特征、系统模型与建设案例》，载《现代教育技术》，2013(7)。

③ 赵兴龙：《核心素养视角下的智慧教育体系构建》，载《现代远程教育研究》，2017(3)。

动的综合体①，教室只是为教学活动提供物理的支撑环境。因此，陈卫东等②使用的是智能教室概念，就是一个能够方便对教室所装备的视听、计算机、投影、交互白板等声、电、光设备进行操作和控制，有利于师生无缝地接入资源及从事教与学活动，并能适应包括远程教学在内的多种学习方式，以自然的人机交互为特征的，依靠智能空间技术实现的增强型教室。美国亚利桑那州立大学的智能的教室利用 PDA、情境感知中间件(Context-Sensitive Middleware)，基于泛在计算和网络技术，实现小组之间的交流和合作学习。③我们认为使用智能教室的概念是合适的，依托智能教室开展智慧的教与学活动，正因为有人的参与、师生的主体活动，促进学生的智慧发展，这种"智慧性"才形成了"智慧"的课堂。

3. 智慧课堂与高效课堂

智慧课堂与高效课堂既有联系又有区别。高效课堂源于有效课堂，按照百度百科的条目解释，高效课堂是高效型课堂的简称，顾名思义是指教育教学效率或效果能够有相当高的目标达成的课堂，具体而言是指在有效课堂的基础上，完成教学任务和达成教学目标的效率较高、效果较好，并且取得教育教学的较高影响力和社会效益的课堂。随着基础教育课程改革步入"深水区"，构建高效课堂成为教育变革的一个重要领域。国际上最为通行的方法是建构学习共同体课堂④，在这样的课堂中教师"为学而教"，学生相互支持与共同学习，教学内容有效组织，且将最终的目标落实在学生学习权利的保障和学生的全面发展方面。有的学者认为⑤，高效课堂就是通过教师的教学能够实现教学目标，极大地促进所有学生的学习效率和效果，使学生学习能力、学习动机得以大幅度提高，学习方式适合学习目标的课堂。高效课堂的基本特征体现在三个方面：教学方式上重在建构主义学习环境的建立，学习方式上重在自主学习品质的培养，学习动机上表现为学生具有强烈的学习意愿。高

---

① 王鉴：《课堂研究引论》，载《教育研究》，2003(6)。
② 陈卫东、叶新东、张际平：《智能教室研究现状与未来展望》，载《远程教育杂志》，2011(4)。
③ 汤优、李嘉伟、李丹等：《"互联网＋"下的智慧教室设计研究》，载《软件导刊(教育技术)》，2017(7)。
④ 王鉴、王明娣：《高效课堂的建构及其策略》，载《教育研究》，2015(3)。
⑤ 王晓平：《高效课堂的基本特征与实现条件》，载《现代中小学教育》，2016(3)。

效课堂依托文化系统和评价系统得以实现。有的学者提出①，降低内在能耗、增强正向效能、坚固学习之本、强化学习者的学力与内力，是高效课堂改革的成功秘诀与本真内涵。高效课堂没有固定的模式、法定的样式与权威的范本，它只有明确的追求、共通的理念与个性的实践。

按照智慧课堂的定义，智慧课堂是基于新一代信息技术打造的智能、高效的课堂②，因此，智慧课堂是一类特殊的高效课堂。在信息技术高速发展的今天，如何充分利用信息化的优势来促进教学发展一直是个热点话题。高效课堂在各地实施多年以来，其所具有的优点有目共睹，存在的不足也逐渐显现。例如，传统的教学资源存储、管理与呈现方式已经不能满足课堂教学的需要；教学中的师生互动主要靠课内的面对面交流，课前课后难以交流沟通；课堂评价流于形式，课堂上教师对学生的学习结果和发言只能简单打分，不对其准确性做出及时评价和反馈；学生展示占用时间较多，分组讨论时课堂管控较难等。在信息技术支持下，为高效课堂的构建提供了非常重要的条件，基于技术的多样化、情境化教学环境创设，能够激发学生的学习热情和兴趣；教学资源的开放获取能够提高教学和学习的效率；通过教学数据分析进行教学评价和决策实现了基于证据的教学；信息化教学方法所具有的自主学习、自我构建、交互性和个性化教学等优势在一定程度上满足了学生的个性需求。这些正是智慧课堂的特色和优势。同时，高效课堂是智慧课堂的必要条件，但并不是充分条件，智慧课堂比一般高效课堂具有更丰富和强大的功能，在于其基于现代技术的感知化、网络化、数据化、智能化等特征，使得智慧课堂能够提供富有智慧的理想学习环境，促进学习者知识意义的建构和个性化智慧发展。

4. 智慧课堂与未来课堂

智慧课堂与未来课堂是紧密相关的概念。2008 年，美国学者克莱顿·克里斯藤森(Clayton Christensen)等人在《颠覆课堂》(*Disrupting Class*)一书中指出，未来课堂是一个集成了技术与软件，提供给学生一些替代方法和选择以达到规定目标的课堂。它们形成一个让学生一起工作的计划，分享经验和

---

① 龙宝新：《高效课堂的本真内涵》，载《教育科学论坛》，2013(11)。
② 刘邦奇：《当智慧课堂遇到大数据》，载《中国教育网络》，2015(7)。

教训，进行概念化的学习，而不是单纯记忆一些信息的环境。我国学者认为未来课堂(Future Classroom/ Classroom of the Future)是相对于传统和现代课堂而言的，是指在相关的理论和技术支持下，以充分发挥课堂组成各要素(人、技术、资源、环境和方法等)的作用，实施教与学，以促进人的认知、技能和情感的学习与发展的教与学的活动及环境。① 未来课堂的特性主要体现在未来课堂的人性化、混合性、开放性、智能性、交互性和生态性等方面。随着信息技术在课堂教学中的深度应用，对未来课堂有了新的理解，认为未来课堂作为一种教学信息生态系统，具备信息生态系统的系统性、多样性、动态性、开放性、创新性等特征，故未来课堂信息生态应由人(教与学主体)、信息、课堂教学系统环境等要素构成。② 因此，国内外都把未来课堂界定为基于现代信息技术的新型课堂。

　　智慧课堂是信息时代从数字课堂发展而来的新型课堂，因此也是属于未来课堂的一种类型。反过来，未来课堂也具有智慧化的内涵。实际上，未来课堂是一个智慧学习环境③，智能性是未来课堂的重要特性之一，未来的课堂应是这样一个富有技术、充分体现技术与人和谐交互的智慧学习环境。这个环境的组成既包括未来课堂物化形态上所呈现的智能学习空间，同时还包括在这个空间中对课堂主体所进行活动的智慧性支持。未来课堂作为一个智慧学习环境，其智慧性主要体现在技术层面(应用大量的智能技术)、环境层面(实现智能环境)、资源和服务层面等。未来课堂被赋予智慧化的内涵④，智慧课堂是"互联网＋"时代智能化的技术系统与教学深度融合的产物，代表了未来课堂发展与变革的方向。智慧课堂在不同的发展阶段具有不同的发展取向，在"互联网＋"时代和教育大数据发展背景下，从教学数据生成教学智慧、基于数据智能的智慧课堂是未来课堂研究与发展的热点和重点，在课堂环境的智慧升级、课堂教学的智慧重构、学习历程的智慧优化、教学评价的智慧发展等方面凸显了未来课堂智慧化发展的特点与规律。用数据智能重构未来课

---

① 　陈卫东、张际平：《未来课堂的定位与特性研究》，载《电化教育研究》，2010(7)。
② 　刘智明、武法提、殷宝媛：《信息生态观视域下的未来课堂》，载《电化教育研究》，2018(5)。
③ 　陈卫东、叶新东、许亚锋：《未来课堂：智慧学习环境》，载《远程教育杂志》，2012(5)。
④ 　刘军：《智慧课堂："互联网＋"时代未来学校课堂发展新路向》，载《中国电化教育》，2017(7)。

堂，任重而道远。

三、智慧课堂的新定义

1. 智慧课堂的新特征

从教学应用的视阈来看，新的时代背景下，智慧课堂实际上是学校信息化聚焦于教与学、聚焦于师生活动、聚焦于学科素养发展的必然结果，是智能信息技术与课堂教学深度融合和创新发展的产物，也是智能时代信息化课堂与新课程改革有机结合、融合一体的课堂教学新形态。为此在 2015 年和 2017 年智慧课堂定义内涵不断丰富发展的基础上，新一代智慧课堂的概念应包含以下新含义和新要求。

(1)在服务宗旨上，因应教育信息化 2.0 时代发展要求，从"教学信息化"向"信息化教学"转变，适应新时代人才培养和新课程改革的需要，以促进学生核心素养发展为根本宗旨；坚持以建构主义、联通主义等学习理论为指导，突出以学生为中心，将系统功能从"支持课堂教学为主"向"支持学生个性化学习"拓展，聚焦学生成长和发展，促进知识转化为智慧，实现个性化成长。

(2)在技术策略上，坚持"技术引领、平台支持、环境支撑"策略，充分利用物联网、大数据、人工智能等新的智能信息技术打造智能、高效的课堂；以"云—台—端"为核心支撑，构建新一代智慧课堂信息化平台；提升和利用课堂大数据智能，开发应用智能化检索、测评、推荐、交互等技术，创设网络化、数据化、交互化、智能化，有利于协作交流和意义建构的智能学习环境。

(3)在体系架构上，以"智能化"为核心进行系统优化升级，从"微云服务器"向"智能平台"转变，从"智慧教学环境"向"智慧课堂教学生态"转变，从"信息化服务"向"智能化服务"转变，构建基于智能信息技术的智慧课堂智能化服务平台，构筑 AI 赋能、体系优化的智慧教学生态体系。

(4)在应用场景上，进一步拓展智慧课堂教学的多领域、多形态应用，支持线上与线下、虚拟与现实、课内与课外全场景教与学应用，实现精准化教学、个性化学习、智能化评测和科学化管理，真正实现学校智慧课堂教学的全领域、全场景、全过程应用。

(5)在实践模式上，开展智能教育教学应用最佳实践，从试点应用向常态应用、深度应用发展，从智慧课堂的共性特征分析向各学科智慧课堂的个性特征模型构建发展，从一般智慧课堂教学模式向各学科智慧课堂教学模式发展，从知识教学向核心素养培养和智慧发展转变。

2. 新一代智慧课堂的定义

无论是从智慧课堂发展的趋势分析，还是从新一代智慧课堂发展的客观需要来看，智慧课堂概念的内涵与特征都发生了重大变化。根据以上分析，我们提出智慧课堂的新定义如下。

所谓新一代智慧课堂，也称为智慧课堂3.0，是指以建构主义等学习理论为指导，以促进学生核心素养发展为宗旨，利用物联网、云计算、大数据、人工智能等智能信息技术打造智能、高效的课堂；通过构建"云—台—端"整体架构，创设网络化、数据化、交互化、智能化学习环境，支持线上线下一体化、课内课外一体化、虚拟现实一体化的全场景教学应用；推动学科智慧教学模式创新，真正实现个性化学习和因材施教，促进学习者转识为智、智慧发展。

与2015年定义和2017年定义相比，新一代智慧课堂在服务宗旨、技术理念、体系架构、应用场景和实践模式等方面，都具有全新的内涵和特点。新一代智慧课堂是课堂信息化发展的新阶段，是对现有智慧课堂概念的升级完善和深化发展，是把大数据、人工智能等最新科技成果与课堂教学深度融合和创新的结果。概括地说，新一代智慧课堂的"根本目的"是着眼核心素养发展、打造智能高效课堂；"建设路径"是构建整体架构、创设智能化环境、支持全场景应用；"推进目标"是实现模式创新、精准教学、转识为智。

四、智慧课堂的基本内涵

新一代智慧课堂概念适应了新时代对智慧课堂发展的新要求，也体现了新的技术背景下智慧课堂教学的新内涵。准确理解上述智慧课堂新定义，应重点把握以下几个方面的内涵。

1. 依据建构主义等学习理论进行顶层设计

在智慧课堂构建的基本理念上，是依据于建构主义、联通主义等现代学习理论进行顶层设计。建构主义认为学习是在一定的情境即社会文化背景下，

69

借助其他人（包括教师和学习伙伴）的帮助，利用必要的学习资料，通过意义建构的方式而获得。联通主义认为学习不再是一个人的活动，学习是连接专门节点和信息源的过程，提出基于技术中介的学习，在与别人对话的过程中学习。建构主义、联通主义等学习理论是互联网时代的核心教育理论，是网络环境下教育教学设计的核心理念，为智慧课堂的构建奠定了坚实的理论基础。智慧课堂以建构主义、联通主义等学习理论为指导设计课堂教学模式和教学环境，能够贯彻"以学生为中心"的核心思想，准确把握情境创设、协商会话、信息提供、联通共享等关键要素，增强学生的主体地位，激发学生的学习兴趣和主动学习意识，促进学习者对话交流、主动建构知识意义。

2. 采用大数据挖掘分析解决传统教学难题

传统的"班级授课制"教学中长期存在不足，始终"以教师为中心"、基于经验的教学预设、难以即时评测、师生互动不够、缺乏课内外协作互助等，许多学校试图解决这些难题，但在传统的模式、传统的技术条件下难以找到有效的解决办法。借助于智能化课堂教学平台，利用大数据挖掘和学习分析技术，实现了基于数据的教学决策、即时的评价与反馈、立体化的交流互动、智能化的资源推送和可视化的教学呈现，增进了课堂学习的交互与协作，有效地解决了传统教学的难题。对于具体的课堂教学来说，数据是反映教学效果的最为显著的指标，比如，学生识字的准确率、作业的正确率、多方面发展的表现率——积极参与课堂教学的举手次数，回答问题的次数、时长与正确率，师生互动的频率与时长等。基于课堂教学数据进行学习分析，使智慧课堂从依赖于存在教师头脑中的教学经验转向依赖于通过教学数据对学生的学习行为进行判断和制订教学决策的分析，一切靠数据说话，实现了基于数据的课堂教学。

3. 利用智能技术实现个性化学习和因材施教

虽然现代教学一直在倡导"以学生为中心"和个性化教学的理念，但在传统"班级授课制"课堂中，教师同时面对几十个学生，很难及时把握和照顾到每个学生的个性特征和个性需求，利用人工智能等新技术可以有效地解决这一问题。例如，利用智能化学习分析，给教师提供最为个性化的学生特点信息，使得我们可以去关注每一个学生个体的学习过程、学习行为，可以精准地获得学生的真实表现，据此开展全过程个性化学习和因材施教。例如，通过课前发布富媒体预习材料和作业，进行预习测评和反馈深化学情分析，优化教学设计，便于精准教学；通过课中推送随堂测验，进行实时检测数据分析和即时反馈，改进教学策略，调整教学进程；通过课后作业数据分析，实施针对性辅导，为学习者即时推送合适的个性化学习资料，实现个性化的学习支持。

4. 打造"云—台—端"环境促进教学结构性变革

智慧课堂的实施基于物联网、云计算、大数据、移动互联网、人工智能等新一代信息技术，采取"云—台—端"的服务方式，部署和应用智慧课堂的信息化、智能化学习环境，其主体由智能平台、智能端应用工具、智能云服务等组成。智慧课堂信息化平台提供学习资源管理与服务、教育信息管理、多元化评价等功能，通过教室内多种终端设备的无缝连接和智能化运用，打破了传统意义教室的黑板、讲台和时空概念，使传统课堂布局、形态和环境均发生了重大变革，为师生之间、生生之间的沟通、交流与互动提供了极为方便的条件，无论是课前、课中，还是课后，通过智能端工具及其与云平台的对接，可以无障碍地进行任何时间、任何地点的交流互动，实现了教与学的全时空、立体化沟通与交流，重构了教学流程结构，使传统课堂教学发生了结构性变革。

5. 从知识学习走向智慧发展、促进核心素养提升

从本质上来说，智慧课堂构建与应用的根本目的，是运用最新的智能信息技术创设理想的学习环境，促进知识学习向智慧发展转变。知识与智慧属于意识活动的两个不同层次。智慧来自知识，知识可以转化为智慧。知识管理领域通常将"智慧"界定为一种面向未来的创新能力。[①] 从 DIKW（Data-Information-Knowledge-Wisdom）模型可以看出，从数据、信息、知识到智慧的演变规律，为我们提供了一条清晰的课堂智慧生成路径：在教学情境的协助下教学数据被赋予丰富的教育内涵转变为有价值的教学信息，再经思维共同体的认知加工演变为鲜活的教学知识，这些知识在教学应用中逐渐升华为教与学的智慧，推动了以数据智慧为主导的智慧课堂的发展，这便形成了课

---

① 祝智庭：《智慧教育新发展：从翻转课堂到智慧课堂及智慧学习空间》，载《开放教育研究》，2016(1)。

堂智慧化变革的发展取向，从智慧生成视角揭示出智慧课堂是技术与教学双向深度融合基础上的教学流程再造与智慧生成，是一个真正为教师与学生提供无限参与和自我价值提升的发展空间。①

第三节　智慧课堂"4＋N"特征模型

对智慧课堂特征的研究，可以从技术的视角研究，也可以从教学应用的视角研究。我们结合近几年来在部分名校进行的全学科智慧课堂教学实验研究，总结形成了"4＋N"的智慧课堂特征模型，为深入开展智慧课堂及学科教学应用提供参考依据。

一、智慧课堂"4＋N"特征概述

与传统课堂及早期的信息技术在课堂中的应用相比，智慧课堂在技术和教学应用上具有教学决策数据化、评价反馈即时化、交流互动立体化、资源推送智能化等显著特征，这是对各个学科教学应用都应该具有的、通用的智慧课堂基本特征，也称为智慧课堂的"4"个共性特征。

同时，在近几年的智慧教学实践运用中，我们发现由于不同学科在教学内容、教学方式和教学评价等方面存在显著的差异，各个学科的智慧课堂教学也具有不同的个性化特点。例如，我们在安徽省蚌埠二中进行的全学科智慧课堂教学实验中，蚌埠二中化学组教师积极探索智慧课堂教学，完美地将智慧课堂模式、数字化实验、先进的 AR 技术融合于课堂中，并总结出了化学学科智慧课堂的个性化特征是"实验过程数字化，微观结构可视化"。这对于我们建立学科智慧课堂教学模式具有重要的启发和参考。

智慧课堂"4＋N"特征就是从全学科智慧课堂教学应用的视角，提出的学科智慧课堂特征模型。其中，"4"是指一般智慧课堂的共性特征，即教学决策数据化、评价反馈即时化、交流互动立体化和资源推送智能化；"N"是各个不

---

① 刘军：《智慧课堂："互联网＋"时代未来学校课堂发展新路向》，载《中国电化教育》，2017(7)。

同学科智慧课堂的个性化特征。为了便于讨论，我们分为语文学科、数学学科、英语学科、自然学科和社会学科五个学科类型进行特征分析。五类学科智慧课堂的"4＋N"特征详见表 2-1。

表 2-1 智慧课堂"4＋N"特征一览表

共性特征"4"		个性化特征"N"	
智慧课堂	教学决策数据化 评价反馈即时化 交流互动立体化 资源推送智能化	语文学科智慧课堂	鉴赏点评交互化、表达分享富媒化、阅读资源库量化
		数学学科智慧课堂	感受体验情境化、抽象探究模型化
		英语学科智慧课堂	作文批阅信息化、听说读写情境化
		自然学科智慧课堂	实验过程数字化、微观结构可视化
		社会学科智慧课堂	材料实证数字化、理解分析情境化

二、智慧课堂的"4"个共性特征

关于智慧课堂的"4"个共性特征，在第一代智慧课堂定义中就有描述，其内涵也在不断丰富，结合最新的发展对其具体内涵的表述如下。

（1）教学决策数据化。

智慧课堂始终以学校构建的信息技术平台为支撑，基于动态学习数据的收集和挖掘分析，对学生学习全过程及效果进行数据化呈现，使得教学过程从过去依赖于教师的教学经验转向依赖于教学中的客观数据，依靠数据精准地掌握学情，基于数据进行决策，方便教师有的放矢地安排及调整教学。

（2）评价反馈即时化。

智慧课堂教学中采取动态伴随式学习评价，即贯穿课堂教学全过程的动态学习诊断与评价，包括课前预习测评与反馈、课中实时检测评价与即时反馈、课后作业评价及跟踪反馈，从而实现了即时、动态的诊断分析及评价信息反馈，重构形成性教学评价体系。

（3）交流互动立体化。

智慧课堂教学的交流互动更加生动灵活，教师与学生之间、学生与学生之间的信息沟通和交流方式多元化，除了在课堂内进行师生互动外，师生还可以借助云端平台进行课外的交流，在任何时间、任何地点进行信息交流和

73

74

互动，实现师生、生生之间全时空的持续沟通。此外，还可以实现师生与管理者之间、学校与家长之间的全时空信息交流。

（4）资源推送智能化。

智慧课堂为学习者提供了形式多样的富媒体资源，包括微视频、电子文档、图片、语音、网页等，可以根据学生的个性化特点和差异，智能化地推送针对性的学习资料，满足学习者富有个性的学习需要，帮助学生固强补弱，有助于实现个性化学习和因材施教。

三、学科智慧课堂"N"个个性特征

中小学课堂教学是按学科课程分类进行教学实施的，由于不同学科在教学内容、教学方式、教学评价方面存在的差异，因此，在智慧课堂教学实践运用中，各个学科的智慧课堂教学也具有不同的特点，形成了"4＋N"中的"N"个学科个性特征。

1. 语文学科智慧课堂的个性特征

（1）鉴赏点评交互化。

基于智慧课堂信息化平台，语文课中的文本鉴赏与点评能够更为即时、立体、直观、灵活、生动。师生、生生之间通过智慧课堂"云—台—端"信息化平台，无论是课中学习，还是课前预习、课后复习，都能实现即时无障碍的沟通与交流。这样有助于师生之间充分互动，碰撞出更多的思想火花，促进文本鉴赏的成果更全面、更丰富、更深刻。

（2）表达分享富媒化。

智慧课堂信息化平台提供给学生更多样的表达分享媒介，学生可以根据自身需求，自由选择文字、图片、视频、语音等方式表达思想观点或分享优秀的学习资源及个人学习成果；教师也可以通过平台使用富媒体资源和呈现方式，更恰切地表达自己的观点和想法；师生之间可以实现多元化、即时化互动交流，互促进步。

（3）阅读资源库量化。

智慧课堂信息化平台能够提供强大的资源库，教师能够根据需要筛选整合优秀阅读资源，分类上传到平台资源库。学生通过智慧课堂信息化平台能够即时查阅或下载自己所需的阅读资源。整合后的资源库里的资源质量高，针对性强，学生查找方便，能够节省搜索时间，能够提高学生学习效率和质量。

2. 数学学科智慧课堂的个性特征

(1)感受体验情境化。

情境创设是引入数学概念和理解数学方法的重要基础，基于智慧课堂信息化平台创设理想的教学情境，更能激发学生自主学习、发现问题和解决问题的兴趣。数学课堂多以抽象概念、定理、公式为主，仅依靠学生的大脑想象很难从本质上认识数学、理解数学，因而课堂教学的引入需要精心设计。通过多媒体技术，以图片、语音、视频等方式，创设接近真实的问题情境，可以唤起学生的好奇心，激发学生主动参与、探究的欲望，使学生直观感受数学知识，为抽象难理解的数学知识学习预设铺垫，也可以使学生感受体验数学来源于生活，又服务于生活。

(2)抽象探究模型化。

基于智慧课堂信息化平台，针对数学概念、公式、定理等抽象问题，通过计算机和多媒体技术，让学生亲身经历将实际问题抽象成数学模型。数学模型的建立就是探究学习的过程，利用已知知识和计算机技术融合于智慧课堂教学中，实现抽象问题直观化、复杂问题简单化。用计算机仿真建立数学模型并进行计算分析，就是对实际问题进行抽象、概括、提炼、转化为数学问题，再利用已学过的数学知识解决问题。引导学生从直观具体的事物中抽象概括出数学问题的本质，进一步理解数学、运用数学。

3. 英语学科智慧课堂的个性特征

(1)作文批阅信息化。

在英语智慧课堂教学中，运用高精准度的手写文字识别、自然语言理解和智能评测等科技手段，实现计算机应用于主观题的智能阅卷，包括作文智能批阅、自动生成测试报告、提供答题结果的大数据分析，解决了传统教学手段无法解决的问题，最大程度减轻教师阅卷负荷，智能诊断出问题所在。特别是针对英语作文分项能力趋势分析和学生作文异常数据分析、学生作文常犯错误分析等，帮助教师实现基于智能批改和数据分析的英语习题讲评，能够准确把握学生作业和答题状况,实现"精准教学"。

(2)听说读写情境化。

各种听说读写情境的创设和评测是英语课堂教学的重要基础。通过智慧课堂信息化平台提供的多元化学习资源,特别是各种视听说学习资源,极大地丰富了英语教学手段。创设情境化的听说读写活动和互动性的高效课堂,改变了原有一支粉笔加录音机的单调教学手段,利用新技术手段来变革和改进课堂教学。在听说读写的评价方面,通过标准化的英语听说全自动评分技术,自动分析听说成绩,生成智能评价分析报告,提高了教学的针对性,真正提高听说能力水平。

4. 自然学科智慧课堂的个性特征

(1)实验过程数字化。

在物理、化学、生物等实验探究教学过程中,借助传感器、数据采集器等设备对现象不明显的实验进行实时监测,跟踪采集过程数据,并以图像的形式呈现,实现实验过程的数据化采集。同时进行曲线拟合、对比及数据分析,将更多的定性实验转化为定量实验,为师生定量化研究实验数据提供支撑平台,有助于学生理解科学的本质。例如,研究物体运动规律时,可借助智慧课堂信息化设备的拍摄功能记录其运动过程,再应用相关数字化软件对采集到的信息进行处理,"化动为静",使学生能够更加直观、准确地分析物体运动的特征及规律。

(2)微观结构可视化。

对自然学科中的微观结构等难以观察或抽象的事物,运用新媒体技术手段,可以使教学呈现可视化,比如,实现由大变小、由小变大、由快变慢、由慢变快、平面立体化、静态动态化、无形有形化等。例如,借助AR技术增强现实感,实现物质微观结构、反应微观过程的宏观化。帮助学生通过各种不同的视角观察微观事物,并可以通过自然交互方式对虚拟出的微观世界的分子、原子进行操作,将抽象的学习内容可视化、形象化,激发学生的学习兴趣。

5. 社会学科智慧课堂的个性特征

(1)材料实证数字化。

材料实证指对政治、历史和地理等社会学科教学中使用的材料进行科学辨析，准确呈现出材料的含义，服务教学过程。通过智慧课堂信息化平台的数据采集、处理，将政治、历史和地理课堂中复杂的材料实证的过程转变为可以度量的数字、数据，依靠直观的数据精准地掌握学情和调整教学策略。在政治、历史、地理课堂中实现"材料实证数字化"，实现基于数据分析的有效教学。

（2）理解分析情境化。

理解分析是指政治、历史和地理等学科的"学科知识理解"，它是指对事实的叙述提升为理解其意义的理性认识和情感取向。"理解分析情境化"就是通过智慧课堂信息化平台，教师有目的地构建具有一定情绪色彩的、以形象为主体的生动具体的场景，以引起学生一定的情感体验，从而帮助学生更好地分析并理解政治、历史和地理学科中的知识。

▶ 第四节　智慧课堂教学体系结构

智慧课堂教学在技术支持下实现课内与课外、线上与线下、虚拟与现实的全过程、全场景教学应用，体现了人与技术、环境融为一体的特征，形成了智慧课堂教学的完整体系。

一、智慧课堂教学体系的总体框架

互联网时代的新一代智慧课堂，实质上是基于动态学习数据分析和"云—台—端"运用的新型课堂教学形态。智慧课堂一方面是技术应用的结果，体现了新一代信息技术的应用特征，离不开技术系统的支撑；另一方面，它是技术系统支持下的课堂变革与创新，表现为技术与教学融为一体形成的新的课堂教学结构、教学形态。因此，智慧课堂不同于一般的智能教室、未来教室，不是指单纯的技术系统、技术环境，实际上是由系统（信息化平台和工具）、人（教师和学生）及其活动（课前、课中、课后教学环节）等组成的新型信息化课堂教学体系。

在智慧课堂教学体系中，人、系统与活动相互关系及结构形成了"智慧课

77

堂"教学体系的总体框架，其构成如图 2-1 所示。

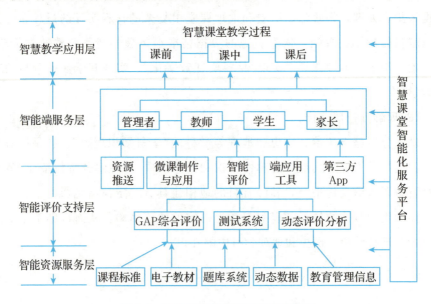

图 2-1　智慧课堂教学体系的总体框架

二、智慧课堂教学体系的组成部分

在上述总体框架图中可以看到，"智慧课堂"教学体系总体上是由从下至上的智能资源服务层、智能评价支持层、智能端服务层和智慧教学应用层四个层次组成的智慧教学服务体系，具体内涵如下。

1. 智能资源服务层

智能资源服务层提供智慧课堂的教学内容基础，是实现智慧课堂教与学的基本支撑条件，采取云部署服务方式。利用智能管理、智能检索、智能推荐等技术，基于智能资源管理平台，建立课程标准、全科数字化教材、微课及多媒体课件、各类题库系统、教学动态数据和教育管理信息等资源库，提供智能化的学习资源管理和服务。

2. 智能评价支持层

智能评价支持层是智慧课堂的核心功能，是实现动态学习数据分析和评价的关键。基于多元学习评价系统，利用智能测评、大数据分析等技术，提供对学习和教学的形成性评价、总结性评价和诊断性评价服务，包括测试系统、动态评价分析系统、GPA 综合评价系统和教学质量评价系统等子系统。

3. 智能端服务层

智能端服务层由应用支持软件和硬件设备组成。应用支持软件是智慧课堂的基本工具，为智慧课堂的教与学终端提供应用支持。应用支持平台实际上是一类移动 App 或桌面应用软件，提供智能终端的学习、管理和应用功能，包括智能微课制作、微课应用、测验评价、统计分析、学习资源智能推送、沟通交流工具和第三方 App 应用等。智能硬件即师生移动智能终端或桌面终端，是智慧课堂的主要应用工具，包括智能手机、PAD、可穿戴智能设备、智能 PC 等，主要有教师端、学生端、管理端、家长端等类型。

4. 智慧教学应用层

智慧教学应用层主要是智能化教学应用流程，提供教师的"教"与学生的"学"的应用程序和方式，实现对课前、课中、课后的全过程沟通交流和信息服务支持。教学应用流程即智慧课堂的教学应用程序，由课前、课中、课后三个环节组成。课前环节包括学情分析、预习测评、教学设计，课中环节包括课题导入、探究学习、实时检测、总结提升，课后环节包括课后作业、微课辅导、反思评价等。

第五节　智慧课堂主要应用价值

智慧课堂作为一种新型的课堂教学形态，它通过构建和应用基于智能信息技术的理想学习环境，有效解决了传统课堂教学过程中存在并难以解决的问题，增进了学生的主体地位和主动学习意识，增强了课堂决策分析和互动交流能力，提升了课堂教学质量和效率。基于智能信息技术的智慧课堂是对传统课堂教学的"革命"，对于推进人才培养模式和教学方法变革，重构信息化背景下的教学体系，具有重要的应用价值和意义。

一、重构教育教学理念

新时代新技术改变了人们的思维方式和工作方式。人工智能和大数据时代，数据改变教育成为智慧课堂的核心理念。传统课堂主要依靠教师的个人教学经验对课堂上学生的学习行为与结果进行判断和制订教学决策。智慧课堂从过去依赖于存在教师头脑中的教学经验转向依赖于对海量教学案例和行为数据的分析，一切靠数据说话。数据来源于学生作业、测试、学案和课堂即时反馈等学习过程各环节，依据学生学习行为数据挖掘分析与决策，用直观的数据了解学生对知识掌握的水平，用数据描述每一个学生的个性化特征和差异，据此实施精准教学。在教学过程中依据学习测评数据及时调整教学策略，基于数据分析提升教学机智，在课堂教学中实现了基于证据的教育（Evidence-Based Teaching，EBT），这一直是人们所追求的未来教育的理性形态。[1] 因此，数据是信息化条件下智慧课堂的关键要素，基于数据的教育改变了传统的理念，有助于形成全新的教育教学模式。

二、重构智能化教学环境

智慧课堂是依据建构主义、联通主义等现代学习理论构建的新型课堂教学模式。建构主义、联通主义强调基于互联网思维和技术来构建学习工具、学习方式和学习资源，创设理想的学习环境。利用"互联网＋"的思维方式和当今多种最新的信息技术手段，如基于物联网的感知技术、大数据分析技术、人工智能技术等，在课堂教学中深度应用与融合，使课堂形态和环境发生了重大变革，为学习者提供了丰富的认知工具与支撑环境，为师生建立了更为开放的教室和更为开放的课堂活动（见图2-2）。在智能教室中，不再有传统的讲台、黑板和粉笔，课桌、座椅以分组讨论方式摆放，投影屏幕、电子白板可以放置在教室的前后左右任何一个需要的地方，教师始终面向学生教学并直接融入小组讨论；教师可以通过手中的移动终端设备（智能手机、PAD 等）实现书写并向教室内大屏幕投射，教师常用的 PPT 不仅是一帧一帧展示用，还可以进行任意的手写、标注、推演等。各种新型智能信息技术的应用，使原来单调、枯燥的课堂变成了生动的数字化"体验馆""实验场"，有利于在教学过程中采取多元的交互协作方式，增进教师与学生之间、学生与学生之间

---

① ［英］维克托·迈尔-舍恩伯格、肯尼斯·库克耶：《与大数据同行——学习和教育的未来》，上海，华东师范大学出版社，2015。

的立体化沟通交流，加强数据信息的智能处理、推送，有利于开展协作和探究学习，帮助学习者实现意义建构。

图 2-2　智能教室布局

三、重构智慧教学模式

　　智慧课堂构建与应用的根本目的是基于智能化的教学环境，实施智慧的教与学，促进学习者的智慧发展。因此，采取什么样的教学模式是实现智慧课堂教学目标的关键。传统的"班级授课制"教学中长期存在"以教师为中心"、基于经验的教学预设、难以即时评测、师生互动不够、缺乏课内外协作互助等不足，利用智能信息技术可以有效破解传统教学的难题。借助于智慧课堂信息化平台，促使传统教室的形态发生了变革，教师利用移动智能终端走进学生中间，实现与学生平等即时交流，改变了师生互动方式。利用动态数据和学习分析技术，实现了数据化决策、即时化评价、立体化交流、智能化推送、可视化呈现和数字化实验，增进了课堂学习的交互与协作，建立新型的信息化课堂教学模式，提升课堂的信息化、智能化水平。基于智慧课堂信息化平台应用，通过课前预习和测评反馈，实现"以学定教"；在课中通过实时检测和互动交流，实现"精准教学"；在课后通过智能化作业推送和微课式辅导，实现"因材施教"。

四、重构个性化学习方式

人工智能、大数据背景下的智慧课堂教学，在教学观念和学习方式上都发生了重大变化。在智能化学习环境下，移动的学习工具、富媒体学习资源、教师的个性化辅导等，为学生的个性化学习提供了极为便利的条件。学生利用移动终端，既可以与教师、同伴互动交流，也可以移动在线学习相关课程和配套资料，实现碎片化、泛在化学习。传统"班级授课制"课堂中一个班级几十个学生，教师根本不可能照顾到每个学生的个性特征和个性需求，大数据等智能信息技术的应用解决了这一难题。例如，利用大数据学习分析，我们可以去关注每一个个体学生的学习过程、学习行为，可以精准地获得学生的真实表现。大数据学习分析提供了最为个性化的学生特点信息，有助于课前针对性的导学，课中有针对性地进行分组学习、协作学习，课后完成多样化、个性化的作业，提高了学习的针对性、有效性。学生依据课堂学习行为数据分析结果和建议，选择符合个性特征的学习策略，实现个性化学习成长。

五、重构师生角色关系

师生角色和关系是课堂教学乃至整个教育中最为重要的关系，关系的好坏决定了教学中学习者接受教育和获得发展的成败。在传统课堂教学中，师生的角色和关系十分明确，教师是知识的传授者、垄断者，是教学的主导者、控制者，是教育"工厂"负责生产制造学生的"工程师"，而学生是被动接收知识的容器，是被教育的对象，被加工、制造的"产品"，所以传统课堂必然是"以教师为中心的"，是师道尊严的。而智慧课堂教学中，这种角色关系得到了根本性的转变。智慧课堂教学真正实现了"以学生为中心"，学生的学习主体地位得到确立。基于智慧课堂信息化平台的师生端工具的应用，教室取消了讲台，教师始终面向学生进行教学，有利于师生互动，师生可以平等交流，也增强了学生对教师的亲近感。智慧课堂以建构主义学习理论为依据，倡导教育为学习服务，教师是学习服务的提供者、帮助者，学生是享受服务、被服务的顾客，教师的任务是为学生的学习服务，帮助学生自主学习和知识构建。智慧课堂是"以全体学生为中心"，尊重学生学习的主体地位，实现了"把课堂还给学生，让学生自己成为学习的主人"。

六、重构智能化评价与管理

智能化教学环境下，教学评价与管理的方式也将发生根本性变化。基于智慧课堂"云—台—端"智能化服务平台的应用，通过全过程学习数据分析，有利于构建动态学习诊断与评价新体系。在课前阶段，基于学生学习历史数据分析和课前预习测评反馈，实现准确的学情分析，有利于教学预设、以学定教；在课中阶段，通过课堂的实时评测和互动交流，准确了解学生课堂学习的实时状态，便于随机调整教学策略，实现精准教学；在课后阶段，通过智能化作业推送、在线提交和批改，与学生课后交流，及时掌握学生作业情况和反馈辅导，有效地巩固和提高学生的学习效果。学习评价从过去的结果性评价向伴随式、诊断性评价转变，评价与教学有机结合，形成全新的评价体系。同时，智慧课堂教学模式鼓励学生自主选课、自主学习、分层教学，必然要求教务管理、学分管理、考试管理等进行相应的调整改革，建立"自主选课"的课程计划、"走班学习"的教学安排、"在线学习"的学分认定等新的制度，探讨基于个人网络空间、班级学习社区的学生管理、班级管理新方式，通过建立学生学习成长档案、学生个性特征记录，开展学生综合素质评价。此外，智慧课堂端工具可以拓展到"家长端""管理端"，有利于家校互通，将管理、家庭教育与学生学习有机结合起来，建立新的教学管理模式。

第三章 智慧课堂智能化服务平台

从信息化视角提出的智慧课堂，离不开信息化、智能化技术的支撑。其关键是利用大数据、云计算、移动互联网、物联网和人工智能等智能信息技术打造信息化、智能化的课堂教学服务支撑环境，形成支持智慧教学活动的智能化服务平台，进而实现课前、课中、课后全过程应用的智能、高效的课堂教学。因此，实施智慧课堂教学的重要前提和基础，是构建基于现代智能信息技术的智慧课堂智能化服务平台。本章对智慧课堂智能化服务平台的总体架构、智能云服务、教室智能平台和智能端应用工具进行阐述。

▶ 第一节 智能化服务平台总体架构

一、智能化服务平台设计理念

课堂教学服务支撑环境是技术应用的产物，也随着信息技术的发展而发展。智慧课堂智能化服务平台(也称为智慧课堂信息化平台)，是利用信息化、智能化技术打造的课堂教学服务支撑环境，通常也称为课堂信息化环境。构建智慧课堂智能化服务平台，首先要搞好顶层设计，以用户需求为导向，以任务实现为要点，以技术为引领，按照先进的系统设计理念，符合应用及服务的扩展与集成要求，在保持各系统独立性、灵活性的同时，又要促使系统的相互统一、数据共享与操作，构建整体优化的智慧课堂智能化教学服务支撑环境。因此，智慧课堂智能化服务平台建设在总体设计和技术理念上应体现以下几个方面的要求。

1. 技术前瞻性

服务平台建设必须以技术思维为基础，充分开发应用先进的智能信息技术，以云计算、人工智能等技术为核心，结合移动互联网、大数据分析、物联网、智能推荐等新的技术应用，构建先进的技术支撑平台。对规模巨大的教育教学数据，利用关联分析、数据挖掘、智能分析技术，建立数据勘探和数据分析软件，在系统归集的各类管理数据、行为数据中进行深度挖掘，提取有价值的信息，提供智能化服务。

2. 标准规范性

系统设计首先应遵照执行国家教育部颁布的信息技术标准，同时参照国际上成熟、通用的标准、规范和协议，实现统一标准、统一规范、统一数据库结构，提供模块化的整体设计；开放接口，保证平台与第三方产品的主动对接与被动对接。同时，保证区域内所属学校无论是整体接入，还是分类应用都能平滑接入平台。

3. 系统可靠性

以用户需求为中心，准确理解相关业务要求，通过规范的项目管理、周密的系统测试和质量保证措施，同时充分考虑系统建设和应用中的技术与操作方面的多种因素和复杂情况，采用多种高可靠性、高可用性技术，保证关键业务的连续不间断运作和对非正常情况的可靠处理，保证系统实施和实现的准确性、稳定性和可靠性。

4. 开放扩展性

平台建设采用 XML、SOAP、Web Service、LDAP 等当前受到普遍支持的开放标准，在当前系统与其他系统相互交换数据方面，保证平台提供应用级的互操作性和互连性。同时随着应用水平的提高、使用规模的扩大，平台能采取平滑扩展的技术手段，保证在应用高峰期和大用户量时并发处理，在需求增加、新应用引入时，平台能提供持续升级和系统融合的支持。

5. 系统易用性

建成的服务平台应具有良好的易用性和便捷性。易用性强调和体现了技术的高度，只有所有的应用达到或接近主流互联网（百度、阿里巴巴、腾讯，简称"BAT"）产品的应用水平，才能从技术的角度保证用户体验，让用户真正地应用起来。系统应具有友好的用户使用界面和良好的可操作性，使用户能够快速地掌握系统的使用，便于应用推广，便于常态化应用。

86

二、智能化服务平台总体框架

智慧课堂智能化服务平台是基于大数据、云计算、移动互联网、物联网和人工智能等智能信息技术打造的信息化、智能化课堂教学服务支撑环境。智慧课堂建设通过打造以教室智能平台为核心，配合智能教育云服务，并结合各类智能教学管终端和智能环境终端，提供资源服务、互动服务和教学工具，形成了智能化的课堂教学服务平台。同时，针对课内、课外不同的应用场景，衍生智慧课堂教学和智慧学习服务两类教学应用，涵盖备课、教学、作业、测验等全过程，为师生日常教学提供全场景的信息化、智能化覆盖，并通过伴随式动态数据的采集，实现基于数据的针对性教和个性化学的智慧教学应用服务。

1.平台体系架构

智慧课堂智能化服务平台的后台数据资源存储、处理和服务支撑是利用智能教育云服务提供资源服务、互动服务和教学应用，前端应用是利用智能手机、PAD、智能麦克风、智能 PC 等智能移动终端及其 App 服务，并通过教室无线网络环境(包括 Wi-Fi、蓝牙、短波等)、数据中心、智能运算与智能控制等服务，打通云服务、教室服务和智能终端的数据传输和交流通道，构建一体化、智能化的学习环境。整体而言，智慧课堂智能化服务平台是由"云—台—端"构成的智能化课堂教学服务支撑环境，其体系架构如图 3-1所示。

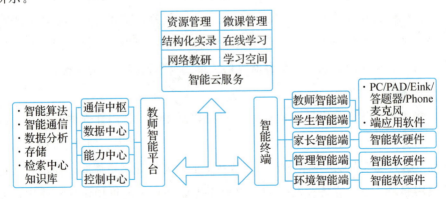

图 3-1　智慧课堂智能化服务平台总体架构

2. 云： 智能云服务

"云"：即智能云服务，基于教育云提供基础服务支撑，包括资源管理与应用、微课管理与应用、结构化实录资源、在线学习与服务、智能推送、智能评价、互动服务及教学工具等，提供完整的教育资源和教学互动服务。可以进行结构化与非结构化数据的教育教学资源管理，提供多种课堂教学和教研应用，如资源阅读与下载、在线课程学习、同步作业、个性化作业、智能阅卷、精准讲评、教研服务等，完成动态评价和资源精准推送，支持教学资源的二次开发与利用，实现多种教学资源综合应用，并遵循国家服务云建设标准，实现服务云的多级互联互通。

3. 台： 教室智能平台

"台"：即教室智能平台，是以智能软硬件为载体的教室综合智能平台。作为智慧课堂的通信和运算中枢，结合大数据、云计算和人工智能技术，构建课堂环境的数据中心、控制中心和能力中心，汇聚智慧课堂中的人、活动和环境数据，完成课堂全景数据的收集、处理和存储，并最终同步到课堂内的多种教学终端、环境终端，且在无须互联网的状态下，实现任意点对点的通信交互与数据处理，节省大量互联网资源的占用，当连接互联网时可以实现教师的跨越空间的授课直播和各类教学资源分享和推送。

4. 端： 智能端应用工具

"端"：即智能端应用工具，包括教学管终端和环境终端。基于各类端工具提供课堂全景数据采集，包括课堂互动数据、教学行为数据、师生活动数据、课堂环境数据等，完整覆盖课前、课中、课后的教学全过程，将教学活动由课堂内延伸至课堂外，支持完成各类授课活动、学习活动和教研活动。教师端实现微课制作、授课交流和评价、智能实录功能，学生端可以接收并管理任务、完成作业、进行交流互动，进行个性化的学习，管理端实现学生行为管控、课堂教学质量管控、班级管理功能，家长端可进行家校学情沟通、学习交流等。

▸ **第二节　智能云服务**

一、智能云服务整体架构

1. 智能云服务的搭建模式

智能云服务以云技术为核心，通过多要素、多层次系统架构，为智慧课堂教学提供后端支持服务功能。智慧课堂教学云可以作为一个完整的云服务平台，从云基础设施、基层支撑平台、资源服务、数据处理、教学应用服务多个层面对智慧课堂智能云服务进行总体架构设计。比如，基于已有的云基础设施，构建完整的教学资源管理平台，可以进行结构化与非结构化数据的各种教育教学资源管理，支持各种教学资源的二次开发与利用，实现多种教学资源综合应用等。

对于大多数基础教育学校而言，智慧课堂智能云服务一般可以依托学校智慧校园云平台或区域教育云平台来搭建，也可以依托教育信息化企业提供的公共云服务平台来提供专业的智能云服务。对于少数规模化办学的中小学教育集团，已经具备了较好的信息化基础条件的，也可以考虑建立学校的私有云，将智慧课堂智能云服务进行本地化部署。但无论哪一种方式，云基础设施、基层支撑平台、资源服务、教学应用服务等，都需要专门的技术力量来提供开发和运维服务，通常应采取服务外包的方式进行购买服务，学校的重点主要是校本资源的生产、平台的应用、教学实践的创新等。

2. 智能云服务的核心功能

从云平台的整体架构来看，智慧课堂智能云服务本身是一个以云技术为核心，多要素、多层次的完整体系。但从平台对智慧课堂教学的支撑和服务功能来看，智能云服务平台是以支持学校独立应用及师生教学为主的互联网平台，智能云服务的主要功能是将师生在教学过程中产生的数字化内容通过平台提供的空间及资源管理系统，实现内容的"收、存、管、用"；通过作业及动态评价功能，为学生开展课外学习，为教师提供学情实时测评和数据的即时反馈；并通过微课平台与课堂教学衔接，既可以实现辅助教学，也可以提供完整的在线课程学习等；通过平台的结构化实录功能，生成结构化教学视频和图文并茂的课堂实录文档，形成具有动画、声音、视频交互性的信息传播方式；同时平台还提供了丰富的教研教学工具，为师生提供了教师工作室及学生空间等。

智慧课堂智能云服务的支撑和服务体系如图 3-2 所示。

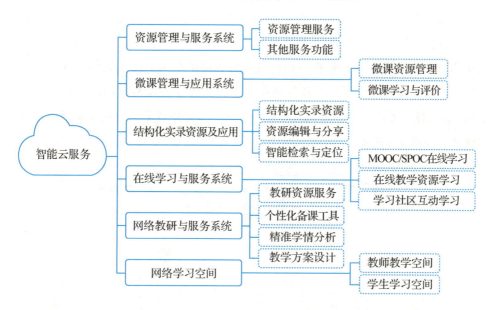

图 3-2　智慧课堂智能云服务的支撑和服务体系

二、资源管理与服务系统

资源管理与服务系统是智慧课堂云服务的核心应用系统之一。基于该系统用户可以方便地进行教学资源管理和操作应用，它支持元数据定义和管理、资源的权限管理、资源的版本管理、资源的具体操作、资源的检索、资源的聚合与关联、资源服务、资源的使用分析和统计查看等功能。在系统中支持用户对上传的资源进行预览、下载、删除、修改等相关操作。并且支持以专业类型、学科等方式进行模糊查询，还提供全文、分词检索，提供按照元数据的高级检索。

资源管理服务支持对校内结构化与非结构化数据的各种教育教学资源管理、开发与利用，适用于教学任务的非结构化数据，如 PPT、Word 等文档的"收、存、管、用"，并具有类似百度及传统的企业内容管理（Enterprise Content Management，ECM)系统对非结构化数据的管理与应用功能，从而有效地将学校的各类资源以及第三方资源进行有效地组织与管理，将学校的隐性资产转入显性资产，构建学校数字化"知识大厦"。

1. 基于 Web 的资源管理与服务

基于 Web 的资源管理平台是以校本资源为核心，具备强大的应用功能，可对海量文档、图片、音视频等各种电子文件资源进行整理与分类，通过 Web 浏览器操作，用户操作界面简洁友好、简单实用，提供文件的存储、管理、共享、检索、上传、下载等操作，全面替代过去长期使用的、难于管理的 ftp 文件服务器。这一资源管理服务方式，充分体现了新一代互联网技术的优势，如图 3-3 所示。

图 3-3　基于 Web 的资源管理与服务

基于 Web 的资源管理平台主要功能包括如下内容。(1)方便的资源上传与下载：基于 Web 的在线上传与下载功能，支持多种格式资源的单个及批量上传与下载；支持通过客户端进行上传与下载，如图 3-4 所示。(2)便捷的资源预览：支持包括 Word、Excel、PPT、TXT 多种格式的文档文件的在线全文预览，支持 JPG 等格式图片文件的预览；支持视频格式和音频格式文件的在线播放预览、点播。(3)快速的资源检索功能：支持按照资源的标题关键字对资源进行检索；在文本格式资源预览状态下，同时支持对文本内容按关键字进行检索。

图 3-4 资源上传与下载

随着移动互联网技术的快速发展和广泛应用，为教学资源管理提供了许多新手段、新方式。例如，基于二维码实现资源管理与服务功能，系统为所有资源提供二维码标签，通过二维码标签可以实现移动终端设备对资源的获取和下载，如图 3-5 所示。

图 3-5 二维码功能

2. 资源拓展服务功能

根据学校师生的实际应用需要，资源管理与服务系统还提供了其他拓展服务功能。(1)资源分类：支持按照知识点、专题、科目、版本、年级和资源类型等对资源进行分类管理、排列。(2)个人资源库中心：在个人中心对资源进行上传、分类、预览和编辑等。(3)资源分享：支持通过人人、QQ 空间、新浪微博、豆瓣等第三方平台对资源进行分享，还可以实现教师之间的资源分享与查阅，如图 3-6 所示。(4)资源评价：支持资源的文字评价和星级标分

91

等功能，在资源查看过程中还可进行实时同步笔记。(5)资源推荐：支持根据用户的使用轨迹向用户推荐相关资源。

图 3-6　资源分享功能

三、微课管理与应用系统

1. 微课资源管理功能

微课资源是信息化教学中最常用的教学资源，微课由于具有"短小精"的特点，十分方便用于信息化环境下的教学过程。因此，微课资源实际上已成为智慧课堂教学的核心资源。

微课是教师通过电脑、PAD、手机等录制工具，将围绕某一特定内容(知识点、习题、重难点内容等)的讲解电子化，由此形成短小、但内容完整的素材或微型课程。微课管理与应用系统是智慧课堂云平台的重要组成部分，实现对微课的教学应用与管理功能。教师通过使用教师端工具录制微课，微课的录制与上传通过终端"智能实录工具"软件实现。教师可以按学科查询已经上传到云平台的微课，可选择播放、编辑或删除微课。微课系统还可以与资源管理和服务系统、作业与动态评价系统等无缝对接，可以对微课进行订单管理、记录心得笔记、下载讲义等操作，还可以对微课进行评价、答疑、分享等。

随着人工智能等新技术的发展与应用，微课的录制、编辑、传输、存储和使用方式等都发生了变化，如课堂教学资源的结构化录制，移动终端的智能化实录，微课在课前、课中、课后教与学环节的全时空全过程应用等。因此，微课管理与应用提供了多样化微课资源管理与服务功能。从系统提供的微课服务内容和方式来看，微课管理与应用系统主要提供体系化微课、作业化微课、动态化微课等类型的微课服务，支持微课在线学习、笔记、评价和共享等服务。

2. 微课学习与评价

微课管理与应用系统中的微课工具在提供多种多样制作工具的基础上，支持以教学活动为主体和以课程为主体的双主体微课体系，其中以教学活动微课体系包括课前微课预习资料的推送，课后微课式布置作业、批改作业等；也支持教师就某一知识章节的内容制作富有内在逻辑体系的系列微课，这是以课程为主体的系列微课。微课学习应用与评价的主要功能包括以下方面。

（1）支持微课的分享、评价和分类查看。教师通过教师端的微课主页不仅可以看到每一个微课的总体观看人数、看懂人数、未看懂人数等统计指标，还可以利用系统中的统计按钮具体了解每个班级中的看懂同学和未看懂同学的具体姓名等指标，有助于教师了解每位学生的知识点掌握情况，从而进行针对性教学（图 3-7）。

图 3-7　微课评价和观看情况统计

（2）支持微课的自定义发送，可发送给全体学生、指定或错误学生。利用自定义发送，教师不仅可以对学生进行个性化的辅导，而且通过这一过程可以使学生感受到来自教师的积极关注，有助于提高学生的学习自信心（图 3-8）。

图 3-8　微课自定义发送

（3）支持多种发送方式，如布置作业、批改作业、发布公告，收到学生提问；使微课教学融入学生学习的全过程，做到微课教学无缝化，助力学生学习效果的提高。

（4）支持微课学习反馈，如看懂、看不懂、评价、点赞、收藏等功能。学生通过点击以上按钮，使微课学习结果即时反馈，达到评价反馈即时化，同时教师据此可快速了解学生的学习情况，及时调整教学目标和教学策略，进行针对性教学（图 3-9）。

图 3-9　微课学习反馈

（5）可查看班级微课、个人中心，以及学习中心的微课专题和名师中心，学生可以根据自己的需求按照记录、排序、学科、时长和标签等条件筛选出最符合自己当前学习情况的微课，进行针对性学习（图3-10）。

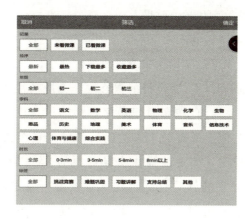

图3-10 微课筛选

（6）支持微课的下载、收藏和搜索等功能，方便学生移动学习，随时学习。

四、结构化实录资源

1. 结构化实录资源

利用智能语音技术、云计算技术和人工智能技术，在课堂教学过程中对教师的授课进行智能化、结构化实录与存储，系统通过实时记录教师授课过程中的关键数据，如PPT、重难点讲解等内容，形成结构化教学视频，并生成图文并茂的课堂实录文档，形成具有动画、声音和视频交互性的信息传播方式。

在智慧课堂教学中，结构化实录资源既可以通过全程教学实录形成完整的生成性课程资源，也可以选择部分重点环节或重点内容进行智能化实录，形成结构化实录资源。通过课堂教学实录，突破时空限制，辅助教师进行课堂教学情况的回顾、分析、研讨；通过对学校教师全程课堂教学实录资源数据的采集和处理，帮助教学管理者对授课质量进行评价管理。

2. 资源实录、编辑与分享

通过一键实录，形成包含视频、文本和大纲的结构化资源，同时在智能语音技术、人工智能等技术辅助下，结合知识点自动预测引擎将资源进行知识点、关键词等信息自动标注，可以伴随式形成体系化的结构化课程资源。让学生可以在课后根据需要有针对性地学习对应知识点的视频，促进学生个性化学习，提升学习效率和学习效果。

对于实录的结构化课程资源，教师可在资源列表页面点击编辑按钮，对资源名称进行修改，也可对结构化实录资源进行分享、下载与删除（图 3-11）。支持对自动语音识别转写的文字进行编辑修改，支持从视频中点击"截屏"将当前页面截取作为"关键帧"按照时间顺序自动插入到已有的大纲中。支持将结构化课程资源上传至教师的个人空间，教师可在个人空间中对实录内容进行管理分享并使用，实现结构化实录资源的"收、存、管、用"；学生也可在线学习教师分享的针对性结构化课程资源。通过教师用户的分享，可以实现资源在云端汇聚到学校，积累形成学校校本资源库，打造学校的特色课程资源。

图 3-11 结构化实录资源分享

3. 资源智能检索与定位

教师可在个人空间以时光轴的形式查看所录制的结构化实录课程（图 3-12）。针对转写的文本内容可实现自动分段、重点标注、检索定位。生成的结构化实录课程在播放时可实现文字同步；点击文字或大纲图片时，视频自动定位到对应的视频位置进行播放。视频与文本实现动态同步，重点语句以红色标记，点击文本、PPT 可实现视频的快速定位。同时支持视频的智能检索，用户可在搜索框中输入文本或点击语音按钮，说出搜索的关键词，实现对视频内容的全文搜索，可按搜索结果进行视频定位。

图 3-12　教师端结构化页面

五、在线学习与服务系统

在线学习与服务系统是以"资源""平台""服务"为一体进行构建的，是以教学资源为基础，集教学资源管理、教师课程设计、网上教学、学生学习、教学评价于一体的数字化教学平台。该平台基于资源中心，实现资源的快速上传、检索、分享和归档，同时又能利用平台资源进行课程教学、题库、作业库和试卷库等素材资源建设，方便教师和学生开展网上教学。该平台的建设与应用包括两种基本类型，即提供完整的在线课程学习（MOOC/SPOC）和辅助课内教学的资源性在线学习，后者又包括在线资源自主性学习和学习社区互动学习等方式。

1. MOOC/SPOC 在线学习

MOOC 是基于将在线学习、社交服务、云计算、大数据分析等理念和技术融为一体，实现大规模多面向的实时信息交流和互动，为学习者提供大规模开放在线课程学习平台。MOOC 平台具有以微课为基本教学单元、嵌入式练习与测评、基于大数据分析决策和依托网络社区的互动交流四个方面特点，在各类教育中均有广泛应用。在基础教育领域，MOOC 是继班级授课制以来最重要的教学方式变革，其主要作用体现在对课堂教学的支持，包括提供生动、多元、高质量的教学资源，提供高质量的教师培训资源，以及借用MOOC 课程论坛模式，建立学习社群，促进同辈互助学习等。

98

近年来，随着国内外对 MOOC 的开发应用和研究的不断深入，在线开放课程学习走向后 MOOC 时代——回归实体校园和课堂教学，尝试 SPOC，即针对校内的学生设置的校本 MOOC 模式，利用 SPOC 开展线上课程学习与线下面对面的教学相结合，基于 SPOC 实施翻转课堂教学。[①] SPOC 利用在线教学资源辅助传统校园课堂教学，实现了实体课堂与在线教学的融合，是一种完全的混合式教学，更符合学校教学实际需要。

在线教学平台为学校提供专属的校本 SPOC 平台，以学科和课程进行划分，针对各学校的自身需求和培养目标，建设具备校本特色的 SPOC，实现在线学习与智慧课堂的有效融合(图 3-13)。学校在线教学平台以校内教学活动为中心，为用户提供线上与线下相结合、课内与课外相结合的教学服务，是学校智慧教学的关键组成。基于学习管理系统（Learning Management System，LMS)构建学校 SPOC 在线教学平台，打破教学时空的限制，实现处处能学、时时可学。

图 3-13　在线教学示意图

2. 在线教学资源学习

建立在线教学资源学习支持系统，支持自主学习资源的推送、下载和学习，用于学生学习、补习和拓展学习等环节，有利于巩固和增强课内学习效果，同时加强学生数字化学习兴趣和习惯的培养，提升学生自主学习能力。

① 康叶钦：《在线教育的"后 MOOC 时代"——SPOC 解析》，载《清华大学教育研究》，2014(1)。

在线教学资源学习支持系统的主要功能包括以下几个方面。

（1）支持教师推送课件、教案、学案及音视频等学习资料，学生按需学习（图 3-14）。

图 3-14　学习资料精准推送

（2）支持学习资料本地下载，方便学生离线观看、泛在学习（图 3-15）。

图 3-15　资源本地下载

(3)利用课堂笔记，加深对知识要点、盲点的温习与领悟(图 3-16)。

图 3-16　教师课堂笔记随时观看

(4)支持学生利用在线资源进行预习、补习及拓展学习。

3. 学习社区互动学习

建立在线学习社区，为学生提供学习社区讨论、论坛和信息交流平台，促进学生相互激励学习，帮助学生解决自主学习时的难题和疑问。

(1)由问答圈和分享圈组成的学习社区，为师生提供实现课前、课中、课后立体化交流互动的虚拟学习环境，实现泛在学习(图 3-17)。

图 3-17　学习社区互动学习

（2）问答圈以在线提问和在线回答的方式将师生、生生圈连在一起，开拓学生解题思维，促进师生、生生交流互动，真正实现随时随地答疑解难（图 3-18）。

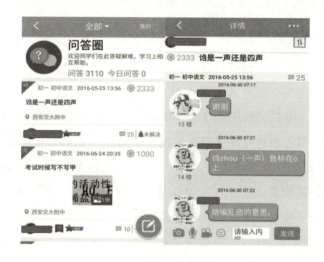

图 3-18　问答圈界面

（3）分享圈支持师生相互分享优质学习资源、见解、班级校园新闻趣事（图 3-19）。

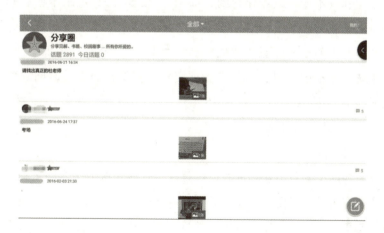

图 3-19　分享圈界面

六、网络教研与服务系统

网络教研与服务系统根据教师日常教研教学工作流程，为教师提供"备、教、练、改、辅、管"的全流程、全场景服务，以及所见即所得的备课教研服务、教研资源服务、教学反思评价服务，帮助教师通过全方位的教研教学，促进教师的专业成长和智慧发展。

1. 教研资源服务

智慧课堂智能化服务平台通过互联互通可实现将国家、区域、学校的资源平台的已有优质资源导入教师终端，在授课中实现常态化应用。基于智能云服务平台建立专门的教研资源库，可覆盖全国主流教材版本，并提供视频、动画、文档、图片和声音等多种格式的配套资源。教师可以获取"通用资源""本地资源""校本资源""备课本"等，支持将资源拖拽至教材对应位置，实现备授课一体，并精准推送各种富媒体资源，同时可将已经下载完成的资源或教师自有资源呈现在资源库中，供教师预览或一键拖拽到课本中使用。

其中，"通用资源"优先获取资源中心推荐的授课包整课资源，匹配教师当前打开的课本章节，将优质资源以"课件、教案、习题、素材、微课"五类推送呈现到教师面前，查看资源详情（包括上传者、资源上传日期、资源大小、资源简介）和预览，便于用户初步了解资源内容、给资源评分，并将资源分享到学生和校本库，或者保存到备课本。"校本资源"展示本校教师分享到学校的资源，教师分享资源时同步选择教材章节，分享成功后资源直接与课本章节相匹配，便于教师更快捷地找到校内共享的资源。"备课本"中包含教师个人上传到云端的素材、课件等备课资料，资源按照上传时间顺序排列展示，教师按资源格式筛选，展示 PPT、Word、图片、视频、音频、Flash、PDF、Excel 格式的授课文件。

2. 个性化备课工具

基于资源库中的各类教学资源，智慧课堂智能化服务平台除了提供移动教学终端资源应用外，还提供融合资源与工具的 PC 端备课软件，实现备授课成果的汇聚。基于电子课本，提供覆盖全学科的数字教材，方便教师将资源与课本内容进行有效结合；基于互动课件，为教师提供了资源推荐、互动卡片、个性化出题等高效实用的备授课功能，同时软件汇聚了十余种教育类应用工具，帮助提高教师备授课效率；基于个人备课本，提供个性化备课工具，无缝衔接资源库中的电子资源和教师积累的教学资源，制作匹配个人教学习惯的电子教案。

电子课本备课内置纸质教材的配套资源，包括视频、动画、文档、图片和音频等多种格式。资源预置在课本/课件中合适的位置，根据教师需求任意移动位置，实现多媒体教学资源与授课的重难点对应。课件备课内置交互式课件制作工具，引入先进的教学流程设计理念，实现以流程大纲为模板的课件制作备课模式，支持从教学活动设计、课件制作、教案设计一体化的操作，为教师提供高效、个性化备课工具。个人备课本自动汇聚重要备课成果、添加本地资源等，以及自主分类收纳拓展类/总结类资源。教师能够自主删除和编辑备课本中存储的资源，或将资源上传至云端备份。

3. 精准学情分析

教师通过智慧课堂智能化服务平台了解学生的学情，来进行相应的备课活动。教师通过有针对性地设计预习内容，制作和提供预习资料，用于学生的预习活动，并通过预习测试的发送与反馈，学生做完预习测试题后将其结果上传至智能评价系统，系统完成评价分析后，自动输出评价结果，可以以表格、条形图或饼形图等多种方式来呈现。在得到这些评价结果的基础上，教师和学生、学生和学生之间可以通过智能终端进行针对性的沟通、交流和讨论，从而全面了解学生的预习情况。根据预习结果反馈、历次考情及学情追踪，以及班级共性错题和薄弱知识点的情况，实现对学情的精准分析，使教师备课突破了传统的备课程、备经验的局限，促进精准化备课。

4. 教学方案设计

教学方案设计是根据课程标准的要求和教学对象的特点，将教学诸要素有序安排，确定合适的教学方案的设想和计划，一般包括教学目标、教学重点、教学方法、教学手段、教学步骤和时间分配等基本环节。智慧课堂的教案设计，是为了意义构建学习而设计教学方案，要围绕如何让学生学得更有效来设计和组织教学，要基于信息化环境来设计教学。智慧课堂智能化服务平台为教师在备课初期提供了三十多种授课模式，教师可选择适合的模式自动生成活动流程，支持对预设的活动流进行二次调整，活动流纲要与课件大纲导航信息同步，强化制作课件的步骤，素材、课件、习题等相关备课资源自动推送，个性化课件备课相关内容自动在教案中生成，将教学活动设计、课件制作和教案撰写紧密相连，实现备课和教研一体化。

七、网络学习空间

智能云服务平台为师生提供了个性化网络学习空间。师生个人空间按照角色的需求进行服务设计，对服务内容进行精心组织，通过服务列表、智能汇聚等多种模式，为用户提供一站式、全生命周期、主动式、个性化的服务，使得各类用户能够便捷地获取到系统深层的资源和服务，提高系统使用效率。

1. 教师教学空间

为每位教师提供一个个性化的教学空间，实现空间栏目的自由定义，文字、图片、视频等多种媒体信息的发布、直播，个人教学资源的订阅、管理与推送共享，留言评论、群组、互动交流等，形成个性化、多功能的网络教学教研服务环境，超越传统时空局限，为教师的教学、自身学习研究和学生学习提供各种便捷和服务。

(1)丰富个人知识空间，将隐性知识转化为显性知识(教师成长记录)：进一步丰富了个人知识地图，如教案、教学设计、教学研究、精彩课堂等可以作为个人系统知识存放在个人知识空间，各类随笔、日常与同事的交流、问答等进一步丰富了教师个人知识地图。

(2)更广阔的讲台：为教师突破学校班级以及所教课程限制，在一个更大、更开放的空间展现个人才华，为更多的人服务。

(3)资源获取与创造：教师在充分享有资源的同时，可以不断创造资源，实现了 Web 2.0 的精髓，即"人人皆内容"。

(4)沟通与交流：突破了空间与时间的限制，可以在一个更广泛的空间范围内与更多的对象进行交流。

(5)个性化教学：通过群组建设，可以方便地进行分层教学，以及针对特别的学生采取完全个性化教学。教师也可以根据个人特长与兴趣爱好，组建网上学习团队，充分实现个人价值，成就有特长有梦想的孩子。

2. 学生学习空间

为每个学生提供个人学习空间，学生可以在自己的学习空间里主动构建高度个性化和私密性的个人学习中心，围绕学习和生活的需要，把分离的并有利于学习的资源、资讯、工具和服务等聚集起来，方便管理和使用。同时，空间又是开放和共享的，学生可以总结、反思其学习经验，搜集和分析学习资源，与他人进行交流及进行学习实践活动(图 3-20)。

(1)实现网络学习空间人人通：构建个性化学习空间，学生可以在此空间主动学习，获得个性化指导与个性化交流。学生不仅可以通过"微课中心""问答圈"以及名师分享获得各类优秀资源，而且可以实时沟通，获得更好的指导。

(2)学生个性成长记录：学生可以将自己的各科成绩，学生本人的各类作品、作业、学习心得、作文，来自与教师、同学、家长的各类评价以及日常沟通，甚至相册全程放入个人空间，组成内容翔实的全程成长记录。

(3)开展团队活动：学生不仅可以根据自己的兴趣爱好选择参加各类团队，而且可以组建自己的团队。

(4)拓展发展空间：通过平台，学生打破了原有学校、班级的限制，可以获得更好、更公平的教育资源，以及更广泛的发展空间。

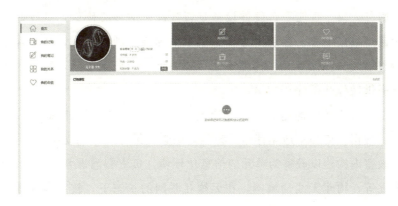

图 3-20　学生学习空间示意图

▶ 第三节　教室智能平台

一、教室智能平台构建

教室智能平台是智慧课堂智能化服务平台的三大核心组件之一，推动智能技术为课堂教学赋能，实现智能技术与课堂教学的深度融合。智慧课堂的信息通信、数据汇聚、知识管理等智能化支持服务由教室智能平台来实现。教室智能平台支持多种无线通信技术，教师和学生可以通过多种移动设备、多操作系统，在无须互联网的状态下，实现任意点对点的通信与交互，节省大量互联网资源的占用，当连接互联网时，可以实现教室的跨越空间的直播。通过构建课堂内的通讯中枢、数据中心、能力中心和控制中心，收集教师终端和学生终端的课堂全景数据，在智能技术的支持下，完成数据的存储、传输和处理，进行数据分析、数据挖掘和知识化加工，将课堂资源、教学评价和大数据精准推送的结果呈现给课堂内的师生。

二、教室智能平台架构

教室智能平台包含智能平台服务和智能平台硬件设备。智能平台服务为智慧课堂提供数据支撑和通信支撑，同时作为智能云服务的数据入口、通信入口和服务入口。智能平台硬件设备是智慧课堂的核心硬件，是教室智能平台作为课堂数据中心、控制中心和通讯中枢的最终硬件呈现，其包含完整的硬件处理单元、存储单元、传输单元、控制单元和通讯单元，为课堂智能平台服务提供硬件基础(图 3-21)。

在教室智能平台构建的课堂智能化服务环境下，实现无障碍交互、跨平台互动、数据上传和本地化存储、智能化课堂实录等一系列功能。主要包括：可以在教室内构建以教室为单元的信息化环境，负责智慧课堂的运算、存储、网络收发等；构建无线局域网，在无须互联网的状态下，教室内的教师和学生可以实现点对点的通信与交互；实现跨平台多屏互动，可以支持多种移动设备(同时支持 Android、iOS、Windows 等多种操作系统)的互通互联；在教室联通了互联网的条件下，可实现课堂远程在线直播；实现本地化存储和计算服务，可以方便直接地将即时录制的当堂授课内容进行本地化存储，同时完成动态评价的数据分析计算工作等。

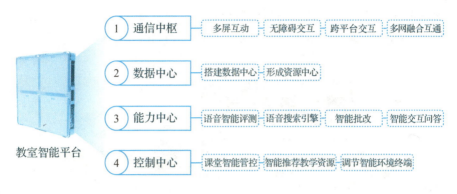

| ① | 通信中枢 | 多屏互动 | 无障碍交互 | 跨平台交互 | 多网融合互通 |

| ② | 数据中心 | 搭建数据中心 | 形成资源中心 |

| ③ | 能力中心 | 语音智能评测 | 语音搜索引擎 | 智能批改 | 智能交互问答 |

教室智能平台

| ④ | 控制中心 | 课堂智能管控 | 智能推荐教学资源 | 调节智能环境终端 |

图 3-21　教室智能平台的功能架构

1. 通信中枢

教室智能平台可以在教室内无网的环境下构建无线局域网。无线局域网（Wireless Local Area Network，WLAN）采用无线技术在空中传输数据、语音和视频信号，是计算机网络与无线通信技术相结合的产物，应用无线通信技术将计算机设备互联起来，构成可以互相通信和实现资源共享的网络体系。它采用无线传输方式提供传统有线局域网的所有功能，从而使网络的构建和终端的移动更加灵活。云平台的资源通过教室智能平台并最终同步到课堂内的多种教学终端和环境终端，且在无须互联网的状态下，实现任意点对点的通信交互与数据处理，节省大量互联网资源的占用，当连接互联网时可以实现教师跨越空间的直播和各类教学资源分享和推送。

教室智能平台采用了先进的多屏互动技术。多屏互动是指局域网或广域网内的智能设备之间能对共享的多媒体资源相互推送至屏幕并播放的技术。局域网内可以实现智能设备的互联互通和资源共享，也能将局域网内部的智能设备拓展到广域网中，实现三网融合的应用场景，在网络层次上实现互联互通，形成无缝覆盖，为用户提供更加多样化、多媒体化、个性化的交互服务。

教室智能平台具有同时支持 Android、iOS、Windows 等多种操作系统，实现多平台之间点与点的跨平台交互及多平台点与教室智能平台的交互。在智能平台构建的教室无线网络环境下，支持将教师的平板设备屏幕实时无线投射到教室内的投影仪、大屏幕与学生手持设备，正常教学活动包括 PPT 动

107

画和视频的正常播放、任意书写、白板讲解、图片批注、实物投影、作业讲评、随堂测试、微课录制等，保证无线投屏正常应用(图 3-22)。

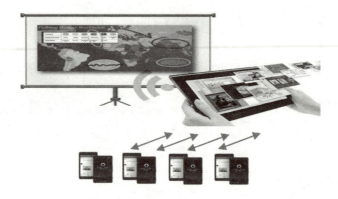

图 3-22　支持跨平台交互

除此之外，随着 5G 网络技术的发展，引入移动互联网技术和物联网技术，结合射频识别技术(Radio Frequency Identification，RFID)、蓝牙技术 (Bluetooth)、Wi-Fi 等无线通信技术，教室智能平台加强智能感知的关键设施建设，实现多网融合互通和 PC、PAD、答题器、Phone、智能麦克风等智能终端的信息交互，构建网络化、感知化和泛在化的通信中枢(图 3-23)。

图 3-23　多网融合互通

2. 数据中心

教室智能平台提供方便的数据、资源上传和本地存储功能。搭建数据中心，通过数据汇聚、存储和加工，集成人工智能技术，支持非结构化数据存储和计算，提供数据统计服务和数据挖掘模型的计算服务，其中在数据处理环节，当前应用比较广泛的数据处理平台有 Hadoop、MapReduce 和 Spark等。[1] 形成资源中心，结合智能推荐引擎，能够有效支撑知识学习、技能训练，并能够通过动态构建知识图谱，不断完善资源的各类属性，实现智能资源中心的结构化、层次化和系统化，促进资源中心智能优化升级。在教室智能平台环境下，教师在使用移动终端进行教学时，通过智能平台可将电子课件(图片、文档、PPT)无线投射到教室的显示设备上，并在电子课件上任意地进行翻页、书写、插入白板与推演、PPT 与动画播放等功能。同时，智能平台将课堂教学全过程的交互数据记录下来，上传至智慧课堂云平台，并形成课堂报告。教室智能平台支持在无网络的情况下，将数据暂时储存于本地，网络接通后，会自动上传对应数据，确保教学数据不会丢失(图 3-24)。

图 3-24　数据上传和本地化存储

3. 能力中心

教室智能平台提供了课堂教学信息感知能力和一定的认知能力。基于课堂教学数据的感知、采集和汇聚，利用人工智能技术进行挖掘分析，提供智慧课堂教室智能平台能力服务。涉及主要技术包括图像识别、图像理解、视频识别、语义理解、情感分析、生物特征识别等，让机器感知和识别文字、语音和图像，而且能够读懂文字、语音和图像的内在含义，体现了感知智能和认知智能的特性，主要应用有语音智能评测、语音搜索引擎、智能批改、智能交互问答等。如智能实录系统，教师在教室中携带智能麦克风贴近班级

①　杨现民、张昊、郭利明等：《教育人工智能的发展难题与突破路径》，载《现代远程教育研究》，2018(3)。

内的智能平台感知设备，就能实现身份自动识别和账号的自动登录。通过智能麦克风的按钮，一键开启录制后就能实现教师授课屏幕、声音的录制，同时实时地将教师的讲解内容转化为文本并同步显示，形成结构化实录资源。结构化实录资源是依托教室智能平台的语音识别引擎、语义理解引擎和知识点预测引擎等服务，在实录过程中，实现全学段、全学科语音实时转写，支持在字幕上实时显示转写的文字，支持字幕高度、字体、样式、位置自由调节，如图 3-25 所示。

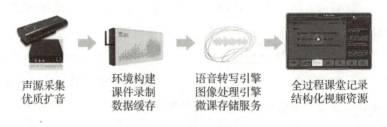

声源采集　　　环境构建　　　语音转写引擎　　全过程课堂记录
优质扩音　　　课件录制　　　图像处理引擎　　结构化视频资源
　　　　　　　数据缓存　　　微课存储服务

图 3-25　智能实录系统

4. 控制中心

教室智能平台应用机器学习和深度学习算法，结合自然语言理解、大数据/统计分析、规划决策等智能技术支持，智能推荐教学资源，调节智能环境终端，实现课堂智能管控，为教师提供实时动态学情分析服务，帮助教师调整教学策略，为学生提供智能学习环境。如教室智能平台通过语音识别技术、自然语言处理技术，自动识别教师教学管控指令，教师语音发出"上课"指令后，教室智能平台可自动实现对学生智能终端的"锁屏"处理，同时打开智能麦克风、摄像头，调节灯光、音响等智能环境设备，为师生提供智能教与学环境。

▶ 第四节　智能端应用工具

智能端应用工具是智慧课堂的前端应用设备。智慧课堂智能化服务平台基于物联网、云计算、大数据、人工智能信息技术，实现了"云—台—端"的一体化，其终端应用工具是实现师生智慧课堂教学应用的基本手段。课堂教学中的所有信息化支持系统可以通过智能客户端访问，智能客户端的数据通过教室智能平台最终与云端服务器数据对应，智能客户端所有数据的修改和变化都会同步在云端服务器，来实现各类教学应用。端应用工具主要包括教师端和学生端，必要时也可配置管理端和家长端，用于教学管理和家校沟通。同时，智慧课堂教室还应包括智能环境端，用于环境信息的感知和采集应用。

一、教师智能端

教师智能端是教师进行智慧课堂教学的基本工具，包括硬件设备和软件工具。硬件设备包括PC、平板、智能手机、麦克风、可穿戴设备等固定终端或移动终端，软件工具即根据智慧教学应用需要研发的多终端设备应用工具软件，包括微课制作与学习、课堂互动、作业与动态评价、资源智能实录等工具。

教师智能端工具能够为教师提供全场景教学服务，提供了极为丰富的教学功能（图3-26），在提高教师教学效率的同时，实现了个性化教学和辅导，是实现智能、高效课堂的必备工具，真正实现了信息技术和课堂教学的融合，为课堂教学带来革命性变革。

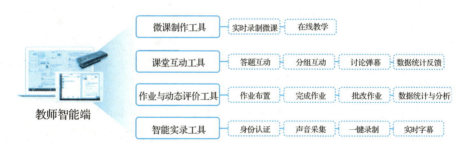

图 3-26　教师智能端应用功能

1. 微课制作工具

微课制作工具是通过云计算、移动端等多项技术融合，应用于固定终端（PC）或移动终端（PAD、手机）的在线教学工具和微课制作工具，实现方便的授课和微课录制功能，为教师提供集"上课、辅导、教研与微课制作"于一体的移动教学终端设备。主要功能包括：支持各种教学资源的网络下载、本地上传、拍照、视频、二维码的方式导入；支持课堂教学过程中实时的微课录制，并一键完成；支持 PPT 内动画、视音频的播放；支持随机插入白板；支持教学过程中添加板书、标注功能，并能保留以供查看等。

2. 课堂互动工具

课堂互动工具可以帮助教师发布各种课堂任务，让全体学生或学习小组来完成，在全体学生或学习小组完成后，教师可以第一时间获得所有学生的准确数据报告，让教师动态调整教学进度和重点，提高课堂效率。课堂互动工具的主要功能包括：支持与课堂应用无缝连接；支持以客观题和主观题方式布置课堂任务；支持客观题答题卡自动生成、拍照回答主观题；支持调用作业平台作业内容；支持拍照所见即所得等方式布置课堂任务；支持全体学生或者学生分组互动；支持课堂任务结果统计和统计详情查看等。

3. 作业与动态评价工具

作业与动态评价工具是集作业布置、完成、批改、数据统计与分析、微课录制等功能于一体的创新工具。该系统包括任务模块、数据统计与分析模块、微课模块、错题集和家校联系等模块，每个模块都有相对应的功能，教师可以利用作业工具布置作业、批改作业、查看统计分析数据、制作和推送微课、家校联系等。通过这些模块可以实现课前、课中、课后的电子作业，而且完全不需要改变传统的作业完成习惯，只是加入了拍照这样一个步骤，就能实现全面、细致、精准的数据分析，直观地展现学生对知识点的掌握情况，真正实现以学定教的目标。

如作业模块提供了出题与作业发布功能：支持答题卡出题、题库出题和朗读作业三种模式，方便教师自由选择(图 3-27)；支持多种题型，包括选择、判断、填空、简答、语音，以及英语口语自动评测题；提供多种题目上传方式，包括拍照、相册、素材库和音频库；题目分值智能设置，支持教师手动修改分值；支持作业发布方式设置，包括立即发布、定时发布、保存草稿；支持作业截止时间、答案发送时间、班级选择设置；支持快速制作答题卡，客观题自动生成答题卡，主观题支持拍照上传和语音上传。

图 3-27 题库出题(左)、自主出题(中)和朗读作业(右)

作业模块为教师提供了作业批改功能:教师端作业自动按未批改和已批改分类,并自动显示学生作业提交情况,方便教师了解情况和批改作业;支持按人批改和按题批改两种批改模式,方便教师按需选择;支持多种批改方式,包括教师自批、学生自批、班级互批、小组长批、组内互批,增强师生互动学习;支持客观题系统自动批改,主观题教师手动批改,语音题自动评测,手动批改不改变教师原有批改习惯;支持教师手写打分系统自动识别,支持教师原笔迹批注;支持作业批改结果多样式反馈,包括一键打回、订正、典型作业收藏、优秀作业分享、点评等方式(图 3-28)。

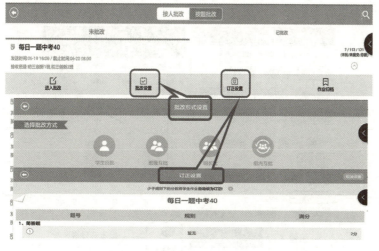

图 3-28 批改形式和订正设置

系统还提供了微课式批改功能，支持教师微课式批改作业，记录作业批改过程，方便教师回看或分享（图 3-29）。

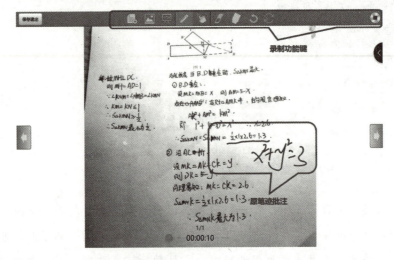

图 3-29　微课式批改

系统提供了完备的错题集功能，将学生日常作业和考试中出现的错题进行汇总整理，生成错题分析报告，清晰直观地展现了学生学习过程中的疑难点和薄弱点，方便教师有针对性地教学和学生个性化学习。如教师端可进行错题分析：支持错题汇总；支持按日期、题型、错误率等进行筛选分析，方便教师查看班级学生试题错误分布情况，进行归纳、总结与讲解（图 3-30）。

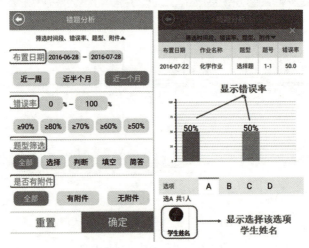

图 3-30　教师端错题分析

系统提供了完善的数据统计功能，涵盖课前导学数据统计和课后作业数据统计，并提供了直观丰富的图形展示界面，让数据更加一目了然，条理清晰。例如，支持教师端的作业数据总体统计，包括作业整体质量、作业完成人数；支持教师端的成绩导出功能，包括本班成绩和所有成绩的导出（图 3-31）。

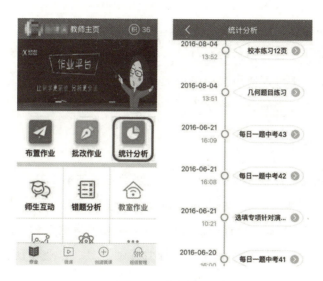

图 3-31　数据统计

4. 智能实录工具

　　智能实录工具是对智慧课堂结构化课程资源进行智能化实录和播放分享的终端应用工具，硬件可以是实录系统、智能麦克风、智能手机等多种类型。智能实录工具其硬件模块由智能麦克风和教室智能平台组成。智能麦克风是智能实录工具的核心组成部分，可轻松实现教学视频的一键录制。智能麦克风与教室智能平台靠近即可进行身份认证。通过与智能实录服务通讯完成教学过程的一键录制，并在录制过程中实现声音采集。在录制过程中呈现实时字幕、录制授课屏幕（图 3-32）。与教室已有音响系统配合，即可满足日常授课的移动扩音需求。结束录制时将会生成包括视频、文本、关键页面在内的结构化微课，并自动上传至教师个人空间。

图 3-32　智能实录工具使用过程

需要说明的是，虽然智能实录工具主要用于教师对智慧课堂结构化课程资源进行智能化实录、播放和分享，但实际上也可用于学生学习、管理者评价等场景，如学生可以使用智能实录工具对分组学习、课堂讨论和课后学习等场景进行学习过程的实录和分享。

二、学生智能端

学生智能端是智慧课堂中学生进行智慧学习的基本工具。学生智能端的硬件也可以是平板、智能手机、可穿戴设备、纸笔录入工具等智能移动终端或家中的 PC 固定终端，软件即根据智慧学习需要研发的多种 App 学习软件。学生端为学生提供了微课学习工具、课堂互动工具、作业与动态评价工具、智能手写工具等。

学生智能端为学生提供了功能齐全、使用方便的学习工具(图 3-33)。学生可以利用学生智能端进行微课的学习、接收并管理任务(作业)，直接完成作业，进行师生交互、生生交互，查看可视化的成绩分析报告等，使得传统的基于纸质课本和纸笔工具的学习转变为利用数字化资源和平台的学习，从传统的主要在课内时间的面对面交流转变为全时空、立体化的互动交流，学习方式发生了革命性的变化。

图 3-33　学生智能端应用功能

1. 微课学习工具

微课学习工具为学生提供了一个利用智能终端进行微课学习的平台，学生可用智能端工具查看任课教师推送的微课，也可关注其他教师，甚至课外的微课学习资源。点击可直接学习微课，可查看全部微课；可按课程搜索目标微课；微课观看结束可进行评价、发表评论等。

2. 互动工具

学生智能端互动工具的互动功能对应教师端的相应功能，主要包括两部分：一是接收任务，接收教师发送的提问；二是完成任务，回答教师发送的提问并提交。学生在课堂上接收到教师的提问，可在线查看题目、作答与提交。学生接收教师布置的随堂检测题，客观题可直接在线作答，主观题可拍照上传答案等。

3. 作业与动态评价工具

作业与动态评价工具，包含任务模块、数据统计与分析模块、错题集等。任务模块主要提供做作业的功能，包括学生可以查看自己作业的完成情况和得分情况；可在线作答题目，直接在线选择客观题的答案，拍照上传主观题的答案，语音题和英语自评测试题直接录音发送即可。数据统计与分析模块：学生利用学生端完成教师布置的作业，平台自动统计作业提交情况与作业成果，生成基本作业成果和成绩报告、排行榜等。成绩报告包括基本作业成果、班级名次曲线图、答题详情、教师批注，以及针对错题向教师在线求解；排行榜可查看今日、本周、本月及全部作业得分排名。错题集可以按照学科和知识点查询错题；可以通过拍照添加错题；可重新编辑错题知识点或删除错题。

系统为学生的作业答题提供了方便的工具手段，例如，学生端作业按照全部、待做、已做进行科学归类，方便学生进行查看和完成作业，不会产生遗漏；支持多种答题方式，客观题答题卡选择，主观题手写后拍照上传，语音题录音后上传，主观题不改变学生原有的手写答题习惯，方便学生答题（图 3-34）。

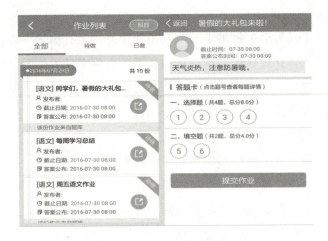

图 3-34　学生端查看作业

　　学生端的错题分析也具有强大的功能，可以支持学生错题自动归档，外部错题手动导入，使错题分析结果更具全面性（图 3-35）；支持按学科与知识点分类整理、错题集 PDF 导出与一键打印，方便学生后续错题查看与进一步巩固练习（图 3-36）。

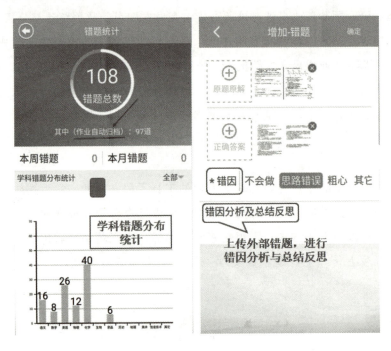

图 3-35　学生端错题分布统计（左）和外部错题导入（右）

图3-36　学生端错题学科归类

系统为学生端提供了成绩报告和统计分析功能。例如，支持学生端查看成绩报告，包括主客观题分数、批改详情等；支持学生端查看班级排名曲线图和排行榜等（图 3-37、图 3-38）。

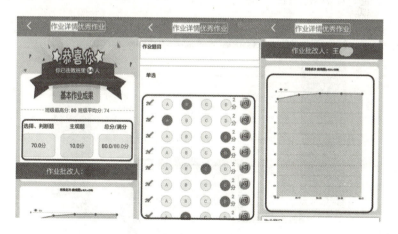

图 3-37　学生端成绩报告详情

4. 智能手写工具

智能手写工具是利用智能书写板和相应的移动应用软件，提供学生上手即用、快捷方便的手写工具，学生利用智能书写笔在纸上进行实时或者存储

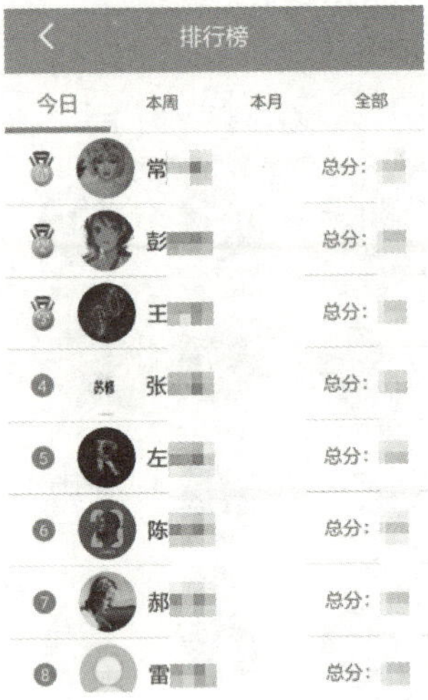

图 3-38　学生端学生排行榜

记录的时候，能精确记录学生所书写的内容并即时将所有内容转化为与纸质记录完全一致的电子记录，巧妙地解决了学生大量学习过程，特别是主观题电子化记录的问题。并可与电脑、电子白板、投影机、大屏幕等其他设备整合，实现纸笔直播展示（图 3-39）。

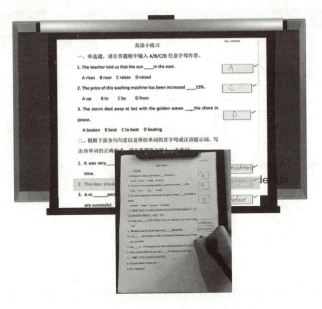

图 3-39　基于智能手写板作答主观题页面

智能手写工具通过整合交互式电子白板、电脑、投影机、平板电脑等教学设备，结合智能手写板和移动应用软件，构建以智能纸笔终端为特色、围绕课堂教学主场景，提供全程教学资源服务与数据记录分析服务。智能手写工具基于纸笔常规书写，自动形成学习数据汇聚，不改变学生手写习惯，可以将学生的主观题作答情况在屏幕上直播显示，老师可以选择任何一个学生或者两个学生进行纸笔直播作答，避免了烦琐的学生上黑板作答的过程，学生在座位上就可以将作答过程同步到屏幕上，而且书写内容可回放，为老师了解学生答题思路，检验教学成果提供了有效的工具(图 3-40)。

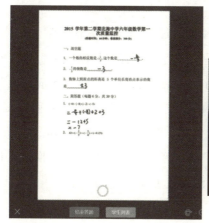

图 3-40　直播小卷子页面

需要说明的是，智能手写工具既可以作为独立的终端设备，也可以与平板、电子书包等其他移动终端设备集成起来，形成新的智能学习终端，如我们正在研发的"Smart Cover"移动端工具，正成为智慧课堂 3.0 的新一代智能学习终端产品(图 3-41)。

图 3-41　Smart Cover

三、管理智能端

管理智能端是学校管理人员进行智慧课堂教学管理的基本工具，是智慧课堂端应用中可选配的工具。管理端可以独立配置，也可以在教师端中加载相关软件，使教管融为一体。管理智能端的硬件既可以是平板、智能手机等智能移动终端，实际上也可以是桌面 PC，而软件即根据课堂教学管理需要研发的多种移动 App 软件或桌面应用软件。管理智能端为管理者提供了学生行为管控工具、课堂教学质量管控工具和班级管理工具等。

1. 学生行为管控

授课过程中，教师等课堂管理者可通过管理智能端查看学生在线状态，并根据实际授课需要，对学生智能平板进行实时管控，保护学生智能端使用安全，打造绿色的学习环境。支持对学生端按学校进行第三方应用上架、管控网站白名单、设备功能，包括相机、蓝牙、USB 连接、远程恢复出厂、GPS、发送消息，对学生端进行便捷锁屏、解屏、查看学生状态，提供 UGC 内容监管服务，不挂接游戏、广告、推广等不良（娱乐）应用和推广入口，实现课堂秩序的有效管控，让学生智能终端成为真正的"学习机"。

2. 教学质量监控

管理智能端支持管理者对教师教学质量和学生学习质量的监控，从管理平台上，可以清晰地了解教师为学生布置作业、推送微课及素材的详情，查看学生进行课前预习、课中随堂检测和课后完成作业情况，以及有关测评数据统计分析结果，为教学管理者的决策提供数据依据。

例如，教学质量监控系统提供了强大的教学质量数据统计分析功能，根据统计模块采集的数据进行数据模型分析与再加工，站在教学的角度对学习成果进行统计分析，计算出整体微课学习质量、成绩统计等，并将结果推送给前端的教师与学生，实现对教学过程的质量把握或反馈调控(图 3-42)。

3. 班级管理

依托实体班级构建班级圈，展示音频、视频、图片、PPT、Word，发通知、发任务、晒优秀作品、分享资料、难题讨论。发布课后任务、通知，支持学生在线提交任务并表达想法，为师生深入互动交流创造便利的平台，塑

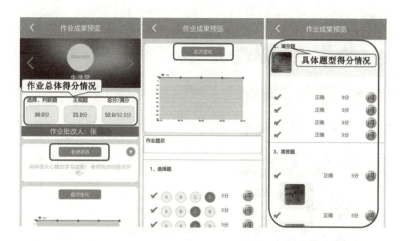

图 3-42　学习成果统计分析

造班级文化；教师或管理者可以查看所有的授课班级和学生名单，针对学生在校表现进行表扬批评，支持提供多个维度和自定义点评；汇聚历次作业考试、随堂测试数据以学期为单位形成个人成长档案。

四、家长智能端

家长智能端是学生家长进行课堂教学沟通的基本工具，也是属于智慧课堂端应用中可选配的工具。一般情况下，学校都有"家校通"管理平台和家长端应用，可以把智慧课堂的家长端应用与"家校通"管理平台集成建设，即根据智慧课堂教学需要研发"家校互动"相应的应用软件，为家长提供与老师、管理者进行智慧课堂学习沟通的工具。

家长智能端服务应支持教师发布与共享的学习、作业、考试与批阅信息，支持统计学生查阅情况；支持教师、学生与家长在线沟通与交流；支持文字、图片、语音、微课多种交互方式；支持家长利用微信查看学生学情，与老师、管理者沟通交流。在家长智能端，通过课堂回顾，家长能掌握孩子每日的课程轨迹，查看每堂课老师的授课实录和微课资料，同时根据课堂上的互动答题情况，了解孩子积极活跃度；通过微信提醒，家长能随时接收作业内容和孩子完成情况，每周定时接收学习周报（图 3-43、图 3-44）。家长也能实时关注学校动态，避免错过家长会、班级活动等任何重要通知。解决目前家校沟通渠道分散，信息传递不及时等问题。

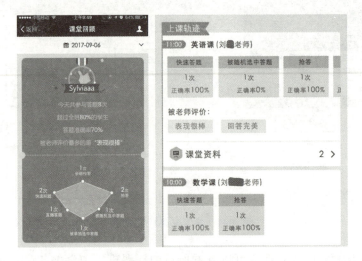

图 3-43　课堂回顾

图 3-44　课堂资料

五、智能环境端

智能环境端也是智慧课堂智能化服务平台的基本终端设备，用于教室环境信息的感知和采集应用。在智慧课堂教室空间中，部署了各类感知设备、传感设备、音响视频设备、智能黑板、智能大屏、智能监控设备和计算与控制设备等，形成了信息化、智能化的教室教育环境，有利于教室教育环境数据的感知、采集，有利于实施智能化的教育教学活动。

智能环境端包括教室教学性智能环境端、监控管理环境端和自然环境端等类型，是一个能够方便对教室所装备的视听、计算机、投影、交互白板等声、光、电设备进行控制和操作，有利于师生无缝地接入资源及从事教与学活动，以自然的人机交互为特征的，依靠智能空间技术实现的增强型教室环境。例如，加拿大麦吉尔大学（McGill University）的智能教室[①]，安装了投影显示设备并配有增强的传感器及计算机处理控制系统（图 3-45）。智能教室可以针对教师的互动激活和配置室内相应的设备，无须手动控制。当教师进入到智能教室的计算机时，智能教室系统推断出这该是一个基于计算机的讲座，将自动关闭室内照明，放下投影屏幕，打开投影机，并将电脑信号输入到投影机。教室只需简单地在视频展示台上放置一个文档就可以进行幻灯片投影显示，教室的照明强度也将调整到一个适当的水平。同样，如录像机或笔记本电脑输出的视听资料来源时，投影显示将自动激活响应。麦吉尔大学"智能课堂"项目的目标是用技术努力提高教学和学习效果。

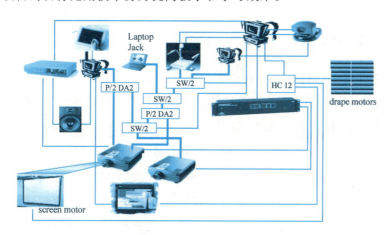

图 3-45　麦吉尔大学智能教室结构连接图

---

① 陈卫东、叶新东、张际平：《智能教室研究现状与未来展望》，载《远程教育杂志》，2011(4)。

第四章　智慧课堂教学模式

　　智慧课堂教学模式即基于智慧课堂信息化环境的教学活动模式。智慧课堂教学模式是在智慧教学理论指导下,基于智慧课堂信息化环境展开的教学活动进程的稳定结构形式,是开展智慧课堂教学活动的一套方法策略体系。本章在简要介绍教学模式一般概念的基础上,讨论了智慧课堂教学模式的概念和内涵,阐述了智慧课堂教学模式的特点和构成要素,进而重点探讨了智慧课堂的互动式教学模式、探究式教学模式、生成性教学模式和混合式教学模式四种典型的教学模式。

▸ 第一节　智慧课堂教学模式概述

一、教学模式及相关概念

1. 教学模式的概念及内涵

　　教学模式源于模式在教学领域的应用。"模式"一词是英文"model"的汉译名词,"model"也译为"模型""范式""典型"等。一般是指被研究对象在理论上的逻辑框架,是经验与理论之间的一种可操作性的知识系统,是再现现实的一种理论性的简化结构。在《现代汉语词典》中对"模式"一词的解释是:某种事物的标准形式或使人可以照着做的标准样式。可见在汉语中模式原本的含义有范式、可供模仿的意思。模式具有简约性、整体性、操作性、有效性、中介性和开放性等特征。①

---

① 王睿:《近三十年语文阅读教学模式发展研究》,硕士学位论文,首都师范大学,2009。

最先将模式一词引入教学领域，并把教学模式作为一个正式的科学概念的是美国学者乔伊斯（B. Joyce）和韦尔（M. Weil），他们于 1972 年在其《教学模式》一书中写道："教学模式是构成课程和作业、选择教材、提示教师活动的一种范式或计划。"目前他们的《教学模式》已经出版到第八版，对教学模式的概念及应用也有了深入系统的研究。乔伊斯和韦尔将"模式"一词引入教学理论中，是想以此来说明在一定的教学思想或教学理论指导下建立起来的各种类型的教学活动的基本结构或框架，表现教学过程的程序性的策略体系。

我国学者对教学模式的研究一直很重视，在 20 世纪 90 年代形成了一股研究热潮。四川省社会科学院查有梁教授先后出版了《教育模式》《教育建模》《课堂模式论》等著作，他认为：教学模式是在教学理论的指导下，抓住教学的特点，对教学过程的组织方式作简要概括，以供教师在教学实践中选择、组合、变换、重构。[①] 我国著名教育信息化专家、北京师范大学何克抗教授认为：教学模式是指在一定的教育思想、教学理论和学习理论指导下的、在某种环境中展开的教学活动进程的稳定结构形式。[②] 华南师范大学李克东教授认为：教学模式是指在一定的教育思想、教育理论和学习理论指导下，在某种教学环境和资源的支持下的教与学活动中各要素之间稳定的关系和活动进程结构形式。[③] 这里构成教学模式的基本要素有：理论基础；教学的资源与环境；教学活动及各要素的相互关系；教学活动进程结构。

综合以上分析，教学模式的准确含义是：在一定教学思想或教学理论指导下建立起来的较为稳定的教学活动结构框架和活动程序。作为结构框架，突出了教学模式从宏观上把握教学活动整体及各要素之间内部的关系和功能；作为活动程序，则突出了教学模式的有序性和可操作性。因此，教学模式是在特定的条件下，为了获得某种教学结果，将多种具体教学方法综合运用而形成的模式，是在一定的教育思想、教学理论和学习理论指导下的，在某种环境中展开的教学活动进程的稳定结构形式。

---

① 查有梁：《教育建模》，南宁，广西教育出版社，1998。
② 何克抗：《建构主义的教学模式、教学方法与教学设计》，载《北京师范大学学报（社会科学版）》，1997(5)。
③ 李克东：《新编现代教育技术基础》，上海，华东师范大学出版社，2002。

127

2. 教学模式的应用特征

教学模式作为教学活动的基本结构和框架，有许多学者对其特点进行了分析。这里我们从模式应用的视角来描述其基本特征。

(1)理论与实践的中介。教学模式能为各学科教学提供具有一定理论依据的模式化的教学法体系，从而使教师摆脱只凭经验和感觉进行实践摸索教学的状况，搭起了一座教学理论与教学实践之间的桥梁，发挥着中介的作用。一方面，教学模式来源于实践，它是对一定具体教学活动方式进行优选、概括、加工的结果，是为某一类教学及其所涉及的各种因素和它们之间的关系提供一种相对稳定的操作框架，这种基于实践的框架具有的内在逻辑关系已经具备了理论层面的意义；另一方面，教学模式实际上又是某种理论的简化表现方式，来反映它所依据的教学理论的基本特征，使人们在头脑中形成一个比抽象理论具体得多的教学程序性的实施程序。教学模式的构建便于人们对某一教学理论的理解，也是抽象理论得以发挥其实践功能的中介。

(2)针对性、具体化、可操作。任何一种教学模式都是针对一定的教学目标设计的，而且它的有效运用也是需要一定的条件，因此不存在对任何教学过程都适用的普适性的模式，或者说哪一种教学模式是最好的。评价最好教学模式的标准是在一定的情况下最有效地达到特定目标。因此，实践过程中在选择和应用教学模式时，必须注意不同教学模式的特点和性能，注意教学模式的目标指向性和达成性。同时，教学模式是一种具体化、操作化的教学思想或理论，它把某种教学理论或活动方式中最核心的部分用简化的形式反映出来，为人们提供了一个比抽象的理论具体得多的教学行为框架，具体地规定了教师的教学行为，使得教师在课堂上有章可循，便于教师理解、把握和运用。

(3)体系完整性和相对稳定性。教学模式是在大量教学实践活动基础上进行的理论概括，在一定程度上揭示了教学活动带有的普遍性规律。教学模式是教学现实和教学理论构想的统一，所以它有一套比较完整的结构和一系列的运行要求，体现着某种形式的理论体系和过程结构。而且这种结构所提供的程序对教学起着普遍的参考作用，并具有一定的稳定性。但由于教学理论和教学思想总是一定社会的产物，受到一定历史时期教育方针和教育目的制约，因此教学模式的稳定性又是相对的。在具体的教学运用过程中必须考虑到学科的特点、教学的内容、现有的教学条件和师生的具体情况，进行方法策略上的调整，以体现对学科教学特点的主动适应和灵活应用。

3. 教学模式与教学结构、教学方法的关系

与教学模式概念紧密相关的还有教学结构、教学方法等，正确把握教学模式的内涵，还必须弄清它们之间的关系。

(1)教学结构。

何克抗[①]教授指出：所谓教学结构是指在一定教育思想、教学理论、学习理论指导下的，在某种环境中展开的教学活动进程的稳定结构形式。教学结构直接反映出教师按照什么样的教学思想和理论来组织自己的教学活动进程，是教育思想、教学理论、学习理论的集中体现，也是教学系统中各要素相互联系和相互作用的具体体现。

传统教学系统的结构由"教师、学生、教材"三要素组成。随着计算机和网络的蓬勃发展及其在教学活动中不断被探索和应用，人们逐渐认识到教学媒体在达成教学目标、拓展教学内容、优化教学过程和改变教学方式等方面起着重要作用，因此作为教学结构的要素由原来的三要素改变为"教师、学生、教学内容、教学媒体"四要素(图 4-1)，可见教学媒体在教学中发挥着巨大作用，在教学应用中具有巨大的前景和发展空间。

图 4-1　教学结构组成的四个要素

教学结构与教学模式的概念含义是有区别的。教学结构是客观的，它的各个要素之间存在着相互作用、相互依存的关系，受一定构成规律的制约。而教学模式带有较大的主观性，它是师生在对教学理论、教学规律认识的基

---

① 何克抗：《信息技术与课程整合——深化学科教学改革的根本途径》，载《信息技术教育(陕西)》，2002(3)。

130

础上，在教学实践中结合具体的教学进程、结构分析，所探索和构建出来的。因此，不能把教学模式等同于教学结构。

（2）教学方法。

所谓教学方法是指为达到既定的教学目的，实现既定的教学内容，在教学原则的指导下所进行的师生相互作用的活动方式和措施。在教学实践中，教学方法是教师和学生为了实现共同的教学目标，完成共同的教学任务，在教学过程中所采用的一切手段、途径和办法。教学方法既包括教师教的方法，也包括学生学的方法，是教与学的统一。

教学方法与教学模式的概念密切相关。正如我国著名教育家叶澜教授所指出的[①]，教学模式俗称大方法，它不仅是一种教学手段，而且是从教学原理、教学内容、教学的目标和任务、教学过程，直至教学组织形式的整体、系统的操作样式，这种操作样式是加以理论化的。如前文所述，教学模式是在一定教学思想指导下建立起来的为完成某一教学任务而运用的比较稳定的教学方法的程序及策略体系，它由若干个有固定程序的教学方法组成，或者说至少是两种以上方法策略的组合运用。每种教学模式对教学方法的运用和教学实践的发展都有很大影响。

（3）教学模式与教学结构、教学方法的关系。

教学模式与教学结构、教学方法三个概念之间既有联系，也有区别。从结构性和操作性强弱的视角来分析，可以看到教学结构、教学模式与教学方法处于三个不同的层次，三者形成了教学系统要素结构和方法手段的层次关系，如图 4-2 所示。

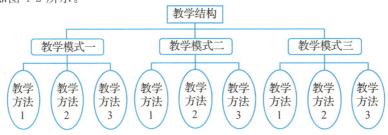

图 4-2　教学结构、教学模式与教学方法的层次结构

① 叶澜：《新编教育学教程》，上海，华东师范大学出版社，1991。

在上图中，教学结构处于最上层，从宏观上反映了教学系统四要素的总体结构关系，反映了一定教育教学理论的核心要素在教学中所展开的动态进程。教学模式处于中间层，是教学结构在具体的学科教学中的体现，同一教学结构在不同的学科领域因为其教学目标、教学内容和教学环境不同，需要形成不同的学科教学模式，展开具体的教学进程。教学方法处于最低层，是教学实施过程中的具体策略、方式和手段，在同一教学模式下，可以采用多种具体的教学方法，反之同一教学方法也可用于多种教学模式中。

二、智慧课堂教学模式的概念与内涵

智慧课堂教学模式即基于智慧课堂信息化环境的教学活动模式，是相对于传统课堂教学模式提出的一种新型信息化教学模式。我国中小学教学实践中长期以来普遍采用的教学模式是"传递—接受"模式，其基本教学程序是：激发学习动机—复习旧课—讲授新知识—巩固运用—检查评价。教学过程中包含教师、学生、教学内容和教学媒体四个要素之间的相互关联及相互作用。在传统教学模式下，教师是知识的传授者；学生是知识的灌输对象；教材是教师向学生灌输的内容；教学媒体则是教师向学生灌输知识的方式和手段。传统教学模式以教师为中心，强调教师的主体地位，有利于教师对课堂教学进行组织、管理和控制，而学生在学习阶段的主要任务是要消化和理解教师讲授的内容。[1]

随着信息技术的发展及其在学校教学中广泛应用，中小学教学实践中提出和采用了信息化教学模式。信息化教学模式是教学模式在信息化条件下的新发展。[2] 南国农先生认为：所谓信息化教学模式，就是指在现代教学思想和理论指导下，师生之间运用现代教育媒体而形成的较为稳定的教学策略、结构和程序的活动范型。[3] 信息化教学模式是符合现代教学思想的新型教学模式，以信息技术的支持为特征，并涉及现代教学观念的指导和现代教学方法的应用。信息化教学模式是根据现代化教学环境中信息的传递方式和学生对

__① 徐雷、张莉：《信息化教学模式的探究》，载《辽宁教育行政学院学报》，2009(2)。

② 钟志贤：《信息化教学模式——理论建构与实践例说》，北京，北京师范大学出版社，2006。

③ 南国农：《信息化教育概论》，北京，高等教育出版社，2004。

__第四章　智慧课堂教学模式__

知识信息加工的心理过程，充分利用现代教育技术手段的支持，调动尽可能多的教学媒体和信息资源，构建一个良好的学习环境，在教师的组织和指导下，充分发挥学生的主动性、积极性、创造性，使学生能够真正成为知识信息的主动建构者，达到良好的教学效果。①

智慧课堂教学模式是基于智慧课堂信息化环境实施的信息化教学模式，是符合建构主义等现代教学思想的新型教学模式，也是信息化教学模式的一种提升和发展。智慧课堂教学模式以建构主义学习理论为指导，以"云—台—端"信息化平台为依托，打造智能、高效的课堂，开展课前、课中、课后全过程教学应用，实现教学决策数据化、评价反馈即时化、交流互动立体化和资源推送智能化，创设有利于协作交流和意义建构的学习环境，通过智慧高效的教与学，促进全体学生实现符合个性化成长规律的智慧发展。

概括地讲，智慧课堂教学模式的基本范式就是"云端建构，先学后教，以学定教，智慧发展"。② 在智慧课堂教学模式下，教学活动要素之间的关系发生了改变，学生的主体地位得到强化，有利于发挥学生学习的主动性、积极性和创造性，促进学生的个性化成长和智慧发展。智慧课堂教学是以建构主义学习理论为指导，以"云—台—端"信息化平台为基础的新教学体系，包括教学观念、教学内容、教学资源、教学媒体、教学方法和教学评价等一系列的变革与创新。智慧课堂信息化环境下的教学既是对一般信息化教学的继承和升级发展，同时也是对智慧教育理念下教学新模式探索与建构过程，是将现代学习理论、各类教学模式的结构成分与现代信息技术应用之间的"整合"和"融合"过程。建构主义学习理论为智慧课堂教学模式的提出奠定了理论基础，新一代信息技术为智慧课堂教学模式的发展提供了丰富的资源、工具以及交流合作平台。

三、智慧课堂教学模式的主要特征

与传统课堂教学模式和一般信息化教学模式相比，智慧课堂教学模式具有以下六个方面的特征。

---

① 苑永波：《信息化教学模式与传统教学模式的比较》，载《中国电化教育》，2001(8)。
② 李新义、刘邦奇：《智慧课堂教学理论与实践》，合肥，安徽教育出版社，2018。

1. 遵循建构主义理论

在智慧课堂构建的基本理念上，是依据于建构主义学习理论进行顶层设计。建构主义学习理论是互联网时代的核心教育理论，是网络环境下教育教学设计的核心理念，为智慧课堂的构建奠定了坚实的理论基础。智慧课堂以建构主义学习理论为指导设计课堂教学模式和教学环境，能够贯彻"以学生为中心"的核心思想，准确把握情境创设、协商会话、信息提供等关键要素，提高学生的主体地位，激发学生的学习兴趣和主动学习意识，促进学习者主动建构知识意义。

2. 强调以学生为中心

智慧课堂教学利用"互联网＋"和动态学习数据分析评价来实现新的教学模式。这对传统的教学观念提出挑战，必须彻底摒弃以教师为中心、强调知识传授、把学生当作知识灌输对象的传统教学模式，突出"以学生为中心"，将学习的自主权还给学生，让学生成为自己学习的主人。在整个教学过程中教师要由知识的传授者和灌输者转变为学生主动建构意义的帮助者和促进者，利用情境、协作、会话等学习环境要素，充分发挥学生的主动性、积极性和首创精神，让学生主动思考、主动探索、主动发现，最终达到促进学生主动学习和发展的目的。

3. 构建智能学习环境

在智慧课堂的支撑技术上，核心是基于物联网、云计算、大数据和人工智能等技术的应用，构建信息化、智能化的学习环境。采用现代化的分析工具和方法，对教学过程中生成的海量数据进行加工、挖掘和分析，基于数据处理和分析进行教学决策，区别于传统的教学评价模型和方法。同时，智慧课堂采取"云—台—端"的服务方式来部署其智能化服务平台，通过教室内多种终端设备的无缝连接和智能化运用，打破了传统意义教室的黑板、讲台和时空概念，使传统课堂布局、形态和环境均发生了重大变革。

4. 技术支持的教学策略

智慧课堂是依据建构主义学习理论构建的，建构主义教学模式目前已开发出的、比较成熟的教学策略主要有支架式教学、抛锚式教学、随机进入教

133

学等。① 现代信息技术的发展及其在智慧课堂教学中的应用，能够非常好地满足建构主义对教学环境和策略提出的较高要求。基于智慧课堂的信息化环境，利用当今多种新媒体、智能设备和数据分析技术等，探索和运用多种技术支持的教学策略，提升了教学决策、评价反馈、交流互动和资源推送的能力，增进了课堂学习的交互与协作，增进师生间、生生间的沟通交流，有利于开展协作、会话和探究，帮助学习者知识意义的建构。

5. 全过程实施智慧教学

在智慧课堂教学实践中，实施课前、课中、课后的全过程智慧教学应用。智慧课堂信息化平台的运用和动态学习数据分析与评价，为智慧课堂精准化教学和个性化辅导提供了信息支撑。通过课前发布富媒体预习材料和作业，进行预习测评和反馈，深化学情分析，实现以学定教，优化教学预设；在课中通过推送随堂测验，进行实时检测数据分析，促进互动交流，及时改进教学策略，调整教学进程；在课后，打破了时空限制，基于移动终端，学生可以实现随时随地学习，与老师和同学实现立体化的沟通交流，对课内学习内容形成补充。

6. 促进个性化智慧发展

传统"班级授课制"采取规模化、标准化和统一化的教学方式，难以适应每个学生的个性特征和个性需求。利用动态数据分析与学习评价，我们可以去关注每一个学生个体的学习过程和学习行为，可以精准地获得学生的真实表现。基于数据的学习分析为教师提供最为个性化的学生特点信息，在教学过程中可以有针对性地进行因材施教，课后通过多元化、个性化作业推送、批改和评价分析，实施针对性辅导和分层作业，通过智慧的教和智慧的学，使得每个学习者都能沿着符合个性化特征的路径成长，得到有效、充分的发展。

四、智慧课堂教学模式的构成要素

任何教学模式都有其内在的结构，教学模式的结构是由教学模式包含的

---

① 何克抗、林君芬、张文兰：《教学系统设计》，北京，高等教育出版社，2006。

诸因素有规律地构成的系统。智慧课堂教学模式的构成要素可分为：教学理念、教学目标、学习环境、教学程序、教学方法和教学评价，这六个要素之间有规律地联系着就是智慧课堂教学模式的结构。

1. 教学理念

教学理念是建立教学模式的教学思想或理论基础，任何教学模式都是在一定的教学思想和理论（教学理论、学习理论等）指导下提出来的。不同的教学理念下往往提出不同的教学模式。比如，信息加工教学模式的理论依据是信息加工的理论；概念获得模式和先行组织模式的理论依据是认知心理学的学习理论，而情境陶冶模式的理论依据则是人的有意识心理活动与无意识的心理活动、理智与情感活动在认知中的统一。智慧课堂教学模式是建立在建构主义理论基础之上的一种教学模式，是建构主义理论在智慧教育教学中的一种具体应用。

2. 教学目标

教学目标是在教学活动过程中课程的实施方向和预设的目标达成的结果，既是一切教学活动的起点，也是终点。任何教学模式都指向一定的教学目标，不同教学模式是为完成一定的教学目标服务的。在教学模式的结构中教学目标处于核心地位，并对构成教学模式的其他因素起着制约作用，它决定着教学模式的操作程序和师生在教学活动中的组合关系。正是由于教学模式与教学目标的这种内在统一性，决定了不同教学模式的个性。例如，在智慧课堂教学模式中，科学探究教学模式结构的目标因素是通过科学探索和研究分析，培养解决科学问题的能力；自主式教学模式结构的教学目标是基于信息化教学环境，培养学生自我认识、自我实现和自我教育的能力。

3. 学习环境

学习环境是教学模式的条件因素，是指为完成一定的教学目标，从而使教学模式发挥效力的各种条件。学习环境是智慧课堂教学模式不可或缺的要素，智慧课堂教学模式是基于信息技术的教学模式，信息技术已经从单纯的辅助工具转变为支持学生学习的环境条件。任何教学模式都是在特定的学习环境条件下才能有效。条件因素包括的内容很多，有教学资源、教学手段、教学环境、教学时间等。智慧课堂是基于"互联网＋"的思维方式和物联网、云计算、大数据、人工智能等智能信息技术构建的，数字化教育资源、信息化教学平台、智能化管理系统、数据化决策分析系统以及各种移动智能终端，为智慧课堂教学提供了智能高效的学习环境，形成了智慧课堂教学模式的特色。

4. 教学程序

教学程序是指教学活动的展开过程，它使得教学模式具有可操作性。任何教学模式都有其特定的逻辑步骤和操作程序，详细具体地说明在教学活动中师生先做什么、后做什么，各步骤应当完成的任务，表现为教学活动的开始、发展、变化和结束在时间上连续展开的程序结构。例如，赫尔巴特(Herbart)教学模式的操作程序分为明了、联想、系统、方法四个阶段或步骤，杜威(Dewey)提出的实用主义教学模式结构的操作程序分为情境、问题、假设、解决、验证五个阶段或步骤。在智慧课堂生成性教学模式中，教师根据一定的教学要求和学生自身的特点，基于智慧课堂信息化平台，借助各种信息资源和技术手段，教师指导学生通过自主学习和合作探究，强化对学习内容的认知，促进自主意义建构，发展自身技能。

5. 教学方法

教学方法是教师和学生为了实现共同的教学目标，以及完成共同的教学任务，在教学过程中运用的方式与手段的总称。它既包括教师教的方法，也包括学生学的方法。教学方法也是教学模式中的基本要素，是实现教学目标不可缺少的手段。不同的教学模式会采取不同的手段和方法，从而更好地完成目标。在智慧课堂教学中，利用各种新媒体、新技术和丰富的信息资源，开发应用各类信息系统和教学手段，提供多样化的教与学方法。例如，在教的方法上，目前常用的主要有发现式教学、导学式教学、讨论式教学、个别化教学、情境化教学等教学方法；在学的方法上，主要有自主式学习、协作式学习、体验式学习和游戏化学习等学习方法。

6. 教学评价

教学评价是依据教学目标对教学过程及结果进行价值判断并为教学决策服务的活动，是对教学活动现实的或潜在的价值做出判断的过程。课堂教学评价是促进学生成长、教师专业发展和提高课堂教学质量的重要手段。教学评价是教学模式的一个非常重要的因素，它包括评价标准、评价方法和评价反馈等。教学评价包括教师教学工作评价和学生学习效果评价，如对教师教学设计、组织、实施等的评估，对学生课堂测评、考试与测验等。由于不同教学模式完成的教学目标、使用的程序和条件不同，因而评价方法和标准也就不同。智慧课堂信息化平台为课前预习测评、课中实时测验、课后作业评价和考试评价等提供了方便高效的手段，有利于构建全过程动态学习评价模式。

▶ 第二节　互动式教学模式

一、互动式教学模式的含义

所谓"互动"，是一种使对象之间相互作用而产生彼此积极改变的过程。"互动式教学模式"是指教师"教"和学生"学"相互作用而产生积极改变的整体性过程，是一个动态的、发展的、教与学相互统一的交互影响和交互活动过程。具体表现为"教"和"学"之间相互联系、相互促进、有序发展的整体性活动。在这一活动中，通过调节师生关系及其相互作用，形成和谐的师生互动、生生互动、师生与教学内容、师生与教学媒体互动，从而产生教学整体协调、有序发展的一种教学模式。

互动式教学是相对于"灌输式""讲授式"等传统课堂教学模式而言的。随着素质教育的深化和新课程改革的实施，课堂教学产生了深刻的变化。传统的课堂教学由于受应试教育的影响，课堂上满堂灌，实质上是灌输式，教师单向传授，学生处于被动地位。而"互动式"教学模式顺应了时代的发展，对旧有的教学方式进行变革和创新，强调在教师教学过程中学生的主动参与，增强了师生、生生之间在教学过程中的互动和相互促进，以培养学生自主学习意识和学习能力。

智慧课堂的教学互动，是把教学过程看作是一个动态发展着的、教与学统一的、交互影响和交互活动的过程。具有强大的互动交流能力是信息化环

137

境下智慧课堂的核心标志。互动教学模式也只有与信息化、网络化相结合，才能在未来的教学过程中发挥更大的作用。在智慧课堂教学互动过程中，强调学生是活动的主体，教师是活动的指导者、点拨者和促进者。它不同于传统的互动教学，不仅仅是师生间、生生间的语言交流讨论，最根本不同的是它借助信息化的学习资源、移动化的学习工具和智能化的应用支撑平台实现课堂内外学生与教师、学习伙伴、信息、资源等的多维度和立体化互动交流，从而促进师生相互促进和共同成长。在智慧课堂教学中，由于各种新技术和新媒体的应用，为师生互动提供了先进的技术手段，许多教师教学时会采取这种形式，力图在智慧课堂教学中师生能够真正互动起来。

二、互动式教学模式基本结构

互动式教学不仅是指在课堂内发生的师生之间各种形式、各种性质和各种程度的相互作用与影响，还应包括学校教学的全过程、全系统和全要素的相互作用与影响。例如，在课前备课活动中的互动，教学实施中互动，讲评课中的互动，学生作业互动，测验互动，课后辅导互动等。在智慧课堂教学中，由于各种新技术、新媒体的应用，信息化学习资源的丰富多样，为师生全过程、多维度互动提供了先进的技术条件，使得课堂教学中的师生互动实现方式发生了很大的变化。智慧课堂互动式教学模式的基本结构如图4-3所示。

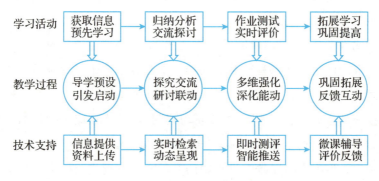

图 4-3　互动式教学模式的基本结构

三、互动式教学模式主要环节

互动式教学模式涉及课堂教学的课前、课中、课后教学全过程，涉及学生与教师、学习伙伴、信息、资源等多维度互动，主要包括课前互动、研讨互动、练习互动、课后互动等环节，具体内容与方法如下。

1. 导学设计、引发启动

在互动教学中，师生的互动是以教师的启动为基础的。教师在教授新课前进行导学预设，对学生做适当的引导，实施引发启动。基于智慧课堂信息化平台的资源管理与服务系统，可以提供图文并茂、丰富多样的信息，但在互动过程中，学生很容易被过多的信息资源干扰，找不到对于课程学习最有利的教学资源，从而分散了学生的学习注意力和精力。因此，教师在推送学习资料时，要注意跟踪观察，采取实时引导、提示、发问等方式，形成在学生获取信息阶段的高效互动。

具体来讲，可以采取以下方法和措施：教师可以在开始实施教学之前或学生查找资料过程中，给学生进行教学资源收集的相关培训，让学生知道在什么地方查找、如何查找、搜索什么关键词等，或者自己制作教学课件、微课视频、VR 资源等数字化教学材料，存放在网络服务器上，方便学生浏览学习；让学生归纳自己收集到的信息的观点并上传给教师，教师可以通过测试评价信息系统的分析结果，了解学生信息获取、整理、归纳的情况，即时对好的给出肯定，对不足之处给出指导；当学生在预习中遇到疑难问题时，教师需通过电子邮件或其他在线方式给予解答，并以班级为单位利用 QQ、微信、微博等社交软件为学生组建学习讨论交流群，以便形成学生之间的互动学习。通过以上办法实现了引发启动，使课前教学互动过程更为有效，既把控了课前预习进程，又提高了学生信息获取的能力。

2. 探索交流、研讨联动

在互动教学过程中，研究探讨是学生自己建构知识的重要环节，师生联动是教学研究探讨的核心。教师铺设若干符合学生认知规律的问题，放手让学生动手、动脑，探索寻求解决问题的办法；并给学生足够的选择机会和探究时间，引导学生将"自我学习"阶段发现的问题在课堂上提出并

139

140

与其他同学分享讨论；在讨论交流中能各抒己见、互帮互助、共同提高。通过与同学的交流探讨以及与教师的交互沟通和研讨联动，帮助学生形成较为完整的知识认知，同时培养了学生的表达能力、合作精神和团体意识。

智慧课堂教学过程中，通过信息化平台获取丰富的学习资源和动态信息，传送和展示相关交流信息，就某个问题开展深入的互动交流和探究，通过自己对资料的整理归纳分析和研究探讨，有利于实现对所学知识的意义建构，促进知识内化。例如，在研究探讨过程中，学生将不明白的问题，通过移动学习终端，上传和发布到班级讨论栏，并显示在教室的白板上，学生便可以看着白板展开讨论。在讨论的过程中，遇到不明白的地方，教师可以指导学生或自己操作示范，现场上网查找相关内容，电脑屏幕可以投放在大屏幕上，学生可以看到查找全过程。这样做的好处一方面是课堂讨论气氛较浓，人人都参与到讨论中，避免学生只是低头看着自己的移动终端，进行"无声"的交流或干别的事情；另一方面，教师可以了解研究探讨全过程，了解每个学生的情况，可以根据需要随时调整教学方式和进程，寻找适合学生的教学方法和手段。

3. 测评强化、 深化能动

测验和评价是课堂教学中及时了解学生学习状况和教学效果的重要手段，也是实现教学互动的关键环节。在互动教学过程中，通过当堂练习、实作、测评、释疑等方法，进一步强化学生探索研讨获取的认知。利用网络信息资源、多媒体展示和虚拟实验等手段，将课程内容制作成各种图文并茂的智能型教学软件，以刺激学生的感官，学生通过软件从视觉、听觉等方面大大提高对抽象原理的理解深度。学生基于网络化、模拟化环境进行多样化的练习、操作和实时测评，并获得实时的作业和测评反馈，教师当场进行总结和答疑点拨，对学生研讨、实作中所遇到的问题进行答疑解惑，有利于进一步强化认知和知识内化，培养学生的创新意识和创新能力。

在智慧课堂教学中，随堂测评过程中的互动主要体现在教师通过信息化平台智能推送测评试题，学生通过信息化平台完成测试题并提交答案的过程。信息化平台的测试评价信息系统会自动给出客观题的测试评价结果，即时反馈给学生和教师，用于改进教学。具体来说，智慧课堂信息化平台利用智能终端和基于智能云服务的测试评价信息系统，具有多元分析评价功能，对学生的作业测试进行实时处理和实时反馈，并会对全体学生的成绩进行及时的统计分析并给出评价结果。教师可以通过结果分析了解学生对知识的掌握情况，并即时进行错因分析，给出正确答案。随堂测评互动可以在教学过程或教学任务完成后进行，以检验学生对某一知识或整个教学内容的掌握情况，便于教师掌握学生学情，有针对性地进行重点讲解和补充说明。

4. 巩固拓展、 反馈互动

在互动教学过程中，巩固和拓展也是深化互动、学习提高的重要环节。巩固和拓展既可以是课堂的讲评、复习课，也可以是课后的学习活动。这一环节中通过教学互动，展开变式探讨、应用巩固，进行自我体验归纳、总结反思和评价反馈，促进知识内化的进一步深化，是互动学习的创新阶段。教师应精选练习题和课外作业，遵循学生的认知心理和知识内化规律，展开变式训练，通过一题多解、一题多变、多题一解，让学生深刻地理解知识。应结合实际应用，进行拓展提升训练，并引导学生进行自我总结、自我反思和自我评价，在及时反馈中培养学生解决实际问题的能力，完善自身的认知结构。

互联网信息环境为智慧课堂教学的巩固拓展和反馈互动学习提供了极为便利的条件。基于智慧课堂信息化平台，师生之间、学生之间、学生与教学资源之间通过网上留言、答疑、评价等方式实现多元互动，更好地完成拓展学习任务。例如，教师基于信息化平台布置课后拓展学习主题和计划，推送个性化辅导和学习的微课视频；学生基于信息化平台进行主题资料搜索和学习，上传学习成果；师生通过班级学习社区进行主题讨论和交流。互联网使课后阶段的拓展学习形式更加丰富多样，有利于锻炼学生的学以致用和创新能力，如运用信息化网络技术组建虚拟公司，进行虚拟岗位工作，开展项目学习和完成项目任务，使学生在岗位角色和完成任务中全面锻炼自身的能力，培养学生的团队合作和创新精神。

▸ 第三节　探究式教学模式

一、探究式教学模式的含义

　　所谓"探究式"，其本意即探讨和研究，通过探求学问和研讨问题，来获取知识和培养素养。探究式教学最早由美国教育家杜威提出，指教学中学生在学习概念和原理时，以问题为导向，通过阅读、观察、实验、思考、讨论和听讲等途径独立探究，自主发现并掌握相应的原理和结论。何克抗教授认为，探究式教学是指在教学过程中，学生在教师的指导下，通过以"自主、探究、合作"为特征的学习方式，对教学内容中的主要知识点进行自主学习、深入探究并进行小组合作交流，从而较好地达到课程标准中关于认知目标与情感目标要求的一种教学模式。[①]

　　探究式教学模式的提出是相对于传统的"传授—接受"式教学而言的，它突出以教师为主导，以学生为主体，以探索创新为主线，注重发掘学生的学习潜能，使学生充分参与和体验知识技能由未知到已知，由不掌握到掌握的过程，并在这一过程中学习和培养探究能力，使学生的综合素质得到全面发展。高中课程标准（实验稿）提出了"提高科学素养、在课堂中开展探究性学习"的理念，即通过提倡探究式教学，培养学生的自主科学探究能力，加强学生对科学本质的认识。探究式教学是以学生为主体的，相互促动、积极和有意义的学习过程，学生思维活跃，主动性强，提高了对问题的兴趣，探究过程的效率也得到了极大提高。因此，探究式教学模式符合素质教育和新课程改革的总体目标，该模式使学生始终处于一种积极参与和主动探究的状态，实现知识意义的主动建构，具有优于一般教学方法的显著特点。

　　探究式教学是智慧课堂教学的重要模式，是基于构建主义学习理论、信息化教学设计理论和教学过程最优化理论实现的新型信息化教学模式。在智慧课堂信息化平台和互联网中海量的信息以生动直观的信息呈现方式，多样化资源情境、案例情境、问题情境和活动情境，特别有利于激发学生的学习

---

① 何克抗、吴娟:《信息技术与课程整合》，北京，高等教育出版社，2007。

动机，激励学生积极参与和主动探究。教师利用各种新媒体、新技术创设富有智慧的学习情境，引导学生发现问题、提出问题，让学生通过相关信息资料自主探究，形成自己的概念和认识，提出自己的猜想和模型，运用虚拟实验、模拟仿真、数据分析等技术手段，进行独立探究和讨论交流，获得解决问题的方法和技能，培养学生的创新意识和创新能力。

二、探究式教学模式基本结构

智慧课堂探究式教学是一种高度概括的教学模式。探究式教学的操作是综合的、灵活转变的，其核心是在教师的适当辅助下充分发挥学生学习的主体作用，让学生体验到知识技能的形成过程，并自己发现掌握新知识。美国国家科学教育标准认为，探究是多层面的活动，包括观察、提出问题；根据调查研究掌握已知的结论；根据实验证据对已有的结论做出评价；用工具收集、分析、解释数据；提出解答、解释和预测，以及交流结果等。智慧课堂信息化平台为实现探究式教学提供了极为有利的环境。基于中外对探究式教学模式的研究和智慧课堂教学环境的特点，我们提出的智慧课堂探究式教学模式的基本结构如图 4-4 所示。

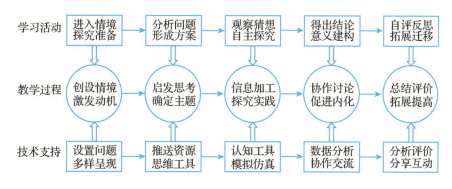

图 4-4　探究性教学模式基本结构

三、探究式教学模式主要环节

1. 创设情境、激发动机

在课堂教学过程中，通过创设情境帮助教师导入教学主题，同时可以激

144

发学生的学习动机和自主探究动机。探究式教学总是围绕课程中的某个知识点展开，这个知识点往往不是由学生自由选择而产生的，也不一定是选自社会生活中的现实问题，而是由教师根据教学目标的要求和教学的进度，围绕学生某种知识技能的探究学习来预先确定。因此，在确定了这个知识点后，教师就要通过设置疑问、任务等多种形式，使用合适的信息化手段来创设与此学习目标/知识点相关的学习情境，引导学生进入学习探究。

教师创设学习情境的方法有：基于 VR 设置一个待探究的问题(此问题的解决需运用当前所学的知识)；播放一首诗歌朗诵、乐曲，展现一个与当前学习主题密切相关的微视频；演示专门制作的案例课件；开展师生、生生之间的数字化游戏等。教师通过上述各种方法创设能激发学生学习动机和探究动机的情境，让学生进入情境后被相关问题和任务深深地吸引，从而在情境的感染与作用下形成学习的心理准备，并产生探究的兴趣和动机。

2. 启发思考、 确立主题

在学生被创设的学习情境激发起学习兴趣和动机并形成了学习的心理准备之后，教师应及时向学生提出若干富有启发性、能引起学生深入思考、并与当前学习对象密切相关的问题，让学生带着这些问题去学习，明确学习的主题和任务，这一过程是主动地、高效地学习探究的基础。这一环节至关重要，所提出的问题是否具有启发性、是否能引起学生的深入思考，这是探究性学习能否有效展开和取得效果的关键。

基于智慧课堂信息化平台，教师可以方便地设置启发性的问题，引导学生思考和研究。在问题思考阶段，教师可以利用资源管理与服务功能向学生推送丰富的学习资源，支持学生思考和确立研究主题；教师利用思维导图等工具或学习资源，对学生如何研究问题、形成方案，以及如何利用这些工具及资源处理在探究过程中遇到的新问题等，给出具体的建议和指导；学生要利用思维工具和信息资源认真分析教师所提出的问题，明确自己所需研究的主体和完成的学习任务，并通过全面思考形成初步的探究方案。

3. 信息加工、 探究实践

探究式教学模式采用"自主、探究、合作"的学习方式，在教学过程中特别强调学生的自主学习和探究。这类自主学习与自主探究活动包括：学生利用相关的认知工具去收集与当前所学知识点有关的各种信息；主动地对所获得的信息进行分析、加工与评价；在学习处理和评价基础上形成学生对所学知识的认识与理解。教师应密切关注学生的学习与探究过程，并适时地指导学生如何有效地利用认知工具进行信息加工以及有关学习方法策略等，指导帮助学生进行学习探究。

现代信息技术成为智慧课堂环境下学生学习探究的重要认知工具和信息加工手段。但在不同的学科中所使用的认知工具有所差异，比如，人文学科往往可以通过让学生上网查找资料来达到促进学生自主探究的目的，这些资料能起到认知工具的作用；而在数学和自然学科中则可以使用软件作为认知工具进行信息加工处理，如计算机建模、虚拟仿真实验、绘图工具、科学可视化、智能分析等专用软件工具，用于涉及三维空间的抽象数学概念，微观、瞬态的物理变化，以及有某种危险性的化学变化过程等应用场景，支持学生去自主探究和解决问题。

4. 协作讨论、促进内化

协作讨论也是探究式教学的重要环节，是与自主探究环节紧密相连的。学生在经过了认真的自主探究、积极思考后，通过高质量的协作讨论和交流互动，进一步促进学生完成知识与情感的内化。在自主探究的基础上，实施小组合作学习活动，教师积极发挥组织、协调和引导的作用，组织学生以讨论形式开展小组内或班级内的协作与交流，通过共享学习资源与学习成果，在协作与交流过程中得出问题探究的结论，进一步深化学生对当前所学知识的认识与理解，实现知识意义的自主建构。

智慧课堂信息化平台为协作讨论提供了良好的条件。教师在此过程中应为学生提供协作交流的技术工具，如利用网上远程教学、在线课程、虚拟学校等基于网络的教学手段，建立学生虚拟化学习和讨论社区，提供师生协作化学习和立体化交流平台，开展课内课外全时空的交流互动。在大数据背景下，基于课堂教学行为数据挖掘提供精准的分析评价，提高讨论交流的深度和质量，使得学生可以在不同的地方围绕同一探究的问题进行深入探究、交流和讨论，有助于促进学生对问题的深刻理解和认识，激发学生的思想碰撞，有利于引发新的有价值的问题。

5. 总结评价、拓展提高

总结评价、拓展提高是实施探究式教学模式的最后一个环节。其目的是通过师生的共同总结、评价和反思，对学生经过自主探究和协作交流等阶段后对当前所学知识的认识与理解方面的效果进行准确判断，发现仍然存在问题和不足，提出补充和完善的措施，以便更全面、更深刻地达到与当前所学知识点有关的教学目标的要求。教师引导学生对问题进行回答与总结，对学习成果进行评价、分析与归纳，并可联系实际，对当前知识点进行深化和迁移，进行拓展提升。

基于智慧课堂信息化平台，有利于开展总结、评价和拓展提升。学生的自主总结评价活动包括讨论、反思、自我评价、相互评价等，可以采取线上线下相结合的方式进行，在线开展评价、学习社区讨论、交流等，线下教学面对面的讨论交流。教师的活动也可以基于信息化平台进行，利用移动终端微课制作与推送、个人网络空间、班级社区等方式，帮助学生进行总结评价，包括点评学生的学习情况，对当前所学知识内容进行概括总结，提出与迁移拓展有关的问题并创设相关情境，要求学生应用所学知识去解决某个问题、完成某项作品等，引导学生知识迁移与拓展提高。

▶ 第四节　生成性教学模式

一、生成性教学模式的含义

生成性理念认为任何事情都是在动态中生成的，而不是固定不变的，强调的是事物动态的、变化的过程。生成性教学是在生成性理念指导之下对课堂教学的重新认识，它认为课堂教学过程是可变的，具有不可预测性，教学活动应不拘泥于预设的教学方案，而应根据学生学习的情况和思想动向，及时调整教学目标和教学策略，重视课堂上新生成的资源并有效利用。因此，生成性教学模式强调教学的生成性，突出教学的个性化建构，追求学生的成长与发展，强调教学要关注学生的生长和建构，属于建构主义的一种教学模式。

生成性教学是相对于预设性教学而言的。在预设性教学中，教师面向一定的教学目标，依据教学大纲、教材、教学对象进行备课和教学设计，预先制订教学方案并在教学过程中严格按方案实施。[①] 传统的预设性教学过分注重教学目标达成，对师生的能动性以及教学互动重视不够，限制了教师的机动空间，阻碍学生个性化和创造力的生成。而生成性教学不再拘泥于预设框架，更加重视课堂进程的可变性，突出教学中学生的个性化构建和不确定因素。

智慧课堂教学非常适应课堂教学的动态生成观念。应用技术支持课堂教学的动态生成是智慧课堂的典型特征，也是未来教学环境发展的趋势。[②] 生成性教学强调教学进程是可变的，不能单纯依靠教学经验来预先设定，而要依据教学中的变化尤其是学的变化、新情况的生成来及时调整和优化，简而言之就是"以学定教"，而不是"以教设学"。根据我们的研究，智慧课堂的核心理念之一就是"以学定教、智慧发展"，基于智慧课堂信息化平台，开展全过程动态学习数据的采集、分析与即时评价反馈，使课前学情分析和教学预设、课中的教学效果分析和教学策略改进、课后的个性化针对性辅导有了可靠的数据支撑，"以学定教""教学机智"得以真正实现。

二、生成性教学模式基本结构

生成性教学实际是一种动态化的课程教学建构过程，是教师在教学过程中围绕特定教学主题，通过不断激发和促进教学生成点，及时调整或改变预设的教学计划从而展开的教学策略与方式，以实现学生的知识生成、方法生成、能力生成和情感生成。智慧课堂的生成性教学就是将生成性教学过程和智慧课堂环境的技术支持进行整合，构建智慧课堂生成性教学模式，为生成性教学设计提供指导。基于智慧课堂信息化平台，构建面向课前、课中和课后教学全过程动态生成的智慧课堂环境，对课堂教学的动态生成性内容进行记录、分析与应用，教师能全面了解学生情况并动态调整教学思路与教学行

---

① 胡庆芳、贺永旺、杨利华：《精彩课堂的预设与生成》，北京，教育科学出版社，2007。

② 王冬青：《智慧教育研究新发展：面向动态生成的智慧课堂教学环境构建与创新应用》，载《教育信息技术》，2017(3)。

为，形成了智慧课堂生成性教学模式的基本结构框架，如图 4-5 所示。

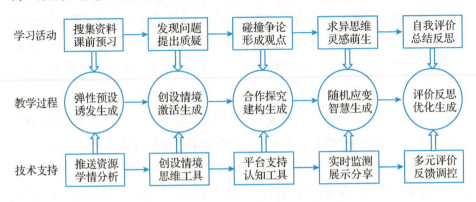

图 4-5 生成性教学模式的基本结构

三、生成性教学模式主要环节

1. 弹性预设、 诱发生成

"预设"与"生成"本来是两个相对的概念，生成性教学是相对于预设性教学提出的。但预设与生成是相辅相成、相互联系的，在实际教学过程中是不可能分开的。预设使教学走向有序，生成使教学充满生机。只有预设与生成有机融合，课堂才能鲜活，教学才有活力。反之离开了预设，生成也就无从谈起。因此，如何在预设中体现生成的需要，留有弹性空间，满足生成的要求，实现"在预设中生成"是生成性教学模式首要关注的。"弹性预设，诱发生成"成为智慧课堂教学模式的必然选择。

在智慧课堂教学中，要充分利用互联网思维和现代信息技术手段的支持，在信息化教学环境下促进课堂教学的"预设中生成"。基于智慧课堂信息化平台，教师推送课前学习资源，并根据学生的预习反馈情况和学生学习档案记录进行学情诊断，对学生的现有学习基础、认知特点和个性特征等进行分析评价，对教学目标确定、教学重点难点、教学资源准备、教学策略方法和教学流程等进行预先设计。随着社会的不断发展，学生的兴趣特点和思维方式都在快速地变化，要想有效进行生成，教师首先要研究学生情况，以动态化的视角审视学生的发展与进步，关注"数字原居民"学习和生活方式，了解他们是如何进行学习的，如何看待各个学科，发现他们的学习优势和不足，在此基础上针对性地制定教学方案，充分预设学生的课堂学习情况，预留生成空间，诱发、促成课堂转变。

2. 创设情境、激活生成

在课堂教学中，教师应该尽可能创设活动情境和探究条件，启发学生自主发现和提出问题，启发学生学会学习和创新，实现学生生成性发展。这种情境创设具有动态变化等特殊要求，"生成性课堂"作为一种动态化的课堂建构过程，教学过程中肯定会出现无法预知的场景和问题。教师作为课堂的组织者和引导者，必须随情境而动，敏锐捕捉这些生成性事件，创造性地进行应对，对不确定性和不可预测的教学情境做出解释和决策，在情境动态变化的过程中形成师生之间的有效互动，实现具有生成特征的课堂情境创设与应用。

在智慧课堂教学中，要将生成性教学过程和智慧课堂信息化平台的技术支持进行整合，利用计算机网络和多媒体技术，构建智慧课堂生成性教学情境。现代多媒体技术使得信息既能听得见又能看得见，将声、光、形、色、动等汇集为一体，直接对学生的视觉和听觉感官产生作用，这种通过多方面感官刺激的方式获得的信息量比单一的听老师讲课要多得多，形成了十分有效的教学情境。在智慧课堂信息化环境下，有利于激活课堂的"生成性"，教师和学生之间、学生和学生之间、学生和媒体之间，进行着平等的、多维的和线上线下相结合的对话，鼓励学生以多种方式提出创造性的意见和建议，形成各种有价值的生成性资源。

3. 合作探究、建构生成

在教学情境创设的基础上，教师组织学生开展探究性和协作性学习，给学生质疑、争论和反驳的机会，让学生带着知识、经验、灵感和思考进课堂，呈现出课堂的丰富性、多变性、自主性和复杂性。在生成性教学中通过探究、协作等方式发挥学生在课堂中的主体作用，促进学习探究。教师要引导、帮助学生开展合作学习、协作交流，包括师生之间的协作交流，对学生提出的问题、形成的观点、辩论争论等生成性信息，及时给予反馈和引导，并根据具体情况灵活调整教学行为、提供学习支架，这样就可以使学生真正融入生成性学习活动的整个过程之中，有效建构属于学生自己的知识构架，促进学

149

150

生知识意义的建构与生成，从而达到生成性课堂教学要求。

在智慧课堂教学中，基于信息化教学情境的创设为学生的合作探究、交流互动和建构生成提供了十分有利的条件。在课堂教学中，教师对学生的学习行为和效果进行实时监测，密切关注学生自主学习、合作探究和交流讨论情况，基于智慧课堂信息化平台可以对学生的浏览、作业、对话和互动等学习行为进行记录和数据分析，利用教育数据挖掘和学习分析技术，对学生的互动行为数据、师生关系数据、学习测评数据等教学过程数据进行建模和挖掘分析，为改进和调整教学提供决策数据支撑，有利于实现基于数据的精准教学和个性化学习。

4. 随机应变、 智慧生成

生成性教学模式中强调"动态生成"，是指教师以在课堂上出现的学生有价值、有创见的问题与想法等生成性资源为契机，及时调整或改变预设的计划，围绕学生的学习问题展开教学而获得成功。在实际教学过程中往往会发生一些偶然现象、突发事件等难以预料的情况。生成性教学要求教师能够随机应变，凭借教学机智正确地处理教学中的突发事件，因势利导、顺其自然地改变原来的教学程序或内容，才能产生事半功倍的效果，能给学生带来"意料之外"的发展价值，实现智慧生成。

在智慧课堂教学过程中，动态生成性内容随着教学进程的发展而变化，是流动的、短暂存在的，有些是在师生交互过程中隐性生成的，需要教师具有高度的教学智慧和教学应变能力去发现和把握，需要及时收集、记录和处理。智慧课堂信息化平台为此提供认知工具、展示和记录平台，引导学生进行学习成果共享或展示汇报，对生成性内容加以收集和记录，支持实现智慧生成。例如，课堂测验结果、学生作品等都是宝贵的生成性内容，基于智慧课堂信息化平台功能，教师能够即时分析课堂测验的答题结果，更全面地查看小组或个人的创造性作品，据此随机调整教学策略，对学生进行有针对性的辅导。

5. 评价反思、 优化生成

在生成性教学模式中，生成性体现在课堂教学的全过程中，教师对教学全过程进行评价反思就显得非常必要。教师要组织学生利用评价工具对学习过程、学习收获等进行多元评价，开展评价和反思，进一步优化生成。在教学实施过程中，教师在充分预设的基础上，对课堂上出现的各种情况分析思考，进行"行动中的反思"，对预料之外的情况进行评价分析，判断是否有助于学生的学习发展。在课堂教学任务完成后，教师要对整个教学过程进行评价反思，审视教学过程中的各个环节、教学活动形式和方法、知识传授的技能和技巧，从中发现最有利于学生发展的做法，从而不断地积累教学智慧，在以后的教学中不断应用和提高，实现在评价反思中优化生成。

　　智慧课堂环境下，全过程动态学习数据分析为生成性教学的评价与反思提供了极为便利的条件。智慧课堂信息化平台记录了大量的学生在参与预习测评、随堂测验过程中形成的数据，包括应答数据、应答时间以及测试结果数据等，用于对学生进行评价，不仅能够了解学生学习准备、课堂学习行为状态，而且能够将收集到的信息用于促进学生学习。通过对学生学习结果的测量评价与反思，为教师和学生提供可视化分析图表，帮助教师高效地了解学生的学习情况，有助于教师更好地准备教与学的材料，进一步促进教学生成。

▶ 第五节　混合式教学模式

一、混合式教学模式的含义

　　混合式教学模式是对传统课堂教学与网络化教学两种教学方式的混合，以其克服传统教学方式或单纯网络化教学的不足。国内首次正式倡导混合式教学概念的北京师范大学何克抗教授认为："混合式教学模式把传统教学方式的优势和网络化教学的优势结合起来，既发挥教师引导、启发、监控教学过程的主导作用，又充分体现学生作为学习过程主体的主动性、积极性与创造性"。[1] 混合式教学的理论基础包括建构主义学习理论、结构主义理论和人本

---

[1]　何克抗：《从 Blending Learning 看教育技术理论的新发展(上)》，载《电化教育研究》，2004(3)。

152

主义学习理论等。其中混合式教学受建构主义学习理论的影响很大。混合式教学模式强调通过学生主体性与教师主导性的结合来强化学生主体作用的发挥，这与建构主义学习理论不谋而合。

相比于传统的教学模式，混合教学具备学习资源提供的灵活性、为个别化学习提供支持以及提高教学效率三个方面的主要特征。[①] 它转变了学生的认知模式、学习方式，以及教师的教学模式、教学策略和角色，是学习理念和教育理念的一种提升。混合式教学通过网络信息技术营造一种理想的教学环境，以实现一种能充分体现学生主体地位的新型学习方式，其本质是要改变传统的"以教师为中心"的教学结构，构建一种新型的"主导—主体相结合"的教学结构。[②] 在混合式教学模式下，学生可以选择适合自己的学习方式，开展多渠道、多形式的师生、生生以及人机互动，由于可以不受时间和地点的限制，学生有更多的时间对学习过程进行评价和反思；教师也由原来的课堂主宰者和知识传授者转变为教学过程的组织者和指导者。[③]

混合式教学模式是智慧课堂教学的一种典型模式。混合式教学过程中，将教师主导作用的发挥和学生主体地位的体现在建构主义学习环境下统一起来，智慧课堂信息化平台的开发利用为这种统一创造了条件。智慧课堂是依据于建构主义学习理论，运用云计算、大数据、移动互联网等新一代信息技术构建智能高效的课堂，包括网络教学平台、多媒体教学课件、微课、网络试题库、多媒体教学设备和智能教学终端等，形成了富有智慧的理想学习环境，为开展混合式教学创造了良好的条件。因此，智慧课堂混合式教学模式的特点是：在教学形式上实现传统面对面教学与网络教学的结合；在教学手段上采取传统教学手段与信息技术手段的结合；在教学目标上充分发挥教师的主导作用与学生的主体地位，以达到最佳的教学效果；在教学评价上注重过程评价、结果评价等多种评价方式的结合。[④]

---

① 黄荣怀、马丁、郑兰琴：《基于混合式学习的课程设计理论》，载《电化教育研究》，2009(1)。
② 何克抗：《从 Blending Learning 学习看教育技术理论的新发展(上)》，载《电化教育研究》，2004(3)。
③ 刘邦奇：《在线教学4.0：线上与线下的有机融合》，载《中国教育网络》，2016(11)。
④ 张其亮、王爱春：《基于"翻转课堂"的新型混合式教学模式研究》，载《现代教育技术》，2014(4)。

二、混合式教学模式的基本结构

混合式教学模式是把传统课堂教学与网络教学融为一体的新型教学模式，体现在其教学流程结构上的鲜明特征。混合式教学准备包括课堂教学与网络教学的课前教学准备，分别为网络资源建设、课堂教学设计、实践活动设计，为之后的教学提供了有效的支持。混合式教学组织实施包括线上的网络教学环节、线下的课堂教学和实践活动环节，其中网络教学是将课程内容、教学资源或教学活动呈现在网络平台上让学生进行在线学习；线下的实体课堂教学侧重于对课程重难点知识的讲解和师生之间的沟通互动；实践活动是在线下进行实验、实训、社会实践等，让学生可以运用创新理论解决实际的问题。混合式教学考核评价包括线上测评和多元评价。混合式教学模式的基本结构如图 4-6 所示。

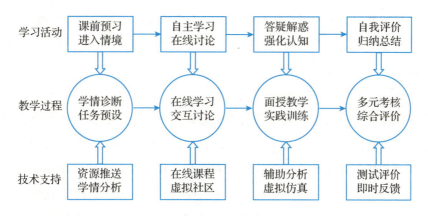

图 4-6　混合式教学模式的基本结构

三、混合式教学模式的主要环节

1. 学情诊断、任务预设

混合式教学模式的首要环节是教学准备，即学情诊断、任务预设，包括学情分析、教学设计、网络资源准备等内容。该环节可以在线下进行，但更需要网络平台的支持。教师基于网络平台广泛收集资料，除了课本内容外，教师还通过给学生预设一些任务引导学生自主寻找和学习内容相关的资料，并且引导学生从自己收集的资料中提取有价值的信息。教师能够利用网络平台的优势将收集的各种教学资源进行分类储存，并通过网络平台强大的信息处理功能对所获资源进行交换，进行教师协作备课。基于网络平台及时了解学生预习情况，查询学生的历史学习档案，准确掌握学情，分析教学目标，进行线下教学与网络教学的课前教学设计。

在混合式教学的教学准备中，可充分利用智慧课堂信息化平台的优势发布学习目标和计划，为之后的教学提供有效的支持。教师通过信息化平台公布各阶段的学习内容、学习进度、学习目标和考核标准等，通过信息化平台给学生布置一些与学习单元主题相关的活动，学生主要在线完成预习、自测并反馈。在一门课程的混合式教学准备中，重点要完成课程导入，就是教师与学生要通过一定的方式对课程的学习目标和学习方法进行交流，以使师生对课程的教学目标、网络课堂学习活动的组织形式、学习支持方法与考试评价方法形成共识。通常可设计制作课程导入的微视频，在课前进行网络发布，由学生自主观看，一节成功的导入课对提高学生的学习积极性会有极大的促进作用。

2. 在线学习、 交互讨论

开展线上学习是混合式教学的重要组织形式之一，包括自主学习、线上作业、网上答疑和讨论交流等。学生以在网络教学平台上自主学习为主，因此，提供优质的、个性化的在线学习资源是前提。在混合式教学中，线上学习的资源内容和类型丰富多样，包括知识点微视频资源库、PPT 课件、测试题库、网上教学辅导、优质典型课例视频、拓展型和研究型课程资源等，以微课、MOOC、SPOC、网络公开课等新型课程为载体，提供学生自主学习，学生可根据自己的实际情况点播和浏览学习。教师将教学活动设计为教学目标、步骤和任务等模块内容，学生可以参照模块内容进行自主学习。教师布置作业和任务，学生要及时完成作业并提交到平台上，教师应对学生上传提交的作业进行评价与反馈。

线上学习要特别注意提高教学的协作性和交互性。协作学习是一种通过小组或团队的形式组织学生学习的一种策略，通常结合基于主题与项目的学习方式。参与小组协作活动的学生可以基于智慧课堂信息化平台，将其在学习过程中探索、发现的信息和学习材料与小组中的其他成员共享。教师针对知识点的特点选取适合的知识点开放给学生作为协作学习的目标，小组成员通过资料查找、作业上传展示等方式来进行学习。通过智慧课堂信息化平台设置讨论和答疑区，开展在线讨论与交流，师生在平台上进行即时的互动和交流。学生可将问题提交到答疑系统，等待老师或其他同学解答。对于一些具有普遍性的问题，教师可将问题和答案整体公布到答疑中心，供其他学生参考。教师可结合课程内容设计一些话题，学生则通过发帖、跟帖等形式进行交流和讨论。

3. 面授教学、 实践训练

混合式教学最终要回归线下，结合面授辅导、实践训练，教师点拨知识要点、答疑解惑，并通过面对面的讨论，强化知识内化、促进认知建构。线下课堂教学是在实体课堂中进行的面对面的教学活动，侧重于对课程重难点知识的讲解和师生之间的沟通互动。线下教学重点是进行面授辅导，采用讲解、演示、作业讲评等方式。与传统的课堂教学给学生灌输课本知识不同，在混合式教学的线下课堂教学中，教师应根据教学重难点、学生在线测评反馈等安排课堂教学内容，对学生在线上学习和生活中遇到的问题进行答疑解惑。同时还要对学生的学习方法进行面对面的点拨，使线下课堂教学切实发挥对学生认知的强化和促进作用。

在混合式教学模式中，线下的实践教学环节是线上学习不可替代的方式。实践教学是让学生通过实际操作，运用所学理论解决实际问题的教学环节。对于一些实践性较强的知识点内容，如物理、化学、生物等自然学科的实验教学，需要结合线下的实践教学环节，采用"教—学—做"或"学—做"等形式。在智慧课堂信息化环境下，实践教学环节可以利用新一代信息技术建立虚拟实验、仿真实训和模拟实践的环境，进行模拟教学实践活动。因此，在混合教学模式的网络教学和课堂教学中都要利用各种新技术、新媒体，创设有利于创新的学习环节，设计创新实践的内容，培养学生的创新思维和实践能力。

4. 多元考核、 综合评价

考核评价也是混合式教学模式的重要环节。混合式教学的考核评价相较于传统课堂教学有很大的不同，在于既包括线上作业、测试、讨论评价，也

156

包括线下的课堂考勤、活动表现、实践考核；既包括学生自评、同学互评、小组评价，也包括教师的观察记录、课堂考试；既有量化的试卷测验，也有定性的评议分析，是线上与线下、平时与课终、自评与他评、定量与定性多元混合的综合性评价，充分体现了智慧课堂信息化环境下学习评价的多元化、综合性特征。

　　智慧课堂信息化平台为线上线下混合的考核评价提供了便利的条件。比如，混合式教学的形成性评价包括网络学习行为记录、平时上交的单元练习、网上讨论的表现、网络教学中的测试成绩等，课堂教学中的讨论交流情况、课堂测验、创新成果展示、创新游戏等情况，这些数据都会在智慧课堂信息化平台的网络学习系统或学生学习档案上记录，是进行形成性评价的依据。总结性评价是在教学的最后环节，组织进行课终考试或综合实践，并把之前布置的创新作业在线上或线下课堂上展示，提供给每位学生在网络上进行互评，作为总结性评价的依据。总结性评价也可通过模拟仿真平台进行综合考试或模拟实践训练。在智慧课堂信息化环境下，混合式教学的形成性评价与总结性评价无论在评价的内容、方式、标准、依据等方面，都更加多元化、综合化和精准化，使评价更为客观、准确、科学。

第五章 智慧课堂教学方法

DIWUZHANG ZHIHUI KETANG JIAOXUE FANGFA

　　智慧课堂教学方法是在智慧课堂教学过程中，教师和学生为了实现共同的教学目标，完成共同的教学任务，在一定的教学模式下所采用的一些具体的手段、途径和办法。本章在简述智慧课堂教学方法内涵、分类的基础上，对智慧课堂教学的一般流程进行分析，进而描述智慧课堂常用的发现式教学、导学式教学、讨论式教学、个别化教学和情境化教学五种教学方法，以及自主式学习、协作式学习、体验式学习和游戏化学习四种常用学习方法。

▶ 第一节 智慧课堂教学方法概述

一、智慧课堂教学方法的内涵

1. 教学方法的一般概念

　　教学方法，是教学过程中教师与学生为实现教学目的和教学任务要求，在教学活动中所采取的行为方式的总称。教学方法体现了特定的教育和教学价值观念，它指向实现特定的教学目标要求。教学方法受到特定的教学内容的制约，同时也受到具体的教学组织形式的影响和制约。①

　　教学方法既包括教师教的方法（教授法），也包括学生学的方法（学习方法），是教法与学法的统一。按照建构主义学习理论，教学应以"学习者为中心"，突出学生的主体地位，因此采取什么样的教学方法，促进学生的学是智

157

---

① 胡庆芳：《优化课堂教学：方法与实践》，北京，中国人民大学出版社，2014。

158

慧课堂关注的焦点。

在现代课堂教学中实用的教学方法①有限多，其中最常用的一些方法如下。一是讲授式的教学方法，教师主要运用语言方式，系统地向学生传授科学知识，传播思想观念，培养学生的思维能力，发展学生的智力。二是问题探究式方法，即教师提出问题或教师引导学生提出问题，在教师的组织和指导下，通过学生比较独立的探究和研究活动，探求问题的答案而获得知识的方法。三是训练与实践式方法，即通过课内外的练习、实验、实习、社会实践和研究性学习等以学生为主体的实践性活动，使学生巩固、丰富和完善所学知识，培养学生解决实际问题的能力和多方面的实践能力。四是基于现代信息技术的教学方法，即教师利用视觉媒体、听觉媒体、视听媒体和交互媒体等现代教学媒体，实现教学信息的再现、集成、交互、虚拟多方面的教学功能，创设理想的教学情境，帮助学习者更好地实现意义建构。

2. 智慧课堂教学方法的内涵

智慧课堂教学方法是在智慧课堂教学中所采用的教学方法，是在智慧课堂信息化环境下，为达到既定的教学目的，实现既定的教学内容，以智慧教学原则为指导所进行的师生相互作用的活动方式和措施。

在智慧课堂教学中，教师和学生为了实现共同的教学目标，完成共同的教学任务，在教学过程中采用了各种手段、途径和办法，实现师生相互作用和高效的教学互动，形成了多种多样的教学方法。智慧课堂的教学方法也包括教师教的方法和学生学的方法两大方面，在中小学智慧教学实践中，基于智慧课堂信息化环境实现教授方法与学习方法的有机统一。

近年来，许多学校在不同学科中开展智慧课堂教学，由于学科教学目标、教学内容、教学方式、教学手段和教学评价等方面的不同特点，形成了具有不同特色的学科智慧课堂教学方法。但从共性的角度来看，智慧课堂不同于传统课堂的核心特征，无疑体现在基于信息技术的教学互动、协作探究和动态生成等方面。在智慧课堂教学中，通过教师与学生、学生与学生基于智慧

---

① "教学方法"百科链接：https：//baike. baidu. com/item/％E6％95％99％E5％AD％A6％E6％96％B9％E6％B3％95/7731755？fr＝aladdin，2018-09-13。

课堂信息化平台实现高效的教学互动，促进学习者协作探究，形成生动活泼、高效生成的新型课堂，促进师生相互促进、共同成长，实现学生的主动学习、主动构建和智慧发展。

二、智慧课堂教学方法的分类与选择

智慧课堂教学中基于"云—台—端"智能化服务平台，实现了数据化决策、即时化评价、立体化交互和智能化推送，使得课堂教学方式方法更加丰富多样。在智慧课堂环境下，传统的教学方法得到了提升和改进，利用智能信息技术可以创新应用多种新的教学方式方法。按照不同的标准，对智慧课堂教学方法可以划分为不同的类型。

1. 按照教学方法涉及的应用范围和层次分

按照教学方法涉及的应用范围和层次分，可以分为整体性方法和具体性方法。整体性方法是指从智慧课堂教学全局的视角所采取的整体性活动方式和措施，如智慧课堂流程结构、智慧课堂教学模式等，这些是所谓的大方法。我们在下一节介绍的"智慧课堂的流程结构"就是整体性方法。而具体性方法是指应用于某一类教学任务、某一个教学环节的具体活动方式和措施，例如，用于知识教学的讲授法、讨论法、读书指导法等，用于引导探究的发现教学法、探究教学法等。

2. 按照教学方法外部形态及学生认识活动的特点分

按照教学方法外部形态及学生认识活动的特点[①]分，具体可以分为五类：以语言传递信息为主的方法，包括讲授法、谈话法、讨论法、读书指导法等；以直接感知为主的方法，包括演示法、参观法等；以实际训练为主的方法，包括练习法、实验法、实习作业法等；以欣赏活动为主的教学方法，如陶冶法等；以引导探究为主的方法，如发现法、探究法等。

3. 按照教学方法的主体对象分

按照教学方法的主体对象分，可以分为教师教的方法和学生学的方法。如前所述，智慧课堂教学方法是教师教的方法和学生学的方法的有机统一。

---

① 李秉德：《教学论》，北京，人民教育出版社，1991。

从教授方法来看，智慧课堂教学常用的方法主要包括发现式教学、导学式教学、讨论式教学、个别化教学和情境化教学等教学方法。从学的方法来看，智慧课堂教学常用的学习方法主要有自主式学习、协作式学习、体验式学习和游戏化学习等。本章在第三、第四节中对上述方法分别加以介绍。

但应当指出的是，在采用这些教学方法时，还必须采用其他教学方法加以配合和互补。比如，不能把过去常用的讲授式教学方法简单地看作传统教学思想的产物而加以批判，似乎在信息化教学条件下已不适用了，这种看法未免有些偏颇，实际上传统的讲授式教学中也有其合理的方面。古今中外，没有固定不变的、在任何情况下都适用的教学方法。正如著名教育家巴班斯基所说："某种教学方法对某些情况来说是成功的、有效的，但对另一些情况、另一些专题、另一些学习形式来说，则可能根本不行"。因此，在智慧课堂教学过程中，要利用信息技术的优势，灵活地、创造性地综合运用各种教学方法。

▶ 第二节　智慧课堂教学流程结构

研究智慧课堂教学方法首先要从智慧课堂教学全局的视角来考察，即对智慧课堂的流程结构进行分析，探讨智慧课堂的整体性方法。随着新一代信息技术在学校教育中的广泛应用，技术与教学的融合不断深入，引发了传统课堂教学流程与结构的深刻变化，形成了智慧课堂教学的新型流程结构。

一、从传统课堂教学流程到智慧课堂理想教学流程

1. 传统课堂教学流程

对传统课堂的要素及流程结构进行分析可以看到，传统课堂的教学流程通常采取"5＋4模式"，即由教师"教"的5个步骤(备课、讲课、提问、布置作业、批改作业)和学生"学"的4个步骤(预习、听课、代表回答、完成作业)，以及他们之间的互动联系方式所组成的系统过程，形成了"课前、

课中、课后"持续发展的课堂教学循环。传统课堂教学流程的优势是简洁、易操作；其劣势是"教"与"学"的联系方式比较简单，缺乏全面深入的互动交流。

2. 智慧课堂理想教学流程

在智慧课堂教学中，由于大数据分析、动态学习评价和"云—台—端"信息技术平台的运用，智慧课堂教学的要素及流程结构发生了重大变化。从理想化的状态来看，智慧课堂教学中教师的"教"变成 8 个步骤(学情统计、资源发布、教学设计、课题导入、新任务下达、精讲与点评、个性化推送、批改作业)，学生的"学"也变成了 8 个步骤(预习与作业、课前讨论、展现分享、合作探究、随堂测试、巩固提升、完成作业、总结反思)，师生之间的互动交流更加丰富多样(见表 5-1)，因此，理想的智慧课堂教学流程是"8＋8 模式"，基于"课前、课中、课后"的闭环实现智慧教学持续改进。

3. 理想教学流程的整合与优化

从传统课堂教学流程的"5＋4 模式"到智慧课堂教学流程的"8＋8 模式"，充分体现了"互联网＋"时代新一代信息技术支持下课堂教学变革的趋势。但理想的智慧课堂教学流程"8＋8 模式"主要是一种理论模型，对于智慧课堂教学的"教"与"学"要素及联系的理论分析来说具有重要价值，而对于教学实践应用则比较复杂，可操作性不强。因而需要进一步优化、简化，建立一个实用性强的智慧课堂教学流程结构。

通过对传统课堂教学流程的"5＋4 模式"和智慧课堂教学流程的"8＋8 模式"进行分析和整合，在教学实践中，不应把"教"与"学"作为分离的要素来构建理想化的教学过程流程结构，而是围绕"以学生为中心"，注重"教"与"学"的相互渗透和融合，来构建"教与学统一"的智慧课堂实用教学流程模式，即智慧课堂的一般教学流程，在基于平台的教学互动中促进和实现学生的智慧发展(见表 5-1)。

表 5-1　传统课堂与智慧课堂教学流程结构比较分析

类型\阶段	传统课堂教学流程结构（5+4模式）			智慧课堂实用教学流程结构（三段十步模式）	智慧课堂教学流程结构理论模型（8+8模式）		
	教师	教学互动	学生	教与学统一（基于平台的教学互动）	学生	教学互动	教师
课前	备课	①	预习	学情分析 预习测评 教学设计	预习与作业 课前讨论	①②③	学情统计 资源发布 教学设计
课中	讲课 提问 布置作业	②③④	听课 代表回答	情景创设 探究学习 实时检测 总结提升	展现分享 合作探究 随堂测试 巩固提升	④⑤⑥⑦⑧	课题导入 新任务下达 精讲与点评
课后	批改作业	⑤	完成作业	课后作业 微课辅导 反思评价	完成作业 总结反思	⑨⑩⑪	个性化推送 批改作业

备注：1.传统课堂教学流程结构中的教学互动：①预习反馈；②知识传授；③部分互动；④统一任务；⑤事后评价。
　　　2.智慧课堂教学流程结构理论模型中的教学互动：①资源推送；②③预习反馈；④交流互动；⑤任务推送；⑥测验推送；⑦及时反馈；⑧针对性教学；⑨作业推送；⑩作业提交；⑪评价反馈。

二、智慧课堂的教学流程结构分析

智慧课堂为"教"与"学"的融合和统一提供了有利的条件。基于智慧课堂信息化平台，增进师生互动和协作交流，使"教"与"学"相互渗透、融合一体，因而对智慧课堂的实用教学流程结构进行优化设计，应把"教"与"学"作为一个统一的系统整体来考虑，采取"三段十步"的教学流程模式，即由三个教学阶段和十个教学步骤组成，构成了智慧课堂的一般教学流程。其中，"三段"即智慧课堂仍然是由"课前、课中、课后"组成的三段式课堂教学闭环，"十步"即学情分析、预习测评、教学设计、情景创设、探究学习、实时检测、总结提升、课后作业、微课辅导和反思评价十个教学步骤，构成了教与学统一、可持续发展的完整智慧教学过程（图5-1）。

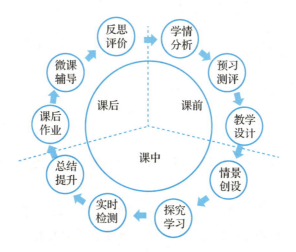

图 5-1　智慧课堂教学流程结构(三段十步模式)

"三段十步"的智慧课堂教学流程，在各个阶段应用上既要分担促进学生智慧发展的总体目标任务，又有各个阶段任务的重点和特色，从而构成智慧课堂的完整教学过程和持续发展体系，具体分析如下。

1. 课前阶段——以学情分析为核心

课前阶段，传统课堂教学的任务就是教师备课和学生预习，教师备课主要是研究教材、撰写教案，对学生的分析主要是基于经验和平时的直观感受，缺少对学情的深入调查分析，而学生的预习就是自学教师布置的教材内容，无法与教师或同学进行课前的讨论交流。智慧课堂的课前教学准备从根本上改变了这一点，以学情分析为基础优化教学设计，实现以学定教。主要包括以下内容。

(1)学情分析：教师通过智慧课堂信息化平台提供的学生作业成绩分析和学生特征档案，精确地掌握来自学生的第一手学情资料，预设本节课的教学目标，并向学生推送微课或富媒体预习及检测的内容。

(2)预习测评：学生预习教师推送的富媒体学习材料，完成和提交预习题目，并可在论坛或平台上进行相关讨论，提出疑问或见解，并记录预习过程中遇到的问题。

(3)教学设计：教师根据学情分析结果和学生预习检测统计反馈的情况，以学定教，确定教学目标、内容、方法等，优化教学方案设计。

2. 课中阶段——以师生互动为关键

在课中阶段，传统课堂教学就是教师讲课和提问，学生听课和部分代表回答问题。而智慧课堂教学中，关键是基于智慧课堂信息化平台开展多种形式的师生互动、生生互动，主要包括以下内容。

(1)情景创设：可以采取多种方式创设学习情境、导入教学课题，如通过预习反馈、测评练习等方式创设情境、导入新课，或由学生演讲展示课前预习成果，进而教师提示或精讲预习中存在的问题，学生重点听取在预习中的疑惑或掌握薄弱的知识，积极参与教学。

(2)探究学习：教师通过信息化平台发布新的学习探究任务和要求，以及任务完成后的随堂测验题目，并组织和指导学生的合作探究活动，学生开展协作学习，提交成果并展示。

(3)实时检测：教师通过平台对学生进行学习过程诊断评价，布置随堂测验，学生完成测试练习并及时提交，得到即时的评价反馈。

(4)总结提升：教师根据课堂探究和随堂测试反馈信息，精讲、辨析难点，补充、巩固弱点，拓展、提升重点，进一步深化师生互动交流，培养学生创新思维和能力，促进学生意义建构。

3. 课后阶段——以个性化辅导为重点

在课后阶段，传统课堂教学是学生完成课后作业，教师批改作业，作业布置是统一的，而批改和反馈是滞后的，一般是学生在下堂课上提交作业，再下堂课才能得到反馈，作业讲评也只是讲共性问题。而智慧课堂教学完全改变了这一状况，基于信息化平台重点开展个性化辅导，进行针对性教学。主要包括以下内容。

(1)课后作业：教师利用平台发布个性化的课后作业，学生完成课后作业并及时提交给老师，得到客观题即时反馈。

(2)微课辅导：教师依据学生课堂学习情况，结合批改作业，录制讲解微课，针对性地推送给学生，进行个性化辅导。

(3)反思评价：学生基于平台观看自己的作业批改微课，也可在平台上发布自己的学习感受与疑问，与老师、同学讨论交流，进行总结反思，并可以通过平台及时反馈到教师的下次课备课中，以利于及时改进和实施针对性教学。

▶ 第三节　智慧课堂常用教学方法

本节所述的智慧课堂教学方法是指智慧课堂教学中教师教的方法。教学方法是为教学目的服务的，只有紧密结合各类课程的教学特点，针对学科教学实际，利用智慧课堂信息化平台，精心设计和选择相适应的教学方法，才能收到好的教学效果。在智慧课堂教学中，常用的教学方法主要有发现式教学、导学式教学、讨论式教学、个别化教学和情境化教学五种方法。

一、发现式教学

发现式教学也称探究式教学，是教师引导学生发现和提出问题，在教师组织和指导下，通过学生比较独立的探讨和研究活动，探求问题的答案而获得知识的方法。发现式教学强调学生是知识的"发现者"、知识意义的"建构者"。学生的学习不再是被动地接受，而是积极主动地去探究，从而充分发挥学生的创造力、想象力，培养独立观察、分析和解决问题的能力。在"发现"的过程中，利用智慧课堂信息化平台的优势，可以充当"发现"的桥梁。

发现式教学方法的实施过程通常包括以下步骤。

1. 提出和设计探究目标

教师从教学大纲中引出符合内容特点和学生认知水平的典型探究课题，并通过口头讲解或智慧课堂信息化平台呈现，设置要探究的问题情境，引起学生的悬念和兴趣，使学生产生一种跃跃欲试、渴望探究的心态。

2. 引导探究，提出假设

在教师的指导下，学生对问题进行思考、讨论，提出假设和解决问题的各种途径，并鼓励大胆地猜想和想象。学生基于智慧课堂信息化平台，可以查找相关信息资料，引导学生一步一步地发现原理，获得新知。

3. 分析论证，检验假设

引导学生从理论和实践上进行分析论证，正确地"发现"原理或规律，加以科学地整理、加工和提炼，并用准确的语言表达出来。对于分析论证结果，并可借助于互联网丰富的信息资料，辅助检验其假设和结论。

165

4. 总结提高， 拓展应用

对学生的讨论和"发现"，要去粗取精，使之上升到抽象的认知层次，还要从抽象的层次转移到具体的情境中来。利用现代信息技术创设形象、生动的情境，帮助学生应用概念和理论去解释新的想象，解决新的问题，培养学生的创造性思维和独立解决实际问题的能力。

二、导学式教学

导学式教学是从学生自学入手，实行教师引导和学生自学相结合的一种教学方法。导学式教学方法的基本特征是学生在教师的指导下，以自学方式，上网检索、查阅大量的参考资料，再经过必要的讲解和引导，自主地获取知识，提高能力。导学式教学也可以作为课前或课后环节的教学方法使用，用于指导学生课前阶段进行预先的自主学习，指导学生开展课后巩固性学习和实践探索。

在智慧课堂信息化环境下，导学式教学方法的主要特点和要实现的功能主要包括以下三个方面。

1. 突出学生的主体地位

依据建构主义学习理论，遵循素质教育倡导的主体性原则，在教学中鼓励学生积极参与、主动学习，在教师指导下自主学习，真正实现"以学生为中心"，充分发挥学生在教学过程中的能动作用。

2. 发挥教师的主导作用

强调教师的主导作用在于"导"，学生的学是在教师指导下"学"和在"学"的基础上接受指导的统一。教师的"教"要为学生的"学"服务，教师既要研究"教法"，又要研究"学法"，既要教学生"学会"，又要教学生"会学"，真正实现教与学的统一。

3. 促进学生的智能发展

按照传授知识与发展智能相统一的规律要求，特别重视学生智能的开发。导学式教学把学生自学作为教学活动的基础，把学贯穿于教学的全过程，通过教促进学生的智能发展，把导的效能转化为学生自己的"探索、思考、研究"等方面的能力。

三、讨论式教学

讨论式教学是一种进行知识信息交流，智慧交互碰撞，互相启迪的教学方法。智慧课堂的讨论式教学大大突破了传统的讨论式教学的范围和空间，通过互联网可以实现与其他学校甚至国内外任何学校的同学讨论问题，从而将单向平面型的知识传递、交流变为多向立体型传递、交流，使学生在更广泛的讨论中接受更多的知识，激发思维、增长智慧，强调学生与教师、学生与同伴的互动互助。

在智慧课堂信息化环境下，讨论式教学方法的主要特点和要实现的功能主要包括以下三个方面。

1. 讨论中的师生参与

讨论式教学方法是一种多边活动的教学方式，不论采用什么具体形式，教师和学生都必然进入活动状态。这有利于学生进入"角色"，成为教学的积极参与者，知识的主动"发现者"，有利于培养学生的语言表达和组织能力，有利于培养学生独立思考和分析、判断问题的能力，有利于锻炼学生思维的灵活性和反应能力。

2. 讨论中的多向互动

通过立体化讨论互动，有利于学生之间互通信息，相互启发，开拓学习的深度和广度，从而使思想和知识有效增值，有利于教师及时收到反馈信息，从学生讨论中获得启示，充实和调整教学内容。

3. 讨论的多样化主题

讨论式的教学形式主要有：紧紧围绕某一教学内容主题的主题式讨论法；重点在于"消化"和"吃透"所学理论知识的理解性讨论法；运用理论分析和解决实际问题的探讨性讨论法；对一些带有普遍性和有争议问题的辩论性讨论法；带有总结性、应用性，并有一定难度的竞赛性讨论法等。

四、个别化教学

个别化教学是为了适应学生个别化的需要、兴趣、能力和学习进度而设计的教学方法。个别化教学尊重学生的个性化差异，根据每个学生的个性、兴趣、特长、需要进行施教。当同一教材、教法不能针对班级教学中学生的程度差异时，为顾及个别能力、兴趣、需要及可能遇到的困难，教师必须在教学过程中特别设计不同的教学计划方案，提供符合学生个性化学习需要的环境和资源。因此，个别化教学主要体现在以学习者为中心和满足学生个别需要两个方面。

在智慧课堂信息化环境下，个别化教学方法的主要特点和要实现的功能包括以下三个方面。

1. 构建个别化的学习环境

智慧课堂信息化环境是最佳的个别化学习环境，以互联网和各种新媒体、新技术为载体和手段，能让学习者充分利用自己的学习环境来决定适合自己学习风格的学习内容呈现方式。如基于网络教学可以进行异步的交流与学习，学生可以根据教师的安排和自己的实际情况进行学习，利用网络可在任何时间进行学习或参加讨论及获得在线帮助，克服了传统教学中的"一刀切"的人为现象，从而真正实现个别化教学。

2. 提供个别化的教学资源

基于网络信息化平台提供丰富的数字化教学资源，包括各科学习材料、各科答疑、复习指导、考试测验、学习交流、学生心理辅导、学生论坛等内容，满足对学生提供个别化的教学服务。此外，网络中有大量的个性化教育资源，如专题网站、名师个人空间、专题新闻、专业学术组织的网站、专业化的电子杂志等，这些网上资源为学生个别化学习提供了前所未有的选择空间。

3. 进行个别化的诊断评价

基于智慧课堂信息化平台，提供全过程动态学习数据分析和多元化的学习评价，实现对学生学习能力的个别化诊断，如采取线上线下相结合、自我评价与相互评价相结合、过程性评价和终结性评价相结合的多元评价，应用客观的测验、观察、交谈、学习行为记录与分析、学习档案袋测评等方式，实现对每个学生的精准诊断和评价，有利于实现因材施教。

五、情境化教学

情境化教学是指在教学过程中为了达到既定的教学目的，引入或创设与教学内容相适应的具体场景或氛围，以引起学生的情感体验，帮助学生更好地理解教学内容，促进学生发展的教学方法。情境化教学不仅可以激发学生的兴趣，而且有利于培养他们的创造性思维。智慧课堂教学利用信息技术的优势创设生动、直观、有效的信息化教学情境，不仅能调动学生学习的主动性和求知欲望，并激发学生学习的兴趣，使学生乐学、善学，从而大大提高教学效果。

在智慧课堂信息化环境下，情境化教学方法的主要特点和要实现的功能包括以下四个方面。

1. 创设问题情境

创设问题情境，就是在教学内容和学生求知心理之间设置问题和疑问，提出富有思考性的问题，有效地启发诱导，使学生尽快地进入学习内容的情境之中。其重要原则是激情引趣，即通过情境激发学生的情感，引起学生的学习兴趣。在智慧课堂教学中创设问题情境的方式多种多样，要充分利用信息技术和信息资源创设问题情境，激发学生主动参与。如通过动画、图像、音频、视频、VR/AR 等多种途径设置问题，提供富媒体学习资源，可以为进一步的讨论和协作学习提供依据，让学生自主实践，培养创新能力。

2. 创设任务情境

创设任务情境，是在课堂教学中先设置一定的任务，将学习者引入一种与任务有关的情境，根据教学设计逐步完成学习任务，引起学习者对学习的兴趣，激发学习者的探求欲望。在智慧课堂教学中用信息化手段创设"任务驱动"情境，提供学习资源和学习平台，指导学习者自主学习，引导学习者多角度、多方位地对情境内容进行分析、比较、综合，让学习者创作实践，不断地在完成"任务"中建构新的认知结构。

3. 创设模拟情境

创设模拟情境，就是应用现代信息技术，把抽象的概念、难以观察清楚的现象、跨越时空的事物以及不易实现的实验等，通过建立数学模型或其他方法进行信息化处理，最终以虚拟仿真的方式呈现出来。模拟情境教学动静结合，图文并茂，能够在短时间内调动学生多种感官参与活动，使学生获取动态信息，从而形成鲜明的感性认识，同时降低了学生理解知识的难度，有

169

利于培养学生的形象思维能力，常用于仿真训练、实验教学、实训教学、角色扮演等教学中。例如，在模拟实验中，利用模拟软件和相关仪器设备，设计与主题相关的，尽可能接近真实的实验条件和实验环境，提供学习者模仿练习。

4. 创设协作情境

创设协作情境，就是利用互联网上多种交流工具创设有利于协作的学习环境。智慧课堂教学中创设协作情境不仅具有传统教学协作互动的特征，更重要的是非线性的交互情境创设，即在信息化环境下，师生、生生之间利用信息化的交流、互动工具平台及应用软件，让学习者通过竞争、协作和角色扮演等方式进行学习，针对某一个问题展开讨论交流，共同完成学习任务。通过师生、生生等多边互动式教学，让学生通过能力发展掌握知识，提高学生的语言表达及人际交往能力，有利于学生高级认知能力的发展、合作精神的培养和良好人际关系的形成。①

▶ 第四节　智慧课堂常用学习方法

智慧课堂学习方法是指智慧课堂教学中，学生为实现学习目标而在学习过程中采取的途径、方式和手段。智慧课堂信息化平台为实现"以学习者为中心"的理念构建了理想的学习环境，在此环境中，学生可以利用各种工具和信息资源，采取信息化的学习方式方法来达到自己的学习目标，完成知识意义建构的过程。在智慧课堂教学中使用的信息化学习方法多种多样，其中经常使用的有自主式学习、协作式学习、体验式学习和游戏化学习四种学习方法。

一、自主式学习

自主式学习是指学生在相对独立的情况下，将自己的学习行为作为自我

---

① 左明章：《关于计算机支持的协作学习应用模式的构建》，载《电化教育研究》，2001(3)。

监控对象，自我设计、自我实施、自我修正，充分发挥主体性的学习活动。[①]智慧课堂自主学习，是指学生在智慧课堂信息化平台支持下，自主完成智慧课堂课前、课中及课后等环节学习活动的学习方式。自主式学习是智慧课堂教学中最重要和最常用的学习方法。

一般地，由于课前预习和课后复习巩固环节是学生在家完成的，在地理空间上具有独立性，而且完成这些任务时，主要靠学生自己独立发现问题、独立思考、独立监控自己的行为，充分依赖学生自己的自主性，交流互动对自主建构知识只是起辅助作用，因此，自主学习方式在课前和课后环节显得尤为突出。在课中教学过程中，进行探究、练习测试等环节也需要学生自主学习。利用智慧课堂信息化平台，可以极大地调动学生学习的主动性和积极性，可以促进学生自主学习的有效完成。在智慧课堂教学中，自主式学习的关键环节包括以下三个方面。

1. 独立学习研讨资源

依托智慧课堂信息化平台，学生独立学习和研讨教师推送的学习资源，并根据教师设置的问题到互联网上寻找学习资源，探索问题的解决方法。由于网络能为学生提供丰富多彩、图文并茂、形声兼备的学习信息资源，学生可以从网络中获得的学习资源不仅数量大，而且还是多视野、多层次、多形态的。与传统教学中以教师或几本教材和参考书为仅有的信息源相比，学生有了很大的、自由的选择空间，选择的自由是自主学习的前提和关键，从而进一步激发学生的学习兴趣和学习自主性。

2. 独立思考探究问题

在自主学习过程中，学生进行独立思考和探究问题。首先，对于自己发现的问题，结合自己已有的知识储备，给出初步的结论。然后，通过教师推送的学习资料，或自己上网查询，学生利用系统的信息服务功能，通过信息收集和推理之类的智力活动，或在智慧课堂信息化平台上与同学、老师进行讨论交流，去探寻求证的依据，得出对预设（通常由教师给出）问题的解答。也许在探寻过程中，会发现自己初步的判断存在偏颇或缺陷。在此种学习探

171

---

① 李芒、蒋科蔚、李师：《信息化学习方式案例教学》，北京，北京师范大学出版社，2014。

究中，培养了学生自主创新精神和创新能力。

3. 自主行动与反思

自主行动与反思是学习者将自主学习所获得的知识与技能，转化为实际的行动，并反思行动结果。[1] 学习者通过积极、主动地将自己所学的知识用于实际生活中，其主要作用如下。一是达到了学以致用的目的；二是提高了学习者学习的兴趣；三是可以激发学习者的创新意识；四是可以检验自己的学习效果，反思行动结果与学习目标、行动问题的关系，以调整、完善自主学习活动，提高学习者自主学习的有效性。

二、协作式学习

协作式学习，也称小组合作学习，是学生以小组形式参与，为达到共同的学习目标，有明确的责任分工，而合作互助的学习方法。协作式学习是以小组的形式展开学习活动的，它有以下基本特点：成员之间的相互依赖；成员之间促进性的互动；每个成员都承担个人责任；成员的人际关系和相处技巧；成员的自我评价。[2] 协作式学习也是智慧课堂教学中最重要、最常用的学习方法。

智慧课堂协作式学习是指基于智慧课堂信息化平台的协作学习方法，它不仅具有协作式学习的基本特征，更体现出智慧课堂信息化平台对促进协作学习的有效实现所起到的强大作用，并为推进协作学习形成一个崭新风貌提供了重要的支撑。智慧课堂协作学习在课前、课中及课后均可以实施，课前和课后的协作学习主要用于较复杂的、花费时间长（可以是几天或几周的时间）的学习任务，课中的协作学习用来解决经过短时间的协作学习，可以当堂解决的问题，就一节智慧课堂教学而言，协作学习主要体现在课中阶段。

在智慧课堂教学中开展协作学习时，要重点做好分组、实施和评价三个方面的工作。

1. 做好协作分组

开展协作式学习首要任务是分组，在学习的不同时期可以根据特定的任

① 李芒、蒋科蔚、李师：《信息化学习方式案例教学》，北京，北京师范大学出版社，2014。
② 冯菲、刘玲：《混合式教学成功手册——让课程快速上网》，北京，北京大学出版社，2013。

务和学习要求选择不同的分组机制。由于智慧课堂信息化平台中存有每位学生的特征档案和学习档案，因此，在分组时只要在"分组类型"选择栏内选择需要的类型，以及每组的人数(一般可选择组员人数为2~6人)，便可将学生分成多组合作学习小组。智慧课堂信息化平台支持的"分组类型"有完全随机分组、志趣分组、成绩分组、特长搭配分组和异质分组。

2. 开展合作探究

在智慧课堂教学中进行协作式学习的具体实施，重点是开展合作探究，突出以下要求。

(1)每位成员要熟练操作智慧课堂信息化平台，以及搜索引擎、Word、Excel的使用、PPT的制作等，以便把主要精力用于合作研究和探讨活动上。

(2)合理分工组织，各负其责同时展开，提高合作学习效益。把学习内容分成几个模块，小组成员合理分工，每人负责其中一个模块，同时展开资料收集、归类整理的工作，并提出自己的观点或想法。由于智慧课堂信息化平台中有着大量、丰富的信息资源，可以在较短的时间内完成资料的收集，再由小组成员同时展开工作，这样便可以大大缩短学习准备所花费的时间。更重要的是，由于每人负责其中一个模块的学习内容，在接下来的讨论中，该学生便可以担任该模块内容的组织者，锻炼自己的组织能力，同时增强小组合作意识。

(3)利用信息化平台实现资源共享，共同进行探讨研究。合作学习过程中的小组成员可以将其在学习探索过程中发现的资源信息、学习材料，与小组中的其他成员共享，甚至可以同其他组或全班同学共享。小组成员可以将其在学习过程中的观点形成文字，发布在小组讨论栏内，在讨论过程中，可以展示自己收集到的论据材料，便于小组成员发表意见，当遇到小组解决不了的问题时，可以在信息化平台中查找新的资料，或利用平台寻求别人的帮助，比如，其他组的成员或教师，直至小组形成统一的观点。最后将合作学习成果汇总上传。

3. 进行评价反馈

开展协作式学习的目的，主要是培养学生的合作精神、交往能力、竞争意识和主动学习品质等。因此，对协作式学习的评价，要将整个评价的重心

174

放在小组成员之间的互助合作上来，要重合作过程的协同程度，轻学习结果和个人表现。例如，小组分工的合理性，集体研究活动的形式、频次、效度，小组成员的参与度，达成小组研究结果的方式等，属于协同程度评价的指标；个人对分担任务的态度、执行及完成情况，个人达成研究结果的方式以及对合作学习结果的贡献等，则属于个人表现。教师根据这一评价结果，对学生的小组合作学习情况诊断分析，提出指导意见，帮助学生改进提高。

三、体验式学习

体验式学习也称情境体验性学习，就是利用计算机模拟方法构造一种虚拟的学习情境，在这一情境中学生进行互动式的行为动作，让学生获得学习体验，直接通过操纵其中的输入设备来形成操作技能和解决问题的能力。体验式学习是智慧课堂的一种特色学习方式。

在体验式学习过程中，为了达到一定的教学目标，根据学生的身心发展特点，教师有目的地引入或创设具有一定情趣，以形象为主体的主动、具体的情境来引起学生一定的态度体验，从而帮助学生理解学习内容，并使学生得到发展的一种学习方法。在智慧课堂教学中，利用计算机、互联网等技术创设的学习情境科学、适度、恰当地在课堂上能起到激发学生求知欲和好奇心，提高学生乐于参与、关注活动的兴趣，引导学生沉浸在探索、思维和发现的身临其境的境界，在体验中挖掘学生的内在潜力，培养学生的创造意识和自主探究、合作探究的能力。

在智慧课堂教学中，进行体验式学习主要应把握以下三个方面。

1. 依据建构主义理论进行教学设计

体验式学习与当前盛行的建构主义学习的主要研究内容是相适应的。建构主义认为，学习者总是与一定的社会文化背景和情境相联系的，"情境""协作""会话""意义建构"是建构主义学习环境中的四大要素，创设情境是学习者实现意义建构的必要前提，是教学中最重要的内容之一。因此，智慧课堂教学应利用信息技术的优势创设出情境化的学习环境，针对特定的教学目标，将学习内容安排在情境化的教学活动中，让学生在实践活动中获得更有效的学习。体验式学习就是要利用多种新技术、新媒体创设接近实际的情境进行学习，利用生动、直观的形象有效地激发联想，唤醒长期记忆中的有关知识、经验和表象，从而使学生能利用自己原有认知结构中的有关知识与经验去同化当前学习到的新知识，赋予新知识以某种意义。

2. 创设基于技术的学习情境

在智慧课堂教学中，教师利用多媒体技术与网络技术，根据教学的需要设计制作视听材料，包括声音、视频录像、动画、照片等富媒体教学资源，将课程中枯燥的概念和信息用图片或视频来展现，创设形象、生动的学习情境。在学习情境的创设中，要以促进学生的积极性和主动性作为前提，尊重学生探究、发现的需要，有利于获得新的体验，要充分利用环境感知、虚拟现实、科学可视化、人工智能等新的智能信息技术，尽可能创设各种真实、形象化的学习情境，以激发学生强烈的求知欲、发现欲，获得新颖、多样化的体验。

3. 注重学生在不同情境中的亲身体验

学习情境的创设要适应学生的多样性，根据学生本身所具有的认知策略和学习经验，从不同角度、不同类型、不同观点或不同领域来创设不同的情境，从而构造出一个有利于所有学生通过学习获得真实体验的虚拟学习空间环境。虚拟情境学习方式有多种，如学徒式、支架式、抛锚式、随机进入式等。比如，认知学徒模式就是一种情境体验性学习，该模式是从传统的师徒传技授艺模式中得到启发，情境体验性学习就像一个手艺人不会用预先准备好的稿子教学徒一样，不是简单地按预先准备好的教学顺序，而是在创设的虚拟教学环境中，学生获得真实的体验，用实际的方法解决虚拟世界的问题。学生在智能代理引导下，在计算机模拟学习环境下，由教师通过适当的教学工具来提供示范、教练和帮助，进行认知和锻炼，来提升独立解决问题的能力。

四、游戏化学习

游戏化学习是指满足一定教育目标、采用游戏化方式进行学习的方法。游戏化学习的主体是学生，在游戏过程中，可以激发学生学习的积极性、主动性和创造性，增强学生对知识的认知、掌握及应用。游戏化学习也是智慧课堂教学中富有特色的学习方法之一。

　　智慧课堂游戏化学习，是指在智慧课堂信息化环境下，学生使用数字化教育游戏进行的学习活动。智慧课堂信息化平台不仅收集了大量国内外现有的教育游戏，也能够支持教师按自己的愿望制作用于学生学习或教师教学的小游戏。在智慧课堂信息化平台上，教师可以根据学生的学习内容、游戏软件特点及学生年龄特征，选择、推送适当的游戏学习软件，用于学生课前、课中及课后的学习。在智慧课堂教学中开展游戏化学习，应重点把握以下三个环节。

1. 精选教育游戏软件

　　智慧课堂数字化教育游戏按照使用对象可以分为两种，一种是用于学生自学的游戏学习软件，另一种是用于教师教学的游戏教学软件，也有一些教育游戏软件既可用于学生学习，也可用于教师教学。由于不是所有的知识都适合用数字化游戏的方式教学、学习，再加上目前教育游戏是一个正在兴起的新兴行业，很多配套的教学、学习游戏还在研发中。在已有的智慧课堂数字化教育游戏模块中，是按照学科和知识模块进行分类的一些游戏，如数学、物理、语文、英语、地理等，以及综合学科。每一学科再按学科知识分类，如数学学科中有数的运算、方程、几何等。教师可根据学科教学的需要，从中挑选合适的游戏推送给学生自学和复习巩固，或挑选适合教学用的游戏软件用于课堂教学。

　　挑选教育游戏要把握三个方面的要求。一是目标明确，游戏要能够有助于教学目标的实现，切不可哗众取宠。二是有针对性，课前用于学生预习的游戏要能激发学生的好奇心；课中要选择可以互动的游戏；课后要推送用于复习巩固或深入研究的游戏。三是有挑战性，游戏难度既要符合学习者的年龄特征及其接受能力，也要有一定的超越，这样才会使学生有能力上的提高。

2. 把握游戏学习过程

　　好的教育游戏能吸引学生长时间的游戏行为，但如果学生沉迷游戏，既不利于身体健康，也不利于高效地完成学习任务。因此，教师要跟踪、监督、控制好学生的游戏学习行为。一是在课前、课后布置游戏学习任务时，可以定时推送学习游戏，并定时关闭学习游戏链接，实现对游戏学习的预先控制。

二是可以将学生在游戏中闯关情况作为成绩记录下来，实现对游戏学习过程的跟踪、监督。三是让学生填写游戏学习反思表格，分析评估闯关成功或失败的原因，实现游戏学习的评价反馈。

3. 灵活应用游戏学习

如果学习游戏的设计与教学结合非常紧密时，那将是非常美妙的事情。但往往现有的游戏学习软件，不能完全满足教师的教学、学习设计的个性要求，这便需要教师创造性地设计和利用游戏学习软件，将游戏有机地融入课堂的互动环节、增加教学趣味性，激发学生学习的积极性。

比如，在初中数学智慧课堂讲授"认识三角形"时，利用"金字塔游戏"，将学习内容与游戏学习完美地融为一体，有效实现了互动学习，高效地完成了教学目标。[①] "金字塔游戏"中设计了四道关卡，每一道关卡需要完成三角形的相关知识问题，四道关卡题目难度层层递进，全班同学的正确率要达到要求的比率才可过关。同学们为了探寻金字塔中的奥秘，通过积极主动地独立作业、交流互动等学习方式，在闯过了一道道关卡的同时，也逐步实现了对三角形知识更加深刻的理解和应用。这一节以游戏化学习为特点的智慧课堂教学氛围活泼而有序，学生表情快乐而认真，使学生真正体会到了学习的乐趣。

---

① 优酷视频链接：http://v. youku. com/v_show/id_XMTMwNDEyNTUzNg==. html? from=y1.7-2,2018-09-13。

第六章　智慧课堂数据挖掘分析

DILIUZHANG　ZHIHUI KETANG SHUJU WAJUE FENXI

　　利用教育数据挖掘分析为受教育者量身定制教育目标、计划、方案、资源，有助于实现"因材施教"，为个性化教育指明方向。① 基于课堂教学行为数据发展领域知识模型构建技术，研究课堂师生互动、生生互动的实时联系，有助于揭示深层次教学规律，为改进教学和提升教学质量提供依据。本章在阐述智慧课堂数据挖掘分析目的与定位的基础上，提出了智慧课堂数据挖掘分析的总体框架，进而探讨了智慧课堂数据建模和挖掘流程及算法，最后介绍了智慧课堂师生互动指数分析应用实例。

▶ 第一节　智慧课堂数据挖掘分析概述

一、教育数据挖掘分析的教与学本位

　　教育大数据是随着大数据技术在教育领域广泛应用而出现的新思维、新方法。目前进行教育大数据分析应用主要包括教育数据挖掘（Educational Data Mining，EDM）和学习分析（Learning Analysis，LA）两个方向。无论是教育数据挖掘还是学习分析，其本质上都是以"教与学为本位"的，即围绕教学过程中的行为数据，利用相应的技术进行挖掘和分析，从中得出有价值的数据结果，为评价和改进教与学服务。

　　在美国教育部发布的题为《通过教育数据挖掘与学习分析促进教与学》（ETL-EDM LA）的报告中，把教育数据挖掘定义为，综合运用统计学、机器

―――――――――

① 娄晓敏：《我国教育大数据建设的现状分析与架构初设》，载《中国电化教育》，2017(8)。

学习算法和数据挖掘技术，对教育大数据进行处理和分析，通过建模，发现学生学习结果与学习内容、学习资源和教学行为等变量的相互关系，进而预测学生未来的学习趋势。而在地平线报告中，认为学习分析[①]则是利用松散耦合的数据收集工具与分析技术，研究分析学生学习参与、学习表现、学习过程的相关数据，运用不同的分析方法和数据模型来解释这些数据，根据解释结果探究过程与情境，为其提供相应的反馈进而促进有效学习。相比较而言，教育数据挖掘是针对学生进行行为建模与学习趋势预测；而学习分析是利用分析得到的结果指导学习，直接将反馈作用于判别与决策。

除了上述侧重点不同，教育数据挖掘与学习分析更多地存在着共性关系，可以概括为"数据上同质、流程上相似、内容上耦合"，即基于相同的数据——学生的学习行为数据，采用相似的流程——从采集与存储数据到处理与分析数据，再到应用数据指导教与学的流程，研究耦合的内容——研究学习行为与结果关系、学习内容与资源效果以及教师教学行为模式。因此，教育数据挖掘与学习分析既有区别，又有联系，相互补充，为我们把握课堂教学领域的大数据规律，开展基于数据的智慧课堂教与学应用，提供了完整的思路和方法。

二、智慧课堂数据体系及挖掘分析的目的

智慧课堂基于新一代信息技术的应用，促进了教学过程中教学信息的载体、传递、呈现、接收、应用、存储等发生重要变化，使得课堂教学流程与结构产生了根本性的变革。在这一过程中基于各种教与学的行为，产生了全方位、多维度的教学大数据，通过对这些海量数据的挖掘分析为把握智慧课堂教学规律、进一步改进教与学提供数据支撑。智慧课堂的教学流程及数据体系[②]如图 6-1 所示。

上述数据体系表明，智慧课堂全过程、常态化应用所产生的数据构成了包括教师、学生和管理者在内，涵盖课前、课中、课后教学全过程多个环节的多维教育大数据。从整体上看，这些大数据描述了教与学的行为和活动过

---

① The NMC horizon report：2011 higher education edition.

② 刘邦奇：《智慧课堂："互联网＋"时代的课堂变革》，载《江苏教育报》，2016-09-21。

180

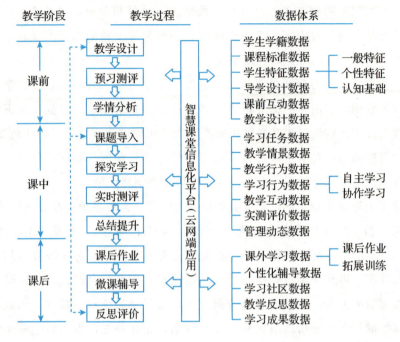

图 6-1　智慧课堂的教学流程及数据体系

程状况，描述了教学系统运行的状态、结果情况，为分析研究和改进教育教学过程提供了全面的数据基础。基于智慧课堂全方位、多维度教学大数据，利用教育数据挖掘技术方法进行建模、分析和处理，有助于我们深入理解课堂数据，并基于数据做出数据驱动的决策，从而为开展学情分析、把握学生的学习行为、改进教师教学和优化学习过程提供数据支撑，真正实现基于数据的教育。

▶ 第二节　数据挖掘分析总体框架

　　智慧课堂数据挖掘分析的关键是获取海量的教学行为数据以及如何对这些数据进行挖掘分析。学习过程是一个复杂的过程，其受到的影响因素较多。① 比如，学生学业水平受到学生身心状况、学生已有认知结构水平、学习策略、学习风格、学习动机以及外部环境等因素的综合作用。因而进行学业影响因素的研究面临不少难题：数据难以在传统的课堂教学过程中进行采集；多因素间相互耦合，难以在控制变量的情况下进行独立研究；过往研究中基于问卷量表形式的离线归因分析，未能及时发现主要影响因素，干预价值发挥有限；等等。因此，需要从智慧课堂教学影响因素分析、数据采集、建模、分析过程、分析结果等方面进行系统的设计，确立智慧课堂大数据分析的整体框架。

一、智慧课堂数据挖掘分析总体思路

基于智慧课堂进行教育大数据分析应用，应重点围绕整体学习影响因素设计、海量教学行为数据的获取和数据建模、分析等关键问题，形成数据挖掘分析的基本思路。

1. 智慧课堂学习影响因素分析

智慧课堂学习过程是一个涉及多要素、复杂多变的过程。对智慧课堂学习影响因素的分析，可以从多种不同的视角来考虑，如基于智慧课堂教学课前、课中、课后的全过程、全方位数据分析，基于智慧课堂信息化平台数据化决策、即时化评价、立体化互动、智能化推送、可视化呈现、数字化实验的技术分析，基于课堂教学过程中教、学、管等主体要素的作用分析等。这里我们针对智慧课堂教学模式整体描述，从教学设计过程、学习活动过程和学习结果三个层面来选择学习影响因素进行分析，形成智慧课堂学习影响因素分析整体框架。

2. 智慧课堂教学数据的采集平台

在智慧课堂中，海量学习行为数据的获取是进行数据挖掘和学习分析的前提。如学生接受知识的程度可以通过阶段性的学业测试数据进行度量，而学生的学习行为数据则在智慧课堂的使用过程中得以记录，这使得基于数据研究学习过程中的潜在因素对学业成绩影响成为可能。而基于传统的课堂观

---

① 彭绍东：《大数据时代网上学习行为研究的挖掘方法模型与应用》，载《电化教育研究》，2017（1）。

察或基于问卷量表形式的数据采集显然难以满足这一海量数据采集的需要，智慧课堂信息化平台在提供高效的教与学工具的同时，成为有效的教学数据采集手段。基于智慧课堂信息化平台的常态化应用，通过学生登录平台、观看微课、微课点赞、微课收藏、递交作业、互批作业、提问讨论、留言和通知回复等，将学生学习行为数据完整、真实地记录下来。

3. 智慧课堂教学数据的建模分析

在智慧课堂教学数据的建模研究中，主要使用相关性分析、显著性检验以及因子分析等统计学方法[①]，对各个相互耦合的因素进行整体分析，探寻出影响学业成绩的主要指标，以期通过大规模数据发现影响学业因素的普遍规律。除此之外，通过对学生不同群体的学习行为序列利用关联规则挖掘技术与可视化展现方式进行差异研究，进一步寻找学生个体的学习行为差异。最后利用回归拟合算法完成对学业成绩的趋势预测研究[②]。

二、智慧课堂数据挖掘分析整体框架

根据智慧课堂教学模式的特点，可以从教学设计过程、学习活动过程和学习结果三个层面来选择学习影响因素进行分析。智慧课堂教学设计是为了促进学生学习，依据学习者特征和学习需要，将学习资源、学习环境与信息技术有效融合，建立解决教学问题的策略方案的过程，因而可从学习者特征分析、学习目标与任务分析、教学情境分析、教学策略分析等方面梳理教与学过程的影响因素。学习活动过程中，通过从学生主观行为分析、学生客观行为分析、学生行为的路径分析、学生行为的关联性分析四个方面探究学生学习过程影响因素。在此基础上对学习成果进行分析，包括学生学习成绩预测、学习评价分析等，形成基于智慧课堂的数据挖掘分析整体框架，如图 6-2 所示。

---

① 任雪松、于秀林：《多元统计分析第二版》，北京，中国统计出版社，2011。

② 何晓群、刘文卿：《应用回归分析第二版》，北京，中国人民大学出版社，2007。

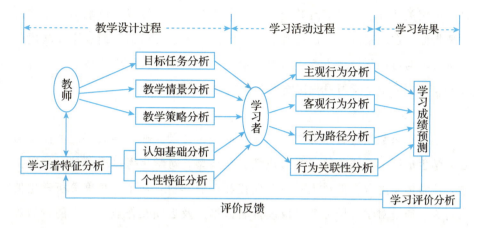

图 6-2 基于智慧课堂的数据挖掘分析整体框架

三、智慧课堂数据挖掘分析应用模式

智慧课堂数据挖掘分析的目的与归宿在于应用，需要将智慧课堂数据进行应用研究的全图清晰地呈现在面前。在实践应用中，需要结合具体的专业领域应用需求和应用场景，将研究内容有机地组织起来，形成具体的应用模式。根据智慧课堂全过程、全方位的数据体系及应用需求，这里从课堂互动、学习行为、学习结果、校园社交等重点领域的分析应用入手，构建智慧课堂数据挖掘分析应用的四种基本模式。

1. 课堂互动分析应用模式

课堂互动是智慧课堂的核心特征。学生与教师互动、学生与资源互动、学生与平台互动等多向互动，很大程度上体现了学生投入学习的程度，反映了学生主动学习、积极学习的情况。基于学生和教师在智慧课堂信息化平台的行为数据建立学生与教师互动、学生与平台互动的指标体系，同时依据因子分析法计算出互动指标体系的权重，进而建立教师与学生的互动指数、学生对智慧课堂信息化平台的黏性程度指数，为设计和改进课堂教学互动提供依据。

2. 学习行为分析应用模式

学习行为数据是反映智慧课堂教学过程的最重要数据。通过从学生主观行为、客观行为、教学策略与学习环境等方面进行可能因素的梳理，利用统计学中相关性分析、显著性检验、因子分析等手段，探寻出影响学业成绩的主要指标。在此基础上，通过对学生不同群体的学习行为序列利用关联规则挖掘技术与可视化展现方式进行差异研究，进一步寻找学生个体的学习行为差异。为探究学生学习过程影响因素提供重要手段。

3. 学习结果分析应用模式

学习结果数据是智慧课堂教学成效的基本体现。通过连续多次考试排名建立学生成绩上升或下降、学习成绩分档模型。对学生考试成绩偏科情况探索，从整体角度分析偏科人数以及偏优和偏弱学科，从个人角度分析学生偏科行为。通过对学生历史考试成绩排名数据以及近期在作业平台上的行为数据进行未来成绩趋势预测。通过学生在智慧课堂信息化平台的学习行为来自动还原知识图谱网络，并与人工构建知识图谱进行对比分析，描述学生的知识结构情况。

4. 校园社交分析应用模式

学生校园社交数据是反映学生全面成长、进行校园舆情管窥的重要依据。利用学生与教师、学生与学生互动的数据，分别构建校园维度和班级维度的社交网络。基于建立的班级、校园社交网络从中发现有影响力的教师和学生，在教学过程中，可利用其影响力，进行有效教学干预的最大化。从校园舆情角度来看，通过学习者在智慧课堂信息化平台上私信、帖子等所涉及的文本内容，利用自然语言中基于情感词典的文本情感分析法，掌握学习者的情感倾向状态，以便于进行校园舆情的管窥。

▶ 第三节　智慧课堂的数据建模与分析

一、智慧课堂数据挖掘分析的基本思路

教育数据挖掘分析作为从数据中发现知识的有效技术手段，目的是从海量的教育大数据中挖掘出具有教育价值的信息与知识。然而在具体进行教育数据挖掘的时候，不同的应用场景、不同的应用需求应使用不同的方法和路

径。因此，需要结合智慧课堂数据挖掘分析的实际需要，多视角、多维度地进行考量和设计，形成科学的思路和方案。从总体上来说，应基于三个维度来分析和设计。

1. 通过数据挖掘寻找联系

基于统计学的视角，对各个相互耦合的因素进行整体分析，即使用统计学中相关性计算等方法以及统计检验等手段找出数据集之间的相关关系，并基于此对趋势进行预测。例如，利用回归等方法找出各项学习行为与学业成果之间的关系。

2. 通过数据挖掘找出信息

基于计算机科学的视角，综合利用诸如分类、聚类、时序分析、文本挖掘等技术，从海量数据中抽取和挖掘出有价值的信息。例如，利用聚类算法找出学生中具有相似学习特征的一类学生，进行学伴的发现等。

3. 通过数据挖掘解决问题

基于专业应用的视角，针对专业领域的特定应用问题，利用数据挖掘作为工具以解决特定问题。例如，针对学习领域来说，利用数据挖掘技术旨在达成判断学习者学习状态、评价学习者表现以及给予个性化反馈与指导等应用目标。[1]

二、智慧课堂数据建模与分析方法

按照以上基本思路，针对智慧课堂中海量教学行为数据进行具体的建模与分析，从而发挥课堂教学大数据的价值。美国教育部的"ET L-EDM LA"报告系统分析了当前在各类教育领域应用的数据建模和分析方法[2]，给出了进行分类的标准，提出了学习者知识建模、行为建模、经历建模、学习者建档、领域知识建模、学习组件与教学策略分析、趋势分析、自适应学习八大类价值建模方向。国内也有许多学者对教育领域中的建模方法进行系统的分析。

---

[1]　牛瑞敏：《数据挖掘在国内教育领域应用的研究综述》，载《中山大学研究生学刊（人文社会科学版）》，2016(2)。

[2]　Bienkowski M．，Feng M．& Means B．，"Enhancing teaching and learning through educational data mining and learning analytics: An issue brief,"https：//tech. ed. gov/wp－content/uploads/2014/03/edm-la-brief. pdf，2018-08-25.

185

基于这些研究通过进一步的分析，形成本研究的建模与分析思路。

　　建模与分析实际上是教育数据挖掘应用的两种基本方式。建模是针对历史的数据进行刻画，分析则是利用模型对现状和未来进行理解与预测。在前人研究的基础上，我们从学习者行为建模与分析，以及学习内容和结果两个方面来探讨智慧课堂数据的价值建模（图 6-3、图 6-4）。其中，基于学习者行为建模与分析的角度是一种归纳的建模方式（"3＋1"模式），而基于学习内容和结果的角度是一种演绎的建模方式（"1＋3"模式）。

图 6-3　基于学习者行为建模与分析的"3＋1"模式

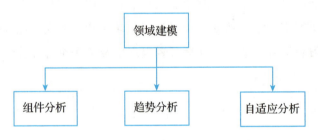

图 6-4　基于学习内容和结果建模与分析的"1＋3"模式

1. 基于学习者行为建模与分析

　　在图 6-3 所示的"3＋1"模式中，基于学习者行为建模与分析即通过学生的知识建模、行为建模、经历建模对用户进行画像与分析。

　　（1）知识建模：通过收集学习者在智慧课堂应用中答题和学习花费的时间以及错题的情况，可以对用户的知识学习和掌握进行建模，用于定制和调整系统的行为。

　　（2）行为建模：以学习者为代表的用户在智慧课堂应用中花费的时间，以及学习微课、完成练习等行为都会被系统记录下来，系统通过分析学生课上、课下的行为，可以对学生的行为进行建模，进一步了解学生学习的共有模式以及路径。

（3）经历建模：学习者是教学活动的主体，通过对学习者学习满意度调查，或者通过微课视频点赞、评论等投票行为的统计，可以了解他们在后续学习过程中的学习体验，并使用该体验的满意程度作为衡量标准对课程进行修改，以增加用户体验进而提高学生成绩。

（4）学习者分析：基于知识、行为、经历的建模，可以构建一个完整的学习者用户画像，并对学习者提供全面、具体、个性化的学习内容、学习环境、学习模式，以促进学习效率的提升。

2. 基于学习内容和结果建模与分析

在图 6-4 所示的"1＋3"模式中，基于学习内容和结果进行建模与分析，即透过对领域进行建模，从而进行组件分析、趋势分析以及自适应和个性化分析。

（1）领域建模：不同的学科与知识领域，存在着不同的知识分列与教学方法组合，通过对这些分列组合进行研究，探索不同领域之间的知识组合模式，并进一步了解该模式对学习结果的影响，不断调整领域模型使之更适用于使用者。

（2）组件分析：依托于领域建模，可以借助于统计学方法去分析哪些学习的组件能够有效地促进学习，这些用于分析的学习组件包括学习的内容、教学的方法、学习的环境与氛围等。

（3）趋势分析：基于用户阶段性的行为以及历史的学业结果数据，对未来的学业表现进行预测。

（4）自适应分析：通过对领域进行建模，并对影响结果的因素进行分析，从而达到可以实现对学业因素的调控作用，并进一步完善基于学生认知发展趋势的自适应学习技术，从而使得系统能够适应性地满足每一位学习者的需求。

通过上述建模与分析，极大地挖掘和发挥智慧课堂数据的价值。总的来说，利用智慧课堂在课前、课中、课后的数据进行分析，能够挖掘出教师教学风格的差异，探究不同教学行为对学业影响因素的差异，获得学生学业能力的评估，并了解学生在学习过程中的体验与情绪，从而更加准确地把握学习者状态，进行自适应与个性化的学习指引。

三、智慧课堂数据挖掘分析核心应用模型

智慧课堂数据挖掘分析涉及的内容及应用非常广，通过智慧课堂教学全

187

188

过程、师生行为全覆盖的数据采集，针对不同类型的教学决策与改进需要，如针对教师的教学行为分析，学生的学习行为分析、学业成绩预测、学业影响因素分析，以及师生互动的社交分析等，可以建立各种具体的数据挖掘分析应用模型。本研究围绕"学习"这一核心应用，重点讨论以下四类具有代表性的智慧课堂数据挖掘分析模型。

1. 学习行为影响分析模型

学生在智慧课堂中产生的诸多学习与互动行为被记录下来，这些行为究竟对最终的学业结果有何影响，可通过行为影响分析建模来回答这一问题。学业影响因素分为学生主观行为因素、客观因素以及环境策略因素等。其中主观行为因素是指由学生自主触发的行为，客观因素是指学生被动触发的行为，而环境策略因素则是学校、班级环境等产生的影响。通过行为影响分析模型找出影响学业的因素，从而针对性地对学生有所引导，从而达到促进学生学习的目的。

学习行为影响分析模型构建：选取学生行为指标的数据并进行数据预处理，在建立模型分析行为指标对成绩的影响时主要使用了相关性分析、多元回归分析和因子分析三种方法。综合分析不同方法得出的结果，可以得出对学生成绩有显著影响的指标。学习行为影响分析模型框架如图 6-5 所示。

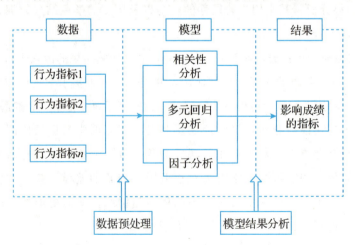

图 6-5　学习行为影响因素分析模型框架图

2. 学习行为路径分析模型

学习者的学习行为在时序上有一定的先后性，通过将学习者在某个时间段内的学习行为进行可视化，可以得出指定学生群体在学习行为上表现出的同一性。以行为类别为节点，以行为发生关联为边构建行为路径有向图，通过该图可以直观获得两个群体学生行为模式的差异对比，进而主动服务于教学策略的制定。

学习行为路径分析模型构建：选取学生行为指标进行时序性分析并构建行为路径有向图，根据行为路径有向图的可视化分析，可进一步挖掘不同学生群体之间的行为模式差异。学习行为路径分析模型框架如图 6-6 所示。

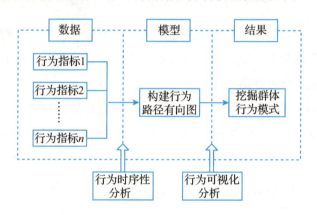

图 6-6　学习行为路径分析模型框架图

3. 学生行为关联性分析模型

相似的学生具有近似的行为，通过上述构建的行为路径可视化，可以将指定学生群体中发生频率较高的模式通过数据挖掘算法寻找出来，从而针对不同学生群体进行比较，从而得出对教学结果有意义的干预策略。

学生行为关联分析模型构建：选取学生行为指标并进行数据预处理，通过关联规则分析建立数据模型，最终通过模型运算结果挖掘群体行为之间的关联性。学生行为关联分析模型框架如图 6-7 所示。

4. 学业成绩预测分析模型

通过学习者的行为以及过往的学业结果历史记录相结合获得对学习者未来的预测，对于及时发现学习者成绩的波动，及时干预与预防有重要意义。成绩预测分析模型通过采集过程与结果数据，并通过多元回归分析算法对行

189

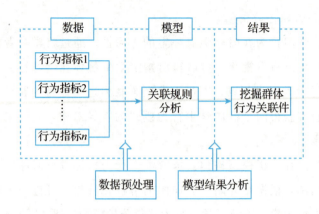

图 6-7　学习行为关联性分析模型框架图

为与成绩进行拟合，从而预测未来成绩走势。通过该走势，教师可以及时发现有下降趋势的学生，加以干预与关心，也可以针对有上升趋势的学生及时表扬，以激发其学习兴趣。

学习成绩预测分析模型构建：结合学生行为数据和学生历史成绩数据建立多元回归模型[①]，通过多元回归分析来预测学生下一次考试的成绩趋势。学业成绩预测分析模型框架如图 6-8 所示。

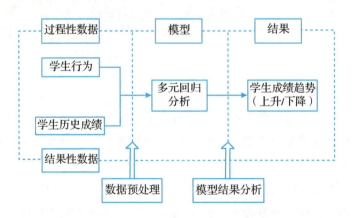

图 6-8　学业成绩预测分析模型框架图

---

① 何晓群、刘文卿：《应用回归分析（第二版）》，北京，中国人民大学出版社，2007。

▸ 第四节　智慧课堂数据挖掘分析流程与算法

一、智慧课堂数据挖掘的流程

在大数据分析中应用数据挖掘技术有一套标准的流程，称为跨行业数据挖掘标准流程（Cross-Industry Standard Process for Data Mining，CRISP-DM）。[①] 该流程于1999年由欧盟机构联合起草完成，包含了商业理解、数据理解、数据准备、建模、评估以及部署共计六个步骤。对于不同的行业和不同的分析问题，该流程存在一定的差异，根据智慧课堂数据挖掘的需求和应用特点，应包括目标理解、数据清洗、数据分析、数据展现基本步骤（详见表6-1）。在以下流程和方法中的应用举例均以"探究学业影响因素"这一数据挖掘目标为例。

表 6-1　智慧课堂数据挖掘的流程

步骤	任务框架	应用举例
目标理解	针对数据挖掘的目标准备可利用数据资源，并考量数据挖掘项目进行过程中的计划以及风险点等因素	针对学业影响因素探究，准备数据资源如学业成绩、学习行为及学习环境等数据；制订使用数据挖掘算法进行探究的计划，如相关性分析、因子分析以及回归分析等；考量可能存在的风险点，如一些关键的影响学业因素数据可能缺失或者稀疏等情况
数据清洗	针对上一步骤中已准备的数据资源进行数据筛选、数据集成、数据变换以及数据规约等	一些学生可能没有任何学习行为数据被记录，或者被记录的学生刚转学来到该校暂时没有学业数据，这样的一些样本数据都应该被剔除掉；行为数据的采集以及学业数据的收集并不是在一个系统中完成的，需要将同一个人的不同性质的数据集成到一起进行分析等
数据分析	套用模型或者算法进行分析，该过程主要包括 CRISP-DM 中建模与评估两个流程	使用如相关性分析或因子分析等方法找出与学业结果最为相关的学习行为因素；使用回归分析评估找出的因素是否能够做到对学业成绩的预测并使用一些指标来衡量分析的准确率

---

① 李艳华、李施、赵慧琼：《教育大数据价值的分析与挖掘研究》，载《软件导刊教育技术》，2017(2)。

续表

步骤	任务框架	应用举例
数据展现	将数据分析的结果对非专业人员进行呈现使受众能够简单明了地获得经过数据分析后的结论	如使用图表或者着色等形式对上述影响学业的因素进行呈现，使人直观地获得哪些因素对于学业成绩影响较大，哪些因素次之

在教育数据挖掘任务中，甚至是学习分析过程中，以上四个步骤都是必不可少的。遵循这样的标准步骤，可以使得挖掘任务更加明确，过程更加清晰，结论更加直观。

二、智慧课堂数据挖掘的算法与技术

教育数据挖掘技术和方法种类繁多，一般来说，在教育领域以及学习分析中较为常用的有多元回归分析、分类、聚类、关联规则挖掘、图挖掘技术等。[①] 本研究基于智慧课堂教育大数据分析的需要，梳理了智慧课堂数据挖掘的常用算法与技术及应用场景见表 6-2。

表 6-2　智慧课堂数据挖掘常用技术及应用场景

挖掘方法	内涵	主要研究内容	常用算法和技术	应用场景举例
多元回归分析	通过对若干因素（自变量）与某一个因素（因变量）的影响进行量化分析，给出自变量可在一定误差范围内与因变量的关系	研究几个变量之间的关系，找到关于它们的数学表达形式；根据一些变量的值预测其他一些变量可能的值；在针对一个结果变量的各个自变量之间找到主要的影响因素与次要的影响因素	线性回归、逻辑斯蒂回归、逐步回归、岭回归等	学生的成绩究竟是如何受到各个行为影响的，它们之间是否存在一定的关系？当统计了一些学生的行为变量后，能否预测出学生的学业成绩？这个预测究竟准确度如何？在影响学业成绩的各个因素之间，究竟哪些是重要的？哪些是次要的？它们对学业成绩所占的权重分别是多少？

---

① 吴青、罗儒国：《学习分析：从源起到实践与研究》，载《开放教育研究》，2015(1)。

挖掘方法	内涵	主要研究内容	常用算法和技术	应用场景举例
分类聚类算法	在机器学习领域分属于有监督的学习和非监督的学习，其共同特征为对样本进行分组，同组的样本具有相似的特征	分类：将对象划分到已经存在的类别中，存在多少个类别以及每个类别所代表的意义和特征是已知的。聚类：根据待划分对象之间相互的相似性将这个群体划分为若干个较小的群体，每个群体就是一个小的类别	分类算法有决策树、朴素贝叶斯、支持向量机、神经网络，聚类算法有 K-Means、DBSCAN、层次聚类等	学习者的分类：把学习者作为样本，而样本的特征则来源于智慧课堂应用中采集到的数据，如完成习题数量，观看微课数量，私信提问数量等。学习者的聚类：通过算法找到学习行为、学习风格相似的学生
关联规则挖掘	通过对行为或样本集合进行挖掘，得出行为 A 与行为 B 的蕴含式，并给出其支持度与置信度	该算法通过计算两个或多个对象之间共同出现在所有数据集中的可信度、支持度提升度等指标，判断对象之间的相互关联关系，并以此推断可能的因果关系	Apriori、FP-growth 等	找到一类（如成绩优异或成绩迅速提升）学生的学习行为共性模式，并辅以教师教学经验，以找到能够促进学习的优异学习路径
文本分析挖掘	针对文本数据利用自然语言处理等方法进行分析、挖掘其含义	通过对半结构化与非结构化的文本数据进行挖掘，得出文本情感倾向与主题等	LDA 主题模型、其他 NLP 技术等	通过文本分析挖掘，了解学生关注的知识点，并获得学生针对某一媒体对象的正负面的情感极性，从而采取措施改进教育教学
图构建与挖掘	通过对清洗后的数据构建图数据结构，并使用图论方法进行研究与挖掘，常用研究任务有影响力节点发现等	在网状结构中，对象是网络中的点，而对象与对象的关系则是网络中的线；对象以及对象间的关系构成了图；针对图的挖掘包含了诸如图中的子网络发现、重要节点发现等具体问题	HITS、PageRank、PersonalRank 等	通过互动分析，可以构建出一个班级或学校学生与老师的社交网络图，据此进行图挖掘，可找出具有重要影响力的老师和学生，找出社交网络中的小团体等

193

194

除了上述常用的算法与技术，目前人们已经开始在教育领域以及学习分析中探索应用深度学习、知识图谱等一些最新的大数据分析技术与算法。

(1)深度学习：深度学习是大数据和人工智能领域的一项新技术，其通过神经网络进行多层的特征变换，可以获得对输入数据的深层次表达，深度学习在图像识别、语音识别等领域有广泛的应用。基于深度学习的大数据技术同样能应用于教育领域，深度学习技术可以应用于学习情况追踪[①]、智能助教、智能阅卷等方面，可以掌握学生的学习情况、减少教师的重复性工作并给学生及时而准确的反馈。

(2)知识图谱：知识图谱是把应用数学、图形学、信息可视化技术、信息科学等学科的理论与方法与计量学引文分析、共现分析等方法结合，用可视化的图谱形象地展示学科的核心结构、发展历史、前沿领域以及整体知识架构的多学科融合的一种研究方法。[②] 知识图谱在教育方面有着广泛的应用，不仅能帮助学生建立较为完整的知识体系，而且有助于教师迅速发现学生的学习薄弱点，进行有针对性的授课和答疑，从而提升教学质量。

▶ 第五节 智慧课堂师生互动指数分析实例

一、智慧课堂用户模型及行为数据

1. 智慧课堂"三角用户模型"

对智慧课堂数据挖掘分析，首先要建立智慧课堂的数据模型。从信息系统的视角来分析，智慧课堂教学实际上就是教师、学生借助于信息媒介进行信息交换、传递、接受、互动的信息过程。在智慧课堂教学中，教师与学生是教学信息过程的两个主要参与者，是产生信息、处理信息和使用信息的主

---

① Chris Piech, Jonathan Bassen & Jonathan Huang et al, *Deep knowledge tracing*, Neural Information Processing Systems Conference, U. S. California, 2015.

② 陈池、王宇鹏、李超等：《面向在线教育领域的大数据研究及应用》，载《计算机研究与发展》，2014(A1)。

体，是课堂信息系统的活力源泉。通过对智慧课堂信息数据的梳理以及对智慧课堂产品原型的还原，我们可以抽象得到智慧课堂的"三角用户模型"(图 6-9)，用以对智慧课堂用户交互关系进行系统描述。

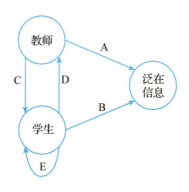

图 6-9　智慧课堂"三角用户模型"

具体来说，智慧课堂信息系统模型构成包含两个主要参与者与一个信息对象。两个主要参与者分别是教师与学生，一个信息对象指的是由师生产生的 UGC 微课视频资源、各种网络互动信息、文本信息等，我们统称为泛在信息。在"三角用户模型"中，总共有五大类行为，分别是教师生成、读取泛在信息(A)，学生生成、读取泛在信息(B)，教师与学生间的互动(C、D)，学生与学生间的互动(E)。其中教师与学生的互动 C 是指由教师主动发起的互动，D 是指由学生主动发起的互动。这五大类行为分别对应的具体行为列表及数据中体现的发生频率见表 6-3。

表 6-3　智慧课堂用户行为数据及发生频率

行为类别	具体行为	发生频率
A 教师生成、 读取泛在信息	教师发布微课视频	中
	教师发布班级通知	中
	教师发布分享圈帖子	低
	教师发布作业	高
	教师举报分享圈帖子	低

续表

行为类别	具体行为	发生频率
B 学生生成、 读取泛在信息	学生发布微课视频	低
	学生发布分享圈帖子	低
	学生浏览、点评微课视频	低
	学生浏览、点评分享圈帖子	低
	学生提交作业	高
	学生举报、分享圈帖子	低
C 教师对学生的 互动行为	教师在微课、分享圈中回复学生	低
	教师回复学生私信	中
	教师批改学生作业	高
D 学生对教师的 互动行为	学生购买、观看、点赞、回复、收藏、反馈微课视频	高
	学生回复教师分享圈帖子	低
	学生给教师发布私信	中
E 学生间互动行为	学生互批作业	高
	学生间在微课视频、分享圈中互动	中

2. 智慧课堂互动数据分析

师生互动是智慧课堂的核心标志。由表6-3可知，师生互动数据是智慧课堂中发生频率较高的教学行为数据。教师与学生的互动主要围绕作业、微课视频和分享圈帖子以及私信三类载体展开。从信息的流向来看，可以分为一对一或一对多，而从信息的私密性来看，可以分为公开信息与私密信息。师生互动数据的具体内涵分析如下。

（1）作业：作业传递是智慧课堂信息化平台的基本功能，是由教师发布、学生提交为形态的一对多的公开信息。作业的频次与难度部分反映了教师的教学风格，而学生完成作业的及时性、正确率则是学生学习态度与学业能力的体现。

（2）微课视频：微课视频是由个人（老师或学生）录制并供智慧课堂用户课前或课后观看的一种信息载体形式，它是智慧课堂教学内容建设的核心。微课视频在智慧课堂中是由老师、学生共同参与的一对多（一个微课视频只有一个作者和上传者）的公开信息。通过微课发布的频次、包含的知识点可以了解教师上课的进度与状态，借助学生对微课视频的浏览、观看、回复、点赞、收藏以及其中一些付费视频的购买行为，可以进一步衡量教师的影响力与学生对课程、教师的满意程度。学生学习微课的先后顺序则可以用来构建学生学习的知识图谱，并进一步用以比较不同学生之间的学习差异。

（3）帖子与私信：帖子与私信是同一种网络文本信息的两种不同形态，帖子是一对多的公开信息，而私信则是一对一的私密信息。教师与学生，学生与学生间通过帖子、私信相互交流、互动，反映了师生、生生间的联系密度。基于此类数据，可以构建校园的社交网络地图，进一步分析网络中影响力用户以及基于文本进行校园舆情洞察。

二、师生互动数据挖掘分析框架设计

1. 研究数据来源分析

智慧课堂数据挖掘分析是一项十分复杂的系统工程，涉及海量数据、复杂算法及多种应用，我们已经基于实际应用数据形成了完整的研究报告，因篇幅限制，本文仅以智慧课堂师生互动指数分析为例描述一类典型的数据挖掘分析应用场景。本研究所使用的真实数据来源于科大讯飞的旗舰产品"智慧课堂"产品，在安徽省某重点中学 2014 级学生群体中常态化使用，涉及 35 个教学班学生共计 1973 名，教师 98 人。由于该年级使用智慧课堂产品两年有余，积累了大量的过程行为数据与学业结果数据，为下述数据分析提供了大数据的支撑。出于隐私安全考虑，在数据分析时，采用学生匿名编码以保护学生隐私。

2. 挖掘分析基本框架

师生互动是课堂互动的核心，是智慧课堂教学区别于传统教学的重要标志。增强学生与教师的互动，有助于提升学生对学习的投入程度，提高学生学习的积极性。基于智慧课堂教学行为数据挖掘，对师生互动指数进行分析研究，全面客观地展现教师与学生的互动情况，为设计和改进课堂教学互动提供基本依据。

198

　　师生互动指数分析的基本框架，通过针对学生和教师在智慧课堂平台产生的行为数据进行分析建立师生互动的评价指标，并运用因子分析法计算出互动指标体系的权重。然后基于互动指标体系及权重模型，运用学生和教师在智慧课堂信息化平台的实际行为数据，计算出教师与学生的互动指数；对师生互动指数分布进行可视化展示，并提出相关应用建议。

　　其中互动指数评价指标计算采用因子分析法[1][2][3]，即运用统计分析方法，基于大量样本数据的采集来确定各层评价指标的权重，该方法的基本思想就是降维，即用少量的综合指标来替代多个可观测变量，所得到的综合指标（即主因子）是原来指标的线性组合。互动指数评价指标体系及权重构建总体框架图见图 6-10。

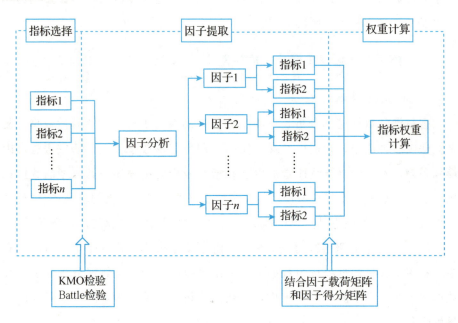

图 6-10　互动指数评价指标体系及权重构建总体框架图

① 辛督强、韩国秀：《因子分析法在科技期刊综合评价中的应用》，载《数理统计与管理》，2014(1)。
② 田水承、薛明月、李广利等：《基于因子分析法的矿工不安全行为影响因素权重确定》，载《矿业安全与环保》，2013(5)。
③ 刘彬：《基于因子分析法的绿色供应商评价指标权重的确定》，载《中国商贸》，2011(25)。

3. 互动指标的选择

指标的确立是整个指标体系构建的基础，为了全面客观地展现教师与学生的互动情况，在选取指标时我们遵循了实用性、发展性、全面性、可行性等原则。① 据此，通过分析智慧课堂信息化平台上学生和教师的行为数据，最终选取了 16 个教师与学生的互动指标，具体包括：教师上传微课数，平均每个微课被观看次数，平均每个微课观看人数，学生对教师微课的平均评级，平均每个微课被收藏次数，平均每个微课被点赞次数，学生根回复教师微课数，学生非根回复教师微课数，教师发布的通知数，回复通知的学生数，平均每个通知回复次数，教师发送私信数，教师接收私信数，教师被关注次数，教师发送作业数，平均每次作业提交数。

其中根回复与非根回复指的是这样的场景，当学生在教师发布的微课页面中对微课进行评论，称之为根回复，表现的是教师与学生的互动。当此后其他学生在此微课页面中回复前面学生的留言时则称之为非根回复，其更多反映的是学生与学生之间的互动关系。

三、互动指标权重的构建

上述 16 个指标描述了教师与学生互动关系，这 16 个行为指标在不同方面体现出教师与学生的互动关系，如果直接对这些行为指标分析会过于复杂，出于简化系统结构的考虑，由于因子分析可以将具有错综复杂关系的变量综合为数量较少的几个因子，以再现原始变量与因子之间的相互关系，是多元统计中处理降维的一种统计方法，本研究首先采用因子分析法将这些指标降维形成综合指标，进而确定每个指标在师生互动指数分析体系中的权重。共分为以下五个步骤（这里主要简要介绍主要步骤和结果）。

1. 因子分析适用性检验

在因子分析之前，需要对数据进行检验，以确认是否 16 个数据指标均可采用因子分析的方法进行分析。基于上述数据进行 KMO 和 Bartlett 检验②，

---

① 刘亚瑜：《中小学教师教学专业化评价指标体系的构建》，硕士学位论文，西安，陕西师范大学，2008。

② 辛督强、韩国秀：《因子分析法在科技期刊综合评价中的应用》，载《数理统计与管理》，2014(1)。

本数据集适合做因子分析。

2. 基于主成分分析的因子提取

运用社会学统计软件 SPSS 进行因子分析，对原始 16 个变量采取主成分分析和正交旋转，基于主成分分析的因子提取结果见表 6-4。

表 6-4　基于主成分分析的因子提取结果

成分	初始特征值			旋转平方和载入		
	合计	方差贡献率%	累计贡献率%	合计	方差贡献率%	累计贡献率%
1	7.222	45.139	45.139	3.901	24.380	24.380
2	1.896	11.852	56.991	3.523	22.018	46.398
3	1.719	10.742	67.733	2.880	18.001	64.399
4	1.204	7.527	75.260	1.686	10.537	74.936
5	1.063	6.643	81.903	1.115	6.967	81.903

采用统计学中的 Kaiser 标准提取因子[①]，可提取出上述 5 个因子作为原有 16 个变量的主因子，5 个因子的累计贡献率达到了 81.903%，这意味着通过这 5 个主因子可以反映原有 16 个初始变量的 81.903%信息量，表明该研究具有较高的构建效率。

3. 因子载荷矩阵的构建

初始提取的公共因子并不能得出每个因子所包含的具体指标，从而无法归纳出每个因子的具体含义，故需要对初始的因子载荷矩阵进行旋转，旋转之后的因子载荷矩阵结构更加简化，各个因子所反映的变量信息更加清晰，便于对每个因子进行解释。并可根据每个指标在各个因子上的载荷权重，尝试对 5 个主因子命名，5 个因子分别命名为："微课行为因子""师生互动因子""微课回复和作业布置因子""微课上传和教师关注因子"和"微课评价因子"。

4. 因子得分矩阵的构建

因子分析选取的因子能够反映原始变量之间的相关关系，用因子代表原始变量时，更有利于描述原始变量的特征，因此需要将因子表示为变量

---

① 任雪松、于秀林：《多元统计分析(第二版)》，北京，中国统计出版社，2011。

的线性组合，其系数估计即因子得分矩阵。根据因子得分矩阵的输出结果，可以将每个因子表示为原始变量的线性组合。将各因子变量的因子得分系数进行归一化处理，可以得到各因子变量包含的指标在各因子上的权重。

5. 指标权重的计算

根据该因子分析结果建立起学生对教师满意度指标体系三级分层结构：一级指标层是目标层，即为评估师生互动指数这个目标（y）；二级指标层是准则层，即通过数据分析得出的 5 个主要因子（F_i）；三级指标层是措施层，即每个主要因子所包含的具体指标行为（x_i）。

在评价指标权重的确定过程中，需要考虑二级指标在一级指标上的权重、三级指标在二级指标上的权重和三级指标在一级指标上的权重。

在本研究中，二级指标层为运用因子分析法提取出的 5 个主因子。在统计分析中，"贡献率"表达的含义就是主因子对目标贡献程度，所以可以将各个主因子相对于一级指标层的贡献率作为二级指标层在一级指标层上的权重。本文对主因子的贡献率进行了归一化处理，结果即为二级指标在一级指标上的权重，第 i 个主因子在一级指标上的权重记为 W_i。

三级指标是各主因子所包含的具体行为指标。根据因子分析法的基本原理，因子得分系数矩阵是可以将主因子表示为其所包含的各个行为指标的线性组合，从而可以建立主因子与所包含的行为指标的回归方程，其中回归系数即为因子得分系数，表示自变量的变化对因变量的影响程度，将其进行归一化处理，就可以得到三级指标在二级指标上的权重，行为指标 j 在主因子 i 上的权重记为 W_{ij}。

通过二级指标在一级指标上的权重以及其所包括的三级指标在该主因子上的权重的乘积，可以确定三级指标在一级指标上的权重，行为指标 j 在一级指标上的权重为 $W_i \times W_{ij}$。

基于以上因子分析的结果来确定教师与学生互动指标体系的权重见表 6-5。

表 6-5　教师与学生互动指标体系的权重

一级指标	二级指标	二级指标在一级指标上的权重	三级指标	因子得分系数	三级指标在二级指标上的权重	三级指标在一级指标上的权重
教师与学生的互动程度	因子一	0.298	平均每个微课被观看次数	0.270	0.201	0.060
			平均每个微课观看人数	0.316	0.236	0.070
			平均每个微课被收藏次数	0.224	0.167	0.050
			平均每个微课被点赞次数	0.211	0.157	0.047
			平均每个通知回复次数	0.172	0.128	0.038
			平均每次作业提交数	0.148	0.110	0.033
	因子二	0.269	教师发布的通知数	0.284	0.247	0.066
			回复通知的学生数	0.193	0.168	0.045
			教师发送私信数	0.361	0.313	0.084
			教师接收私信数	0.313	0.272	0.073
	因子三	0.220	学生根回复教师微课数	0.416	0.364	0.080
			学生非根回复教师微课数	0.365	0.319	0.070
			教师发送作业数	0.362	0.317	0.070
	因子四	0.129	教师上传微课数	0.494	0.434	0.056
			教师被关注次数	0.646	0.566	0.073
	因子五	0.085	学生对教师微课的平均评级	0.868	1.000	0.085

四、互动指数的计算分析

利用上述教师与学生互动指标体系的权重，可以通过下式计算出每个教师与学生互动指数，其中 n 为行为指标的个数。

$$y = \sum_{i=1}^{n} W_i W_{ij} x_i$$

计算出教师与学生互动指数之后，将其归一化在 0～100 之间，图 6-11 显示了某省会城市重点中学的 2014 级 98 位教师与 1973 名学生的互动指数分布情况。

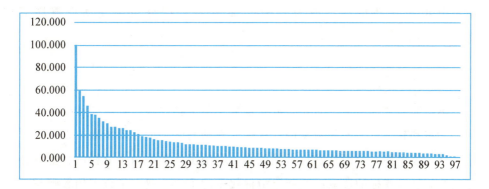

图 6-11　教师与学生互动指数柱状图

从图 6-11 可以看出，教师与学生互动指数服从"L"型分布，只有少部分教师与学生的互动指数高于 40，大部分教师与学生的互动指数低于 20。

根据教师与学生互动指数的分位数来对得到的指数进行分组，这里采用四分位数进行分类，教师与学生互动指数分位数见表 6-6。

表 6-6　教师与学生互动指数分位数

最小值	1/4 分位数	中位数	3/4 分位数	最大值
0.745	6.141	8.321	14.171	100.000

将教师与学生的互动程度分为三类：低、中、高。教师与学生互动指数小于 1/4 分位数，即小于 6.141 的记为互动程度低；大于 1/4 分位数小于 3/4 分位数，即大于 6.141 小于 14.171 的记为互动程度中；大于 3/4 分位数，即大于 14.171 的记为互动程度高。教师与学生的平均分组互动程度柱状图如图 6-12 所示。

图 6-12　教师与学生平均分组互动程度

从图 6-12 可以看出，高互动程度分组中互动指数均值为 30.722，中互动程度分组中互动指数均值为 8.874，低互动程度分组中互动指数均值为 4.299。

五、结论与分析

本研究的教师与学生的互动指数是基于学生和教师在智慧课堂信息化平台的学习和教学行为实际数据的。从探究教师与学生的互动指数出发，基于实用性、发展性、全面性和可行性原则，利用统计学中因子分析法、主成分分析法，通过指标的选取以及相应指标权重的确定，建立了合理的教师与学生互动指数。

"师生互动"不是一种具体的教学行为，而是与讲授式教学、探究性教学或对话教学等共存的一种教学类型，包含了认知成分、情感成分和行为成分。[①] 在我国的传统教学模式中，教师有计划地将学科知识教给学生，学生被动响应教师的一系列行为。表面看，课堂氛围非常活跃，但实质上是属于以教师的教和掌握学科知识为中心的"传统教学论"范式，这种教学模式束缚了学生的创新能力和想象力。在智慧课堂教学中，可以基于智慧课堂信息化平台通过提升师生互动来打破传统的教学模式，对师生互动行为进行分析，我们可以计算师生互动指数并对教师进行评价。

基于以上研究发现教师与学生互动指数服从"L"型分布。通过对比原始指标和构建的互动指数，可以发现：一般情况下，上传微课次数越多并且上传微课的质量越高的教师与学生的互动指数越高。从总体来看，教师与学生的互动指数小于10的占到了总人数的59%，大于30的只占了9%，平均互动指数只有13.28。统计教师行为指标发现平均每个教师上传的微课数只有 13 个，平均每个微课被观看次数只有 8 次，平均每个教师发送的通知和私信数分别为 7 个和 14 个。说明教师使用智慧课堂信息化平台上传微课数和学生的互动数都较少。教师可以通过上传和分享质量高的微课，不断改善在线教学方式来提高与学生的互动次数。

---

① 张紫屏：《师生互动教学的困境与出路》，载《教育发展研究》，2015(6)。

第七章　智慧课堂教学设计

DIQIZHANG　ZHIHUI KETANG JIAOXUE SHEJI

　　智慧课堂教学设计是在智慧课堂信息化环境下，运用系统方法，以学习者为中心，充分利用现代信息技术和信息资源，科学地安排教学过程的各个环节和要素，以实现教学过程的最优化。通过智慧课堂教学设计，编制课堂教学实施计划和方案，以指导智慧课堂教学的实施。本章在简述智慧课堂教学设计的概念、特点和原则的基础上，重点阐述了智慧课堂教学设计内容、方法与步骤，最后讨论了智慧课堂教学设计方案的编写方法。

▶ 第一节　智慧课堂教学设计概述

一、教学设计与智慧课堂教学设计

　　教学设计（Instructional Design，ID）也称教学系统设计，是以获得优化的教学效果为目的，运用教与学的原理和系统论的方法，分析教学问题，确定教学目标，建立解决教学问题的策略方案的过程。教学设计是一门新的应用性科学，它具有很强的实践性。何克抗教授认为，教学设计综合了教学理论、学习理论、传播学理论等多种学术理论的研究成果而自成体系，以系统方法为核心，着重创设学与教的系统，以达到优化教学、促进学习者的学习为目的。[①]

　　教学设计随着课程教学改革和信息技术的发展而发展。《基础教育课程改革纲要（试行）》蕴含着很多面向素质教育实施需求和现代教育技术支持下的教

205

---

① 何克抗、郑永柏、谢幼如：《教学系统设计》，北京，北京师范大学出版社，2005。

206

学理念。新课程教学理念从教学目标、学习方式、教师角色和评价方式等微观方面对信息化教学模式的构建与实践进行了指导。新课程改革强调信息技术在教学过程中的应用。它要求信息技术与学科课程整合，运用信息技术使得所要教授内容的表现方式、学生学习的方式、教师教授的方式和教师与学生之间互相交流的方式发生改变，让学生在更加丰富多彩的教育环境下和更加有支持作用的学习工具的帮助下，更好地学习和发展。[1]"新的课程方案和课程标准（2017 年版）"明确提出，关注信息化环境下的教学改革，关注学生个性化、多样化的学习和发展需求，促进人才培养模式的转变。[2] 由此产生了信息化教学设计。智慧课堂是一种新型的信息化课堂，智慧课堂教学设计本质上也是一种信息化教学设计。

　　智慧课堂教学设计是在智慧课堂信息化环境下，为了促进学习者个性化智慧发展，依据学习者特征和学习需要，将学习资源、学习环境与信息技术有效融合，以达到教学过程最优化而编制的教与学的实施方案。在教学实践中，智慧课堂教学设计就是在教学之前，基于智慧课堂信息化环境，根据建构主义等现代教育理论，依据教学目标和基本要求，确定合适的教学内容，选择一种信息化教学活动模式，通过对智慧课堂教学过程各个主要要素的系统设计，形成有序的信息化教学流程，以指导智慧课堂教学工作实施。

　　与传统课堂教学设计相比，智慧课堂教学设计在教学策略、讲授方式、学习内容、教学媒介、教师角色和评价方式等方面都有很大的不同，详见表 7-1。

表 7-1　传统教学设计与智慧课堂教学设计的比较

关键要素	传统教学设计	智慧课堂教学设计
教学策略	教师主导、讲授为主	学为主体、探索学习
讲授方式	说教性讲授	交互性指导
学习内容	单学科的独立内容 书本知识	任务式、项目式多学科综合 网络化、数字化、富媒体资源
教学媒介	多媒体课件	信息化、智能化教学环境与手段

[1]　熊武、齐昕、宋大瑛：《电子教学设计中的信息技术与学科整合》，载《软件导刊（教育技术）》，2009(2)。
[2]　中华人民共和国教育部：《普通高中课程方案（2017 年版）》，北京，人民教育出版社，2018。

关键要素	传统教学设计	智慧课堂教学设计
作业方式	个体作业、集体辅导	协同作业、个性化辅导
教师角色	教师作为知识传授者、灌输者	教师作为学生学习帮助者、促进者
分组方式	同质分组	异质分组
评价方式	对学习结果评估	基于数据的全过程、动态化学习评价

二、智慧课堂教学设计的特征

在学校开展智慧课堂教学中，传统的备课概念已经难以涵盖学情分析、弹性预设、教学情境创设和信息化资源设计等信息化教学准备的新内涵，智慧课堂的教学设计与传统备课有以下四个方面显著不同的特点。

1. 整合创造

传统备课的任务是教师对即将上课的内容、方法、组织、教具等所采取的准备性工作，由于缺乏有效手段难以关注到全班每个学生，教师只能凭经验编写计划方案，要求学生从同一起点出发、设置相同的课程、采用固定的教材、以相同的速度前进，要求学生达到相同的终点。这样的教学难以实现创造力的培养和个性化发展。而智慧课堂教学设计是基于信息化手段的现代教学设计，着眼于学生富有个性的发展，将信息技术与课程内容、资源、方法进行全面整合，开展信息化测评分析、学情诊断、弹性预设和动态生成，教师的课堂教学设计也随之改变，以使课堂教学真正富有个性、富有创造性。因此，智慧课堂教学设计本质上是一种高度创造性的活动。

2. 以生为本

传统备课是教师在课前的授课准备和计划活动，主要是为教师的教服务的，而智慧课堂教学设计则是"为学习而设计"的，"以学生及其发展为本"是其重要特征。智慧课堂是依据建构主义学习理论构建的，以学生为中心是建构主义的基本理念，智慧课堂教学设计必然突出以"学"为中心，最大程度上摆脱了传统教学思想的束缚，强调学生在教学过程中的主体地位，强调要以学生的"学"为出发点进行教学设计，强调先学后教、以学定教，将传统的以"教"为中心的课堂结构转变为以"学"为中心的课堂结构，这种课堂教学设计十分有利于学生的发展，遵循了学习的内在规律，符合新课程改革的理念和要求。

3. 系统创设

智慧课堂教学设计针对传统备课中的问题，提出一种新的分析和解决教学问题的系统方法，如科学分析三维教学目标、精心创设教学情境、系统整合结构要素、合理安排教学流程、认真整合课程资源等。这种系统化的方法有助于教师反思自己的教学，优化教学过程，创设信息化的学习环境，有利于减轻教学负担，使教学准备走上科学化、规范化的轨道，使教学活动取得事半功倍的效果。比如，教师在智慧课堂教学设计中，既要强调"知识与技能，过程与方法，情感、态度、价值观"的三维目标系统分析，也要根据新课程标准的要求，关注学生的个体差异，利用大数据分析促进个性化学习和因材施教。

4. 动态开放

传统备课一般要求做好三项工作，即钻研教学大纲与教材、了解学生和考虑教法，其目标要求、教学内容、教材资源等"边界条件"是相对明确和封闭的。在当今信息化环境下，教学目标的开放、教学内容的开放、教学资源的开放、教学方式的开放等，决定了动态开放性应贯穿智慧课堂教学设计的始终。因此，智慧课堂教学设计应是一个动态发展的设计过程，经历"设计—实践—评价—修改—实践"的动态发展阶段。精心设计的教学方案应根据教学实际不断调整和完善。智慧课堂教学设计需要不断地在实践中检验、改良和完善，体现了对教学进行弹性预设，在智慧课堂教学实践过程中动态生成的要求。

三、智慧课堂教学设计的原则

智慧课堂教学设计的特征渗透到智慧课堂教学过程的各个要素中，形成了更具指导意义的教学设计原则。何克抗教授分析了近年来在国外主要教育技术刊物和国际会议上发表的多种建构主义学习环境的文章，对建构主义使用的教学设计原则进行了概括。[①] 我们在这些原则的基础上，结合在智慧课堂信息化环境下教学活动的特点，提出智慧课堂教学设计应遵循以下五项原则。

---

① 何克抗：《建构主义的教学模式、教学方法与教学设计》，载《北京师范大学学报（社会科学学报）》，1997(5)。

1. 坚持以"学"为中心

加涅（Gagne）说过："为学习设计教学"，"教学设计必须以帮助学习过程而不是教学过程为目的"。[①] 智慧课堂是以建构主义学习理论为依据构建的，由于建构主义强调以学生为中心，认为学生是认知的主体，是知识意义的主动建构者；教师只对学生的意义建构起帮助和促进作用，并不要求教师直接向学生传授和灌输知识。因此，在智慧课堂教学设计中，必须坚持以"学"为中心，把学习者自主学习能力的培养放在首位。应设计合理的信息化学习环境，发展学习者的主体性、主动性，引导学生利用各种工具和信息资源（如文字材料、书籍、音像资料、CAI、多媒体课件，以及 Internet 上的信息等），主动地去学习、研讨、练习和操作，激发他们的创新意识，从而培养学生的学习能力和创新精神。

2. 强调教学情境的创设

智慧课堂教学设计非常强调情境的重要作用。建构主义认为，学习总是与一定的社会文化背景（即情境）相联系的。建构主义注重情境，认为个体、认知和意义都是在相关情境中交互、交流（即协作）完成的，不同的情境能够给各种特殊的学习者不同的活动效果，也就是说，学习者在不同的情境中会有不同的行为，并且认为创设情境是学习者实现意义建构的必要前提。因此，创设情境是教学设计最重要的内容之一，它要求我们将传统的教学设计改变为创设情境化的学习环境，针对特定的学习目标，将学习内容安排在情境化的真实的学习活动中，让学生通过参与真实的问题求解等实践活动而获得更有效的学习。在智慧课堂等信息化教学设计中创设情境，简单地说，就是基于特定的教学目标，将学习内容安排在信息技术和信息资源支持的比较真实或接近真实的活动中，支持学校的学科教学活动。[②]

3. 强调全面的协作交流和互动

建构主义学习理论认为，学习者与周围环境的交互作用，对自己知识意

① R.M. 加涅、W.W. 韦杰、K.C. 戈勒斯：《教学设计原理（第五版）》，王小明、庞维国、陈保华等译，上海，华东师范大学出版社，2007。

② 林红霞、李林、徐凤等：《信息化教学设计中创设情境的几种方法》，载《高等函授学报（自然科学版）》，2003（6）。

210

义的建构起着关键性的作用。在智慧课堂教学实施过程中，学习者通常是以小组或其他协作形式展开学习，每个学习者在学习过程中都扮演着一定的角色，学习者之间相互协商、合作完成学习任务。通过这样的协作交流和互动，学习者的思维与智慧就可以被整个学习群体所共享，即整个群体共同完成对所学知识的意义建构，而不是其中的某一位或某几位学生完成意义建构。因此，在设计协作学习的组织形式和交流互动时，应该考虑把学习者本身也视为他们彼此学习的一种"资源"。此外，学习过程中的协作交流和互动，不仅局限于学习者之间，也包括师生之间的交流互动。

4. 充分利用各种信息资源

智慧课堂教学中教学情境的创设与信息资源的开发是相辅相成的。在智慧课堂教学设计中，信息技术工具和信息资源具有不可替代的作用。智慧课堂教学设计需关注信息技术的功能及运用方式的变化，技术工具的关键作用不是以操练的形式来呈现信息，而是以提供探索问题的手段和环境资源来支持学习。智慧课堂教学设计需要考虑选择哪些信息化教学素材能帮助学生自己发现，自己分析，自己得出结论，所创建的学习情境应有助于学生充分地展开研讨，这些技术工具和环境资源应当与实现学习的目标任务相关，能够帮助学习者解决问题，用于支持学生的自主学习和协作式研究，促进学习者的意义建构。

5. 强调对学习过程的评价

智慧课堂教学平台具有全过程动态学习数据分析与评价功能，在智慧课堂教学设计中应基于该功能优化评价设计，实现"以评价促发展"。传统教学的评价一般是针对结果开展评价，而智慧课堂教学的评价是针对学习过程和学习资源开展评价，针对学习者在学习活动中的学习行为和学习效果等状况进行评价，是基于全过程动态学习数据的分析评价。设计评价工具要紧紧围绕教学目标，突出学生学习过程和自主知识建构的能力评价，把重要的知识、能力、内容和学习主题结合起来。评价依据应为一切能反映学生学习过程和绩效的全面数据，包括学习行为、学习作品、学习日志、平时作业与测验、讨论交流情况、演示、模型、学习档案袋和其他反映学习过程绩效的记录。教学评价要求教师和学生都积极参与，在教学过程中发挥评价的总结、校正、促进等作用，通过评价激发学生的主观能动性，促进学生学习的改进与提高。

四、智慧课堂教学设计的总体框架

教学设计从框架上来说，主要是回答"为什么教?""教什么?""怎样教?""教得怎样?"这四个问题。具体来说，智慧课堂教学设计主要包括教学目标分析、学习者特征分析、学习内容与任务设计、教学模式与策略设计、教学资源与环境设计、教学活动过程设计、课外学习与作业设计、教学评价设计等要素。智慧课堂教学设计总体框架如图 7-1 所示，下一节将对这几个要素的具体内容和设计方法做详细介绍。

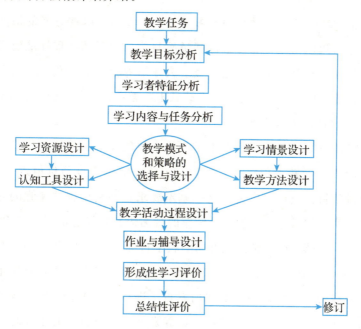

图 7-1　智慧课堂教学设计总体框架

第二节　智慧课堂教学设计内容与步骤

一、教学目标分析

1. 教学目标的含义

智慧课堂教学设计的首要环节是进行教学目标分析与教学预设。教学目

212

标是教学活动预期要达到的结果，是学生通过学习之后预期产生的行为变化。它表现为对学生学习成果及终结行为的具体、明确的描述。教学目标可以指导教学内容选择、激发学习者学习动机，作为学习效果评测依据，保证教学设计的科学性、避免经验性和随意性。制订教学目标的依据主要是课程标准（或教学大纲）、教学内容（教材）、学生实际和社会需要等。

教学目标分析是为了确定学生学习的内容或主题，即与基本概念、基本原理、基本方法或基本过程有关的知识内容，对教学活动展开后需要达到的目标做出一个整体描述，包括学生通过本节课的学习将具备哪些知识和能力、会完成哪些创造性产品、潜在的学习结果，以及增强哪些方面的情感态度与价值观，包括知识目标、能力目标和情感目标。按照新课程标准要求，智慧课堂教学目标分析要关注信息化环境下人才培养模式的变化，关注学生的个性化、多样化发展，突出信息化社会背景下的教学目标分析的特点和要求。

2. 教学目标的内容及阐述

在新课改方案中已经明确提出了三维一体的课程目标，它是指在课程学习过程中应该达到知识与能力、过程与方法、情感态度与价值观三维目标。智慧课堂教学目标设计中应遵循这一基本要求，并利用智慧课堂的有利环境加以有效落实，用具体、明确、可操作的行为语言，描述本课的知识与技能、过程与方法、情感态度与价值观方面的教学目标。在 2018 年 1 月教育部印发的"普通高中课程方案和语文等学科课程标准（2017 年版）"中，首次把学生发展核心素养作为课程设计的依据和出发点，进一步明确各学段、各学科具体的育人目标和任务，落实到学科核心素养发展中。学科核心素养是知识与技能、过程与方法、情感态度价值观"三维目标"的整合与提升，是学科育人目标的认知升级。

在实际的智慧课堂教学设计中，对教学目标的分析常常是与教学内容的分析结合进行的，要关注信息化时代教学内容要求的新变化。通常情况下，在确定了一门学科的总的教学目标的基础上，我们需要确定为完成总目标所必需的学习单元内容或学习模块。在确定了单元内容或学习模块的基础上，又需要进一步确定每一单元或模块的单元学习目标以及确定达到单元学习目标所需的知识点。所以，教学目标的分析一般包括两个重要的内容：一是鉴别达到目标所需学习的知识、技能及应具有的态度和情感等；二是根据目标分类理论为特定的内容和学习对象编写具体的目标。在核心素养发展的背景下，由于学科不同，经过研究论证，各学科凝练的学科核心素养也有所差异，如有的学科是 3 个，也有的有 6 个。核心素养是通过整体发挥作用的，我们应该把它理解为一个整体，需要从整体上去把握它。

3. 编写学习目标的基本方法

（1）ABCD 法。

把教学对象（Audience）、行为（Behavior）、条件（Condition）、标准（Degree）四个要素综合在一起，即可写出一个完整的学习目标。

对象（Audience）：明确教学对象，也即阐明学习行为的主体。

行为（Behavior）：说明学习者通过学习后产生的行为变化，用行为动词和动宾结构短语表述教学目标。

条件（Condition）：说明行为变化产生的条件，即达到该目标的条件。

标准（Degree）：明确行为变化应达到的程度，也即判别目标相关的行为状况的标准。

在一个教学目标中，行为的表述是基本部分，不能省略。相对而言，条件和标准是两个可选择的部分。在编写教学目标时，可以不必将条件、标准一一列出。例如，初二学生（A）能在 5 分钟内（C）完成 10 道因式分解题 （B），准确率达到 95%（D）。

（2）内外结合描述法。

把描述学生学习结果的内部状态（理解/掌握）与描述学生外显行为表现ABCD 法结合描述（一般＋列举样例）。

例如，理解余弦定理，会画图说明这一定理的条件和应用背景，会借助平面直角坐标系推出这个定理，能叙述"余弦定理"和"正弦定理"的区别与联系。

二、学习者特征分析

1. 学习者特征分析的范围

课堂教学设计的最终目的是为了有效促进学习者的学习，而任何一个学

213

214

习者都会把他原来所学的知识、技能、态度带入新的学习过程中。因此，智慧课堂教学设计要把是否与学习者的特征相适应作为一个基本要求，注重对学习者特征的分析，注重了解那些对当前教学系统设计产生直接的、重要影响的因素。一般认为，对学习者特征的分析应该包括以下三个方面。

(1)一般特征分析：所处时代社会方面的特点，涉及学习者年龄、性别、心理发展水平、学习动机、人格因素、生活经验，以及信息化社会背景等方面。

(2)个性差异分析：是对学习有重大影响的个性特征，如对所学内容的学习动机与兴趣、智力与认知方式、性格与气质、学习风格等。

(3)初始知识和能力分析：学习者已经具备的相关知识和技能，以及对相关内容的认识和态度等，用于针对本次课的学习内容，查阅学生以往相关基础知识掌握的情况。

2. 学习者特征分析的方法

智慧课堂为开展学习者特征的分析提供了极为方便的信息化平台。开展学习者特征分析需要全面地了解学生的学习及相关情况，既包括学生已有基础知识的水平，也包括学生学习心理、生理及社会特点等。智慧课堂的核心理念是"以全体学生为中心"，因此在课前教学准备中如果不对学生做全面的了解，教学过程的每一个环节都可能会发生背离学生学习需求和成长规律的事情，教师的所有工作都将是徒劳的。为了科学地实施学情分析，教师平时要养成建立规范的学生特征档案和学习档案的习惯。智慧课堂信息化平台提供了学生档案格式和管理维护功能，并可以统计分析出有用的各种情况所占比例，给出建设性的教学建议，为有的放矢地制订有效的教学设计提供依据。

具体来说，学生特征档案一般包括姓名、学号、年龄、性别、性格、认知能力、对学习的期望、爱好、特长、生活经验，以及经济、文化及社会背景等，可以以学生特征档案表格形式进行归档管理。其中包括以下几个主要因素。

(1)性格：指学生在学习和生活过程中表现出来的行为，一般可以用活跃(思维活跃积极发言)、沉稳(有独立见解但不善于表现自己)、随和(人云亦云没有自己的见解)、懒惰(不去思考和参与)等来描述学生的性格。

（2）认知能力：指学生通过自己的思维对知识加工处理的能力，通常用强、一般、弱来描述学生的认知能力。

（3）对学习的期望：指学生对自己学习状况希望达到的状态，其实也蕴含了学生学习的动机，可以用兴趣、有用、学习成绩、教师的评价、家长的评价等来描述。

三、教学内容与任务分析

教学内容是指为了实现教学目标，要求学习者系统学习的知识、技能和行为规范的总和。教学内容与任务分析，就是对学生所需学习的所有知识、技能和态度进行详细剖析的过程，并揭示组成学习内容的各项先决知识技能的联系。通过学习内容与任务分析，可以明确学习内容的范围、深度和广度，确定教学过程中各级教学内容的类别及其上下左右关系；可以确定教学内容与任务的基本框架，为后续的课堂教学设计的内容选择奠定基础。

在新课程标准中已经明确了教学内容的标准，规定了教学内容体系。对教学内容分析，要分析纲要、课程标准、学科教学指导意见等对本课教学内容的要求，熟悉本课内容的组成和在教学中的地位与作用，评价教学内容是否直接为课堂教学目标服务，进一步明确、理顺教学内容各组成部分的联系，分析知识点之间的相互关系，为教学顺序的安排奠定基础。同时，关注信息时代教学内容的载体、来源等新特征，分析教学内容的类型、特点，把握本课的学习重点及难点。为后续制订教学策略、选择教学媒体、制订学习策略和提供学习资源等步骤提供依据。

与学习内容设计密切相连的是进行学习任务的设计。把学习内容与更多的任务或问题挂钩，使学习者投入到问题或真实性任务中，在解决问题或真实任务的过程中，鼓励学生自主探究，激发和支持学习者的高水平思维，培养学生的自主和协作学习能力。学习任务可以是一个问题、一个案例分析，也可以是一个项目研究，通过该任务的完成，学生能够学到或用到需要掌握的知识与技能，并能够促进高阶思维能力的发展。

四、教学模式与策略设计

通过教学目标分析、学习者特征分析和教学内容分析，解决了如何确定教学的起点、终点和教什么的问题，在此基础上需要考虑和回答"如何教与学"的问题，即要为实现符合学习者需要和特征的教学目标选择适应信息化背景下恰当的教学模式与教学策略，这是智慧课堂教学设计中最核心的环节。

教学模式与策略设计主要是在设计和选择信息化条件下，本课教学中所运用的教学模式、教学策略、教学方法和教学手段，具体包括选择信息化教学模式与策略和创设信息化学习情境两个方面。

1. 选择信息化教学模式与策略

选择信息化教学模式与策略，主要是针对不同的教学内容和目标选择信息化环境下适当的教学模式，以及所采用的教学方法、手段和教学组织形式等。

信息化教学模式是指在一定的教育思想、教学理论和学习理论指导下，在信息化环境中教与学活动各要素之间的稳定关系和活动进程的结构形式。在教学理论研究与实践中，形成了适用于不同学习结果的教学模式，如布卢姆（Bloom）的"掌握学习"教学模式、加涅的"九段"教学模式、布鲁纳（Bruner）的"发现学习"教学模式、奥苏贝尔（Ausubel）的有意义接受教学模式、信息技术与课程整合的教学模式、传递—接受教学模式、引导—发现教学模式、情境探究模式、自主学习模式、小组协作模式、任务驱动模式等，这些教学模式有些体现了以教为主的教学思想，有些侧重于以学为主。在第四章中，我们专门探讨了智慧课堂教学的四种基本教学模式，即互动式教学模式、探究性教学模式、生成性教学模式和混合式教学模式。在实际的教学应用中，可根据学科教学内容特点选择相适应的教学模式，也可以基于上述典型模式和基本模式进行组合应用和调整优化，形成新的实用模式。

信息化教学策略是在信息化教学条件下，为达到特定的教学目标，教师根据需要所采取的一系列帮助学生学习的方法（途径）、手段、程序、技术、方案以及行为等的总和[1]，它具体体现在教与学的相互作用的活动中。在教学实践中，教学策略是在教学目标确定以后，根据已定的教学任务和学生的特征，有针对性地选择与组合相关的教学内容、教学组织形式、教学方法和技

---

[1] 何克抗、吴娟：《信息技术与课程整合》，北京，高等教育出版社，2007。

术，形成具有效率意义的特定教学方案。因此，教学策略可理解为达到某一目的而采用的教学方法、手段或方案。信息化教学策略可分为自主性教学策略和协作式教学策略两类。常用的自主学习策略包括支架式教学策略、抛锚式教学策略、随机进入式教学策略、启发式教学策略、基于 Internet 的探索式教学策略等。常用的协作式教学策略有"课堂讨论""角色扮演""竞争""协同"和"伙伴"，以及计算机支持的协作学习等。在第五章中，我们专门探讨了智慧课堂教学的五种常用的教学方法和四种常用的学习方法。在实际的教学应用中，可根据学科教学内容和教学目标选择相适应的教学策略，也可以基于上述这些基本策略进行组合应用和调整优化，形成新的实用方法策略。

2. 创设信息化学习情境

创设信息化学习情境是根据学习内容、教学目标和学习者的具体情况，利用现代信息技术手段创设真实的、能充分发挥学生主体性的学习情境，其中包括基于信息技术的网络化、虚拟化学习情境等。所谓学习情境，是泛指一切作用于学习主体，并能对学生的学习有直接刺激作用的客观环境。在智慧课堂教学设计与实施过程中，要利用多种新技术、新媒体尽可能创设一个真实、完整的教学情境，以此为支撑物，启动教学，使学生产生学习的需要。学习情境的创设不仅在教学活动之前，在教学过程中情境转换的时候也需要创设新的学习情境。

（1）学习情境的类型。

在具体的学科智慧课堂教学实践中创设学习情境的方式很多，其使用的方法也因不同的学科和内容有很大差异。依据不同的标准，学习情境有不同的分类。依据情境呈现的内容划分为故事情境、问题情境、资源情境、虚拟实验情境等，不同的学科可以有更多更细的情境类型。依据情境的真实性划分为真实情境(学生可以亲临的现场，如工厂、田间、野外等真实的生活与工作场景)、模拟真实情境(如模拟法庭、消防演习等)、虚拟现实情境(如虚拟实验、虚拟飞型、虚拟手术等)等。依据情境所支持的学习方式划分为自主探究情境、合作学习情境等。

（2）学习情境创设的方法。

利用智能信息技术手段和信息资源创设丰富多彩的学习情境，不同学科对情境创设的要求不同，不同的教学内容、不同的教学目标需要不同的表现手段与表现方式。信息化学习情境创设的方式主要有以下五种。

①网站呈现方式：根据一定的课程学习内容，利用多媒体集成工具或网页开发工具将需要呈现的课程学习内容进行集成、加工处理转化为网络化、数字化学习资源，具有多媒体、超文本和友好交互界面的特点，从这种学习情境中学会发现问题、解决问题，通过利用节点之间所具有的语义关系，培养学生进行知识意义建构的能力。

②数据分析方式：基于课程学习内容以及学习过程中的各类数据采集、汇聚，通过 Excel、统计分析软件、思维导图等工具，来对呈现的社会、文化、自然情境以及学习过程自身的观察、分析、思考和可视化呈现，有利于激发学习兴趣，提高观察和思考能力。

③资源管理方式：针对教学需要，创设具有多样化、富媒体资源的学习情境，有文本、图片、音视频、三维动画、多媒体等多种方式，内容包含许多不同情境的应用实例和有关的信息资料，以便学习者根据自己的兴趣和爱好去探究、发现，有助于加强学习者对学习内容的理解和学习能力的提高。

④虚拟仿真方式：通过使用动画、计算机模拟、虚拟现实、增强现实等信息技术，构建虚拟的实验和学习情境，模拟仿真真实的情境，让学生在这种环境中进行模拟实际操作、观察现象、读取数据、科学分析，培养探究创新的态度和能力，掌握科学探索的方法与途径。

⑤情感交互方式：利用信息技术与信息资源，根据学习内容创构以形象为主体，富有感情色彩的具体场景、氛围或虚拟仿真场景，从而激发或吸引学生主动学习，在情感交互过程中去完成问题的理解、知识的应用和意义的建构。在情境创设时要充分考虑到学习者原有的知识和技能，考虑学习者的学习动机、态度，考虑学习者的年龄和生理发展特征，能够促进学生产生积极的情感体验。

五、信息媒体与资源设计

在智慧课堂教学中，智能信息技术可以在支持教与学方面发挥多方面的优势，其中最为突出的应用是提供教学信息媒体与资源，因此，信息媒体与资源设计是智慧课堂教学设计的重点之一。具体来说，就是利用智慧课堂信息化平台和各种新媒体，进行各类教学媒体和教学资源的选择、教学环境的设计与开发。这里重点介绍教学媒体的选择、微课程资源的设计和富媒体教学资源的选择与设计三个方面的内容。

1. 教学媒体的选择

由于不同教学媒体的特性不同，各种媒体都有自己的优缺点，不存在对任何教学目标都最优的"超级媒体"。所谓教学媒体的选择，是指在一定的教学要求和条件下，选出一种或一组适宜可行的教学媒体。为了达到预期的教学目标，在功能各异、丰富多彩的教学媒体中选择适宜的、有效的媒体要把握四个方面的要求。

(1)依据教学目标：每个知识单元都有具体的教学目标，比如，要求学生知道某个概念，或明白某种原理，或掌握某项技能等。为达到不同的教学目标常需使用不同的媒体去传递教学信息。

(2)依据教学内容：各门学科的性质不同，适用的教学媒体会有所区别；同一学科内各章节内容不同，对教学媒体也有不同要求。

(3)依据学习者特征：不同年龄阶段的学生对事物的接受能力不一样，选用教学媒体必须考虑到他们的年龄特征。

(4)依据教学条件：教学中能否选用某种媒体，还要看当时当地学校的具体条件，其中包括资源状况、经济能力、师生技能、使用环境、管理水平等因素。

在智慧课堂教学设计中，选择教学媒体需要考虑的影响因素是多方面的，既有来自教学目标、教学活动、教学内容和教学方法选择方面的影响因素，又有来自学习者的特点、教师态度、技能方面的影响，也有来自管理方面的影响因素，如实施教学的地点、对象、时间、资金及可行性等因素，因此，媒体的选择是在综合考虑众多影响因素的基础上做出的谨慎抉择。依据教学的实际情况，教学媒体可单一使用，也可以混合使用。

2. 微课程资源的设计

设计信息化资源与选择教学媒体、创设教学情境等是相辅相成的。在信息化时代，各种信息非常丰富，学习者可以轻而易举地通过网络、图书馆等找到自己所需要的学习资源。然而信息的无限性与媒体的丰富性又容易给学习者的学习带来盲目性。因此，在信息化资源设计中，一方面教师应提供必要的引导，及时为学习者提供寻求有效资源的方法和手段；另一方面针对学生学习的需要，专门开发用于课堂教学的数字化教学资源，如微课程资源、富媒体教学资源等。教师在开发信息资源过程中，要考虑信息资源是否具有"低门槛、高天花板"的特征，既要有利于基础较差学习者能够获得足够的帮助，又要使高水平学习者的能力得到充分发挥。[①]

微课程是一种新型的课程资源，即微型教学视频。微课是教师以微视频为载体进行知识讲授的教学短片（一般为5～10分钟），视频内容通常以一个知识点或一个教学环节或一类教学活动为单位，主要用于帮助学生完成某个知识概念的学习理解。微课程资源建设包括微课设计与制作等环节。在制作微课前首先要设计微课教学方案，根据教学的需要，可以是新知识讲授、难点知识剖析、考试讲评等类型的微课，也可以是用于一门课程教学的系列化微课程。微课制作的工具和方式多种多样，除了在智慧课堂信息化平台中提供的智能实录工具、教师端微课制作工具外，常用的还有利用拍摄设备直接录制教学视频、快课工具＋PPT录制、平板电脑＋"涂鸦"工具录制、录屏软件录制等类型，实践中应根据微课教学的目的和内容来选择合适的工具和录制方式。微课的类型有摄制型、录屏式、软件合成式、混合式微课等；微课可以作为教学的补充，实现翻转课堂的效果。

3. 富媒体资源的选择与设计

在智慧课堂教学中，富媒体资源是指通过网络传送的适宜于学生自学的各类电子文档、图片、影视、Flash、语音、PPT、网页等形式多样的学习资料。富媒体资源是智慧课堂的教学内容基础，是实现智慧课堂教学的基本资料。选择富媒体资源也是智慧课堂教学准备的重要任务，要重点把握以下两个方面。

（1）选择合适的资源内容。从内容来源上看，富媒体资源是智慧课堂的教学内容资料，包括各学科课程标准、全科数字化教材、多媒体课件、网络课

[①] 王寅龙、李前进、李志祥等：《信息化教学设计的过程、方法及评价要点探究》，载《中国教育信息化》，2011(6)。

程、各类练习题、讨论题、专题学习材料、教学案例、参考资料等。但在实际应用中不是每次都需要各种资源，而要根据当次课学习的需要，有所选取。

（2）确定合适的资源推送方式。富媒体资源的推送形式可以是教师制作好的课件、文档等学习资料传递，也可以是提供整理归类好的分类信息、网址或者是网上搜索的关键词等。比如，对于需要学生到互联网上浏览并学习的资料，就可以将整理归类好的网址或者是网上搜索的关键词等推送给学生。

六、教学活动过程设计

课堂教学活动过程的设计实际上是以上述各教学设计要素的分析和设计结果为基础，综合考虑教师的活动、学生参与活动、教学内容的组织、教学媒体与资源的运用等方面及它们之间相互联系，对具体的课堂教学实施过程进行设计。

课堂教学活动过程设计的一个重点是教学环节的划分，通常依据本节课堂教学内容与任务分析和教学模式与策略选择，对教学的顺序有了安排，划分为几个教学环节和步骤，对每个环节的教师活动、学生活动、信息技术的支持等进行具体的设计安排，包括活动内容、活动条件、活动时间、活动要求等，形成具体的、可操作的活动流程。

为了使课堂教学活动中教师、学生、教学内容及教学媒体等有机结合，形成最佳的课堂教学活动结构，可借助表 7-2 所示的要素、环节和内容，设计课堂教学活动流程图并作为实施课堂教学活动的蓝图。

表 7-2　教学活动过程设计表

教学环节及时间 （导入、讲授、训练、实验、研讨等）	教师活动	学生活动	信息技术支持 （资源、工具、手段等）
环节 1			
环节 2			
……			
环节 n			

在教学活动流程图中可标明每一个阶段的教学目标、教师活动、形式活动，所需要的信息资源、工具、手段等。在流程图中也可采用适当的图形符

222

号来清晰地表达要素之间的关系。在教学实践中，常用的图形符号如图 7-2 所示。

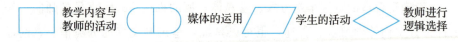

图 7-2　教学设计常用图形符号

七、练习与课外学习设计

　　智慧课堂教学设计中，除了对课堂内学生学习和教师教学活动进行系统设计外，对作业练习与课外学习也应进行设计安排。通常针对教学内容和任务中的知识点，设计相应的练习题或拓展学习任务，进一步巩固学生所学的知识以及提高课外学习拓展能力。在课内学习结束后，通过布置一些思考或练习题以强化学习效果，也可以提出一些问题或补充的链接鼓励学生超越本门课程把思路拓展到其他内容领域。

　　具体来说，可以基于智慧课堂信息化平台、互联网等工具开展拓展性学习和个性化学习，进行个性化辅导等。如根据智慧课堂全过程动态学习评价的结果，应为学生设计出一套可供选择并有一定针对性的补充学习材料和强化练习。这类材料和练习应经过精心的挑选，既要反映基本概念、基本原理，又要能适应不同学生的需求，以便通过强化练习纠正原有的错误理解或片面认识，最终达到符合要求的意义建构。材料的制作和推送可采用微课方式，针对每个学生学习和评测的情况，推送个性化的微课作业，利用微课视频进行个性化的辅导。

八、教学评价设计

　　教学评价是指以教学目标为依据，制定科学的标准，利用智慧课堂信息化平台，对教学活动的过程及其结果进行测定、衡量，并给予价值判断的过程。在智慧课堂教学实践中，应坚持教学评价与教学目标和教与学的方式的变化相适应，外部评价与自我评价相结合，强调自我评价和自我反思；坚持结果性评价与过程性评价相结合，重在过程性评价；坚持选拔性评价与发展性评价相结合，重在发展性评价，强调通过评价来更好地指导和促进学习者的发展；在进行学业成绩评价的同时，注重全面评价学生的综合素质和学科核心素养发展。

智慧课堂教学评价设计要突出全过程学习诊断与评价，即针对教学实施和改进的需要，基于信息技术的支持，对全过程学习评价进行设计，包括课前预习测评、课堂提问、书面测试、学生自主网上测试、合作完成作品等，以及是否将学习测评资料上传到电子学习档案袋等。在评价方法手段上，除了传统的评价工具，如试卷、问卷调查表、观察表等工具外，积极采用档案袋评价、量规、表现式评定等评价方法和工具。

智慧课堂教学评价设计要强调自我评价和反思。教学反思是教师对课堂教学的再认识和再思考，通常基于教学评价进行研究比较，并以此来总结经验教训、反观自己的教学得失，进一步提高课堂教学水平。教学反思的类型可以有纵向反思、横向反思、个体反思和集体反思等，具体反思的方法有行动研究法、比较研究法、总结研究法、对话研究法、录像研究法、档案袋法等。[①] 教学反思的过程一般包括具体经验、观察分析、重新抽象概括、积极的验证四个步骤，教师要结合自己的教学实际选择适应的反思方法和过程进行反思活动。在本书第八章选取的典型智慧课堂教学案例表明，优秀的教师在智慧课堂教学中都十分重视教学反思环节。

▶ 第三节　智慧课堂教学设计方案编写

进行教学设计最终要形成设计方案，即编写教学设计方案。教学设计方案既是教学设计工作的总结，也是实施教学的具体依据。教学设计方案编写主要采用叙述式（即文本、框图形式）和表格式（即表格、流程图形式）两种方式。不管哪种格式的教学设计方案都包括教学目标或学习目标、教学内容、学生的行为、教师的活动、教学媒体和时间分配等方面的描述，在实际应用中可根据需要有所选择。下面分别简要介绍两种教学设计方案的编写方式。

223

---

① 赵明仁：《教学反思与教师专业发展》，北京，北京师范大学出版社，2009。

一、叙述式方案编写

1. 课题概述

(1)课题名称要具体、明确。标明对应的内容名称。可以设计一个课时，也可以设计几个课时或系列教学。

(2)设计者信息包括单位、姓名、邮编、联系电话、电子信箱。如果署名是教研组或多人合作，应说明谁是执笔人或第一作者。

(3)课题背景信息包括所属模块(学科)、年级、所用教材版本、学时数、方案编写日期。

2. 设计思想

简要说明本课教学的指导思想、理论依据和设计特色。设计思想的编写需要注意两个方面：一是突出学科教学的特点，围绕本学科教学目标、内容、教学方式方法的特色来分析；二是突出智慧课堂教学设计的思想，基于智慧课堂的教学环境、教学理念、教学模式来描述。

3. 教学目标分析

目前进行教学目标分析的方式有两种主要类型，一类是按照三维教学目标来分析，这是当前进行教学目标分析的主流；另一类是按照学科核心素养育人目标来分析，这是最新的教学目标分析方式，也是新课程改革未来发展的方向。

按照三维教学目标分析，要用具体、明确、可操作的行为语言，描述本课的知识与技能、过程与方法、情感态度与价值观等方面的教学目标。具体包括三个方面。

(1)知识与技能：知识目标、能力目标。

(2)过程与方法。

(3)情感、态度与价值观。

4. 学习者特征分析

基于信息化平台、学生成长档案记录等手段，通过平时记录、课前预习测评等，进行学情分析，掌握学生认知基础和学习特点。

(1)一般特征分析：主要是对学习者产生影响的生理、心理以及社会方面的特点，涉及学习者年龄、性别、心理发展水平、学习动机、人格因素、生活经验和社会背景等方面。

（2）个性差异分析：主要是对学习有重大影响的个性特征，如动机与兴趣、智力与认知方式、性格与气质、学习风格等。

（3）初始能力分析：学习者已经具备的相关知识和技能，以及对相关内容的认识和态度等。

5. 学习内容与任务分析

（1）分析纲要、课程标准、学科教学指导意见等对本课教学内容的要求。

（2）分析本课内容的组成和在教学中的地位与作用。

（3）分析教材的相关内容安排和要求。

（4）分析本课的学习重点及难点。

6. 教学模式与策略设计

设计和选择本课教学中所运用的教学模式、教学策略、教学方法和手段。

（1）选择教学模式与方法：针对不同的教学内容和目标选择适当的教学模式，采用的教学方法、教学组织形式等。

（2）创设学习情境：根据学习内容、教学目标和学习者的具体情况，设计真实的、能充分发挥学生主体性的学习情境，其中包括基于信息技术的网络化、虚拟化学习情境。

（3）设计学习策略：根据所选择的不同教学模式和方法，对学生的学习方式应做不同的设计，提出不同的学习策略。

7. 信息媒体与资源

设计和选择本课教学中所运用的信息化教学媒体和数字资源，为学生提供的认知工具等，应结合教学过程的需要进行具体描述。如介绍学习者可用于完成学习任务的信息资源包括：可用的多媒体课件；文本、图片或音视频素材资料；各类微课资源；专题学习网站、资源网址；网络课程、教材；与教学内容有关的学习案例库；试题库；学生可能获得的学习环境（多媒体教室、网络教室、实验/演示教具、模拟教学系统等）；数字图书、学科百科全书；等等。

8. 教学活动过程设计

教学活动过程设计是教学设计方案编写的重点，主要内容包括以下内容。

225

(1)教学环节和步骤的划分。

(2)对每个环节的教师活动、学生活动、信息技术的支持等进行具体的设计安排，包括活动内容、活动条件、活动时间、活动要求等。

(3)画出教学过程流程图，可采取表格形式，形成具体的、可操作的活动流程。

9. 练习与课外学习设计

针对学习内容和任务中的知识点，教师可以设计相应的思考题或练习题以强化课内学习效果，也可以提出一些问题或补充的链接鼓励学生超越本门课程，把思路拓展到其他内容领域。同时，基于智慧课堂信息化平台、互联网等工具开展拓展性学习、个性化学习，进行个性化辅导等。

10. 学习评价设计

基于信息技术的支持，对全过程学习评价进行设计，包括课前预习测评、课堂提问、书面测试、学生自主网上测试、合作完成作品等，以及是否将学习测评资料上传到电子学习档案袋等。

二、表格式方案编写

智慧课堂教学设计方案也可以采用工作表格的形式来编写，即把教学设计的关键内容用表格的形式呈现出来，表格式方案的优点是表述方式比较清晰、简明、便于使用，不足是不够详细、具体，对一些教学手段、环节或步骤的具体内容、方法及要求阐述可能不明确。另外，这种方案的编写中表格的形式也不是唯一的，表 7-3 提供的格式只是一种参考格式。

表 7-3　表格式教学设计方案

课题名称：＿＿＿＿＿＿＿＿＿＿＿＿＿＿＿＿＿＿＿＿＿＿＿＿	
设计者：＿＿＿＿＿＿联系电话：＿＿＿＿＿＿＿＿电子邮箱：＿＿＿＿＿	
学科：＿＿＿＿＿年级：＿＿＿＿＿教学班级：＿＿＿＿＿教材版本：＿＿＿＿＿	
学时：＿＿＿＿＿时间：＿＿＿＿＿年＿＿月＿＿日	
一	设计思想
二	教学目标分析
	知识与技能：
	过程与方法：
	情感、态度与价值观：

三	学习者特征分析			
	一般特征分析：			
	个性差异分析：			
	初始能力分析：			
四	学习内容与任务分析			
	学习内容的基本要求			
	相关内容安排		知识点		任务要求

相关内容安排		知识点	任务要求
	1		
	2		
	3		

分析教学的重点和难点	
重点分析：	
难点分析：	

五	教学模式与策略
	教学模式：
	学习策略：

	学习内容	学习情境设计	学习策略
1			
2			
3			

六	信息媒体与资源

七	教学活动过程设计			

	教学环节	教师活动	学生活动	信息技术支持
1				
2				
3				

续表

八	练习与课外学习设计			
		知识点	练习	课外拓展学习
	1			
	2			
	3			
九	学习评价设计			
	课前预习测评：			
	课中实时测评：			
	课后评价反馈：			

第八章　学科智慧课堂教学典型案例

　　智慧课堂建设与研究的归宿是应用。本章示范性回答在学科教学实践中如何应用智慧课堂，探讨和实施学科智慧课堂教学模式。在全国多所名校开展智慧课堂教学实践的基础上，精选了语文、数学、英语、物理、化学、生物、政治、历史、地理 9 个学科的典型案例，详细介绍了各学科智慧课堂教学的具体设计和实施方法，每个案例均由知名学科专家进行点评。这些案例都是教师基于智慧课堂信息化平台，按照智慧课堂教学理论与方法，在一线教学中真实实施过的教学设计方案，为了更好地为广大读者开展智慧课堂教学实践与研究提供借鉴和参考，我们主要对案例的体例格式进行了统一和编辑完善，尽量保持案例的"原汁原味"。

第一节　智慧阅读——《追风筝的人》整本书阅读教学案例

一、案例背景

学校：蚌埠二中　　　　　　　　年级：高一

授课教师：梁秀清　　　　　　　教材版本：上海人民出版社

邮箱：shuqiaoliang@163.com　学时：1 课时

二、教学设计

1. 设计思想

依据《普通高中语文课程标准(2017 年版)》版提出的整本书阅读教学"旨在引导学生通过阅读整本书，拓展阅读视野，建构阅读整本书的经验，形成适

230

合自己的读书方法，提升阅读鉴赏能力，养成良好的阅读习惯，促进学生对中华优秀传统文化、革命文化、社会主义先进文化的深入学习和思考，形成正确的世界观、人生观和价值观"的要求，结合学生的认知特点，遵循建构主义学习理论强调的应当把学习者原有的知识经验作为新知识的生长点的原则，引导学习者从原有的知识经验中，生成新的知识经验。同时，应用智慧课堂的教学方法，实现阅读资源共享、鉴赏评价交互，使得表达分享摆脱时空限制、方式多样，培养学生阅读长篇小说的能力，形成适合自己的阅读小说的方法，探索信息技术与整本书阅读教学相结合的有效途径。

2. 教学目标分析

(1)知识与技能：复习小说的相关知识，把握主人公阿米尔复杂的心理，探究小说关于人性、种族、战争的主旨，培养学生把握长篇小说的人物形象与复杂主题的能力。

(2)过程与方法：以学生的自主阅读为前提，通过研读主要情节，挖掘主要人物的心理，探究小说的主旨，使学生掌握阅读长篇小说方法。

(3)情感、态度与价值观：使学生理解作者对于人性美的追求，对种族歧视与战争的憎恶，引导学生思考相关问题，并建立起正确的认识。

3. 学习者特征分析

本课授课对象为高一理科实验班学生，他们进入高中只有三个月，语文阅读水平略高于普通班的学生，但语文学习大多局限于课堂。课前调查发现，他们的课外阅读虽然较普通班学生略微丰富，但仍然十分有限，欠缺宏观把控长篇小说的能力，多数学生不能清晰梳理复杂小说的情节，对人物的理解往往浮于表面，更缺乏多角度深入思考长篇小说主旨的意识。同时，从学生的成长经历看，他们正处在渴望张扬个性的年纪，又生活在思想自由、信息技术大爆发的年代，学习能力及个性化阅读的生成能力较强。

4. 学习内容与任务分析

本节课为整本小说阅读分享课，在阅读教学过程中，借助现代信息技术手段，通过共同梳理小说的情节，深入挖掘主要人物阿米尔的心理，多角度、个性化地把握小说的主旨，借以探讨整本书小说阅读教学的流程和方法，以及信息技术与语文教学深度结合的有效途径。

学习重点：以课前阅读为基础，通过课堂讨论，分析小说的主人公阿米尔的心理特征，进而深入研读小说关乎人性、种族、宗教、战争的复杂主旨。

学习难点：作品个性化解读的有效生成；以整本小说阅读为基础的一般小说阅读方法的生成与应用。

5. 教学模式与策略设计

基于《普通高中语文课程标准(2017 年版)》提出的"阅读整本书，应以学生利用课内外时间自主阅读、撰写笔记、交流讨论为主，不以教师的讲解代替或限制学生的阅读与思考"的要求，本课主要采用智慧课堂"先学后教、以学定教"的教学模式，借助现代信息技术教学手段，让语文阅读教学"智慧"起来。通过知识复习帮助学生建立阅读前提，以任务驱动学生有目的地阅读，并在阅读过程中提出问题、交流讨论，通过创设情境增强学生的阅读带入感，通过问题的讨论与探究加深学生的阅读理解，促进阅读感受的个性化生成。

课前，师生共同选定阅读内容——《追风筝的人》。教师在课前发布阅读微课，指导学生阅读，并且布置阅读作业，以任务驱动学生阅读。学生先观看阅读指导微课，进行自主阅读，并在作业与动态评价工具上完成阅读作业，在班级空间交流讨论。教师根据阅读作业的完成情况，再次发布阅读指导微课，推进学生二次阅读，并确定教学内容。

课中，结合现代信息技术手段，重点采用讨论法和合作探究法教学。利用"投票""抢答""弹幕讨论"等课堂互动工具，促进学生进行个性化阅读感想的交流与碰撞，实现鉴赏评价交互化、表达分享富媒体化。期待学生在交流与碰撞中加深对小说的理解，由此引发学生三次阅读、深入思考的兴趣。

课后，通过布置学生撰写阅读感想任务并择优在班级空间发布学生作品的方式，促进学生深入、系统思考小说的内容，充分表达自己的阅读感受，获得丰富多样的阅读体验。

6. 信息资源与环境设计

(1)用录屏软件 Camtasia Studio 录制两节微课，微课内容分别为：小说概念、要素等相关知识；小说中环境要素对人物塑造与主旨表达的影响。在

231

班级空间分时段发布上述两节微课，帮助学生复习小说相关知识，推进深入阅读，引导学生形成整体把握复杂长篇小说的意识。

（2）利用作业与动态评价工具实现资源共享、阅读交流与学情调查。教师课前要求学生完成小说情节梳理、人物形象简单分析、主旨把握三个阅读作业，并且提交到作业与动态评价工具，教师通过批改作业掌握同学们的阅读情况，确定教学的重点与难点。同时，教师要求学生查阅小说相关的关于阿富汗的时代背景，并分享到班级空间，实现资源共享。

（3）利用课堂互动工具中"投票""抢答"等方式实现师生、生生交流的交互化、多样化、个性化。在课堂上为了引导学生深入"把握文本丰富的内涵和精髓"，笔者就课前阅读产生的主要问题，借助智慧课堂信息化平台进行了深入探讨，不仅加深了学生对小说内容的解读，还给学生提供了发表个性化阅读感受的有效平台。

（4）在班级空间分享读后感分享整本书阅读的经验。课后，以班级空间为交流阵地，围绕整本小说的阅读方法展开了讨论，使得学生通过阅读《追风筝的人》这本小说总结得出整本小说阅读的经验与方法。

7. 教学活动过程设计

教学活动过程设计见表 8-1。

表 8-1　教学活动过程设计

教学环节	教师活动	学生活动	信息技术支持
课前	确定阅读内容——《追风筝的人》，发布阅读微课 1 与阅读作业	观看微课 1，复习小说相关知识，带着阅读任务完成小说初读，提交阅读作业	教师利用微课制作工具制作微课，并通过作业与动态评价工具发布微课和阅读作业
	批阅学生作业，研究学情，发布阅读微课 2，促进学生阅读，确定教学内容	查看教师作业批复，观看微课 2，二次阅读小说，在班级空间展开讨论，修改作业	教师通过微课制作工具制作微课，通过作业与动态评价工具发布作业，进行学生学情数据统计，师生在班级空间展开讨论

教学环节		教师活动	学生活动	信息技术支持
课中	梳理情节	展示作业与动态评价工具作业1，梳理小说情节，导入新课	通过不同学生对情节的不同梳理，加深对小说情节的了解，进一步理清小说的思路	通过作业与动态评价工具发布作业、进行学生学情数据统计
	品味人物形象	展示作业2印象最深刻的情节的统计结果，选出学生印象最深刻的四个情节（①哈桑被强暴，阿米尔逃走；②阿米尔得知哈桑是自己的弟弟；③索拉博自杀；④阿米尔为索拉博追风筝），发起学生投票与课堂讨论，引导学生分析人物的复杂心理，感知人物的形象特征	投票，并交流选择某个情节的原因，深入思考这些情节的作用，讨论分析人物心理特征	通过课堂互动工具进行投票互动，并进行即时数据统计与反馈
		发起弹幕讨论，探究主人公阿米尔变坏的原因，以及最终变回好人的心路历程	弹幕发表观点，思考不同观点的正确性，讨论确定问题的答案	学生通过课堂互动工具发弹幕，进行讨论
	把握小说主旨	展示作业4关于小说主旨的统计结果，指出多数同学将主旨确定为"人性救赎"，明确学生主旨思考较浅且角度单一的缺陷，引导学生重视环境要素在小说中的重要性，进而发起讨论，让学生多角度把握小说主旨	发掘小说的环境要素，结合作业与动态评价工具作业3，了解小说关于种族歧视与战争的相关背景资料，思考讨论并丰富小说的主旨，加深阅读体会	教师利用同屏工具展示统计结果
		结合9·11、美国承认耶路撒冷是以色列首都以及南京大屠杀80周年纪念日等现实事件，引导学生着眼于当下，实现阅读迁移	通过教师展示的多媒体资料，思考小说的现实意义	教师利用同屏工具展示多媒体资料
	作业	布置作业：写一篇阅读感受并提交	三次阅读，完成作业，提交作业	教师利用作业与动态评价工具布置作业

233

续表

234

课后	教师批改作业，择优分享到班级空间，促成学生讨论与交流	在作业与动态评价工具查看作业批复，在班级空间阅读优秀作业，并展开讨论，加深阅读感受	教师利用作业与动态评价工具批改作业，并通过班级空间分享优秀作业

8. 练习与课外学习设计

课前：首先发布微课1——小说概念、要素等相关知识。学生通过学习微课复习小说的相关知识，为接下来的初步阅读更有针对性地做准备。然后布置阅读任务——初步阅读《追风筝的人》完成小说情节的梳理，主人阿米尔形象特征的把握，小说主旨的探究等三个作业并提交到作业与动态评价工具。最后教师通过批改同学们的作业确定课堂教学的重难点，同时发布微课2——小说中环境要素对人物塑造与主旨表达的影响，激发学生深入思考小说主旨的兴趣，为课堂上的阅读讨论做准备。

课后：学生再次阅读小说，撰写对小说主旨深入探究的阅读笔记，提交到作业与动态评价工具。教师批改作业，并择优推荐到班级空间与大家分享。同时，师生共同在班级空间参与关于整本小说阅读的方法的讨论，并进行方法总结。

9. 学习评价设计

课前，学生完成关于小说情节、人物、环境、主旨的四个主观题阅读作业，教师利用作业与动态评价工具评价批复，并进行阅读指导，确定教学重难点(图 8-1、图 8-2)。

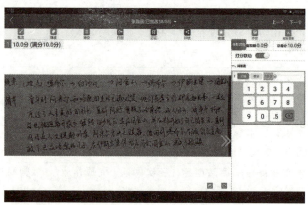

图8-1　学生主观题作业完成情况1

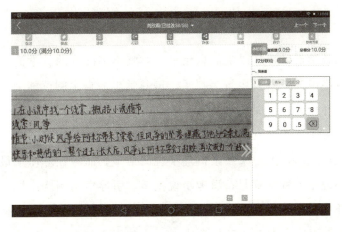

图 8-2　学生主观题作业完成情况 2

课中，通过预习作业展示及讲评，解决作业中出现的主要问题，梳理小说情节。根据作业反馈情况，品味小说的重要情节，挖掘小说的主旨，根据同学们的讨论分析评价，激发学生再次研读小说的兴趣，启发学生深入评鉴小说(图 8-3)。

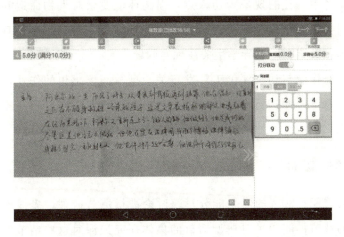

图 8-3　学生作业完成情况

课后，利用作业与动态评价工具批复学生提交的阅读感想，择优推荐分享到班级空间，与学生分享讨论，加深学生对小说的理解。

236

三、教与学的实际过程描述

本节课教学借助智慧课堂信息化平台对整本书阅读的教学流程与方法进行探究，以小说三要素及主旨为抓手，培养学生的自主阅读能力，促进学生阅读表达个性化，思考探究深入化，分课前、课中、课后三个环节进行。

课前：首先，通过发布小说相关知识的微课，进行初次阅读指导，辅以四个主观题作业。找出一条线索梳理小说的情节；品味让你印象最深刻的情节；查阅小说相关背景资料；思考小说主旨。引导学生围绕小说三要素及主旨有目的地展开阅读，并进行阅读个体的个性化表达。然后，根据学生的作业反馈情况，再次发布关于环境要素对小说的影响的微课，进行二次阅读指导，引导学生再次阅读小说，思考相关问题，同时确定教学内容。

课中：首先，通过作业与动态评价工具展示典型作业，跟学生一起再次梳理小说情节。接着，根据学生作业反馈情况，发起投票选择出典型情节，跟学生进行深入探讨，以把握主要人物的复杂心理，为探究小说主旨做铺垫。之后，以思考单一化的现象为切入点，强调环境要素对人物命运和小说主旨的影响，引导学生从多个角度深入思考小说的主旨。最后，联系现实，利用多媒体展示相关资料，引导学生关注现实问题。

课后：在作业与动态评价工具发布关于撰写阅读感想的作业，促进学生三次阅读与思考，并进行个性化表达，选择优秀作业发布到班级空间，与大家分享讨论。

四、学生学习成果

知识与技能：80％的学生能分享、讨论进行情节梳理，多线索、进一步理清小说的情节；能通过对典型情节的集体探究加深对这些情节的理解，并深入把握人物的复杂心理；能理解小说中牵涉到的背景（即小说发生的社会环境）对人物命运和主旨的影响，并结合这些背景，联系现实来深入思考小说的现实意义（图8-4）。

过程与方法：大多数学生了解了小说阅读的基本路径，学会了从情节入手，分析人物形象的特征，进而探讨主题的由浅入深的阅读方法，知道要通过典型的环境去分析典型的人物与典型的主旨。

情感态度价值观：学生都能感受到人性的真、善、美的力量，有自我反思和自我完善的意识；了解了种族歧视与战争对普通人的残害，对种族歧视与战争有了更深入的认识。

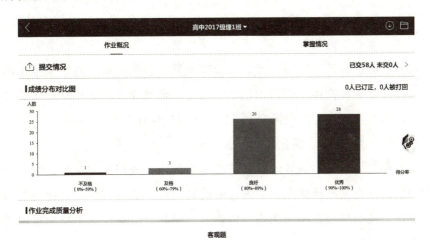

图 8-4　学生作业概况

五、教学反思与评价

1. 教学反思

整本书的阅读是培养学生核心素养的重要途径，也是新课改对高中学段教学的新导向。当前各地都在展开关于整本书阅读教学方法的研究，上海与安徽都分别举办了相关教学研究的专题论坛，但是利用智慧课堂信息化平台进行整本书阅读教学的研究，蚌埠二中还是首例。

在实践过程中，智慧课堂的教学模式有如下优点。

（1）激发学习热情，增强学习效果。

信息技术的发展必然会引发课堂教学的深刻变革，合理利用现代科学技术手段能够打通课堂与课前、课后的通道，让学生拥有充分展示自我的机会，激发学生思维，点燃学生求知的欲望，有利于培养学生自主研究学习的能力。而学生自主研究学习的欲望一旦被点燃，学习的效果必将大大增强。

237

(2)丰富教学内容，拓展课堂空间。

智慧课堂与语文教学相结合带来的阅读资源库量化的优势得到了充分发挥。教师可以根据教学要求在智慧课堂信息化平台向学生推送必要的阅读资料，也可以要求学生查阅、上传相关资料，实现阅读资源的共享。比如，在这节课上，我就在课前通过推送微课、要求学生上传相关背景资料的方式，帮助学生占有必要的阅读资料，既给了学生适当的阅读引导，也节省了同学们的时间。而在课后，我们还可以在分享阅读感想的时候，向学生推送经典书评，帮助学生提高阅读理解的层次。同时，智慧课堂信息化平台让交流打破时空的限制，不仅可以在课堂上进行，还可以延伸到课外。

(3)突显学生主体，强化教学生成。

智慧课堂先学后教的教学模式使得学生的主体地位更加突显。学生的课前学习情况反馈是教师确定教学内容的前提，这样课堂所学不仅包括教师想教的内容，还必然包含了学生想学的内容。另外，信息技术手段的运用使得师生的交流呈现出交互化、多样化与个性化的特点。能让学生的阅读想法得到充分地表达与碰撞，从而激发出更多的不同想法和智慧的火花。比如，在这节课中，学生的表达与交流就不像传统的课堂那样只发生在课堂上，而是延伸到了课前与课后，也不像传统课堂那样只有一部分同学能表达自己的观点，而是借助智慧课堂信息化平台使得每个学生都充分表达自己的见解。这就使得阅读生成突破了课堂的限制，变得更多样化，也更个性化。

但是通过这次阅读教学实践，我对利用智慧课堂信息化平台辅助教学也有如下两个方面的担忧。

第一，课前过度学习影响课堂生成。语文课堂与其他学科不同，除了确定的知识传授之外，还有不确定的美感体验与思想碰撞，更讲求课堂生成，因此就要把握好课前学习的度。如果课前学习过度，就会影响课堂生成，反而有可能削弱文本的魅力，降低学习的效率。

第二，技术使用过度影响学习效果。信息技术只是手段，不是目的。在使用它的时候，要把握好度，但是这个度在哪里，本身就很难把握。在这次的教学实践过程中，我明显感觉到有同学参与抢答或投票完全是因为好玩。甚至在问题抢答环节，抢到的同学站起来发表不出任何有价值的看法，支支吾吾，只得承认自己思考不足，只是抢得快。而在交流讨论的环节，有些同学则因为是在线上交流，教师不在现场而发表一些与问题无关的内容。这些因信息技术的使用而带来的负面影响，都在一定程度上扰乱了教学，必然会影响教学的效果。

在语文教学的智慧课堂探索之路上，我只是个初学者，很多体会还很肤浅，但我希望能通过更多更好的实践不断地去探索与学习。

2. 专家点评（安徽省蚌埠二中副校长、特级教师　郑可根）

梁老师这节课借助了信息技术的手段打通了课堂学习与课外交流的通道，信息技术的使用促成了学生阅读作品时个性化解读的生成。课前，利用智慧课堂信息化平台，教师和同学们共同完成了初次阅读与交流。教师根据初次阅读与交流的结果确定了教学的主要内容，真正做到了以学定教，增强了教学的针对性。课中，通过课堂互动工具的抢答与投票功能，教师与同学们共同深入研讨了阅读中出现的相关问题，信息技术手段的使用让每一位同学在课堂上都有了展示自我的机会。课后，作业评价与反馈系统做到随时随地提交和教师随时随地个性化批阅交流，解决了传统作业一周或一个月提交，学生几乎忘了，教师才评讲的问题。同时，作业评价与反馈系统展示优秀作业的做法更是极大地激发了学生表达自我的热情，其表达交流的个性化也是传统教学环节无法比拟的。把现代技术运用到我们的教育教学中来，是高效课堂的必然选择。

▶ 第二节　信息技术助力打造高效课堂——《认识三角形》教学案例

一、案例背景

学校：山东师范大学齐鲁实验学校　　　年级：七年级

授课教师：马文文　　　　　　　　　　教材版本：北京师范大学出版社

邮箱：329646418@qq.com　　　　　　学时：1课时

二、教学设计

1. 设计思想

本节课的设计主线是将信息技术合理地融合于各个教学环节中，从而打造高效的数学课堂。本节课强调以学生自主学习为中心，要求学生在教师讲授新课之前进行深入的自主预习，按照预习层次设计学生导学案，教师利用学生预习数据进行精准备课。课堂教学过程以学生自主探究、教师引导总结为主线，合理应用智慧课堂中的动态呈现及精准数据支撑，大大提高了课堂效率，同时，使教学更有针对性，信息技术的应用对于打造高效的数学课堂提供了强有力的支持。同时，在自主探究、小组展示等课堂活动中，培养学生的逻辑思维能力，合作交流与表达能力，以及善于钻研的科学品质。

2. 教学目标分析

(1)知识与技能。

①结合具体实例，进一步掌握三角形的概念及基本要素。

②掌握三角形的三条边和三个角之间的关系。

③能够按照角的大小进行分类。

(2)过程与方法。

①从观察生活中的实物图出发，使学生经历从现实世界中抽象出几何图形的过程，复习三角形的有关知识和概念，认识三角形的基本要素及三边关系。

②在原有三角形内角和感性认识的基础上，利用所学平行线的结论，得出三角形内角和。

(3)情感、态度与价值观。

①通过智慧课堂教师端与学生端的互动功能，使学生体会到学习的乐趣，激发学生学习数学的兴趣。

②使学生在积极参与探索、交流的教学活动中，进一步体验数学与实际生活的密切联系。

③引导学生在自主探究、合作学习的过程中，培养严谨的思维习惯，培养合作与钻研的科学精神。

3. 学习者特征分析

从学生的知识水平层面分析：学生对于三角形的基本概念、构成要素、三角形的内角和、三角形的分类等已经有了一定的知识基础，但学生对于三角形的构成要素仅知其表象，而不能究其根源。

从学生的身心特点分析：与小学阶段相比，行为的自觉性有所增强，能够主动发现问题；自主意识逐步发展，善于表现自己，但自信程度与能力往往存在一定的偏差；潜力大，可塑性极强。

4. 学习内容与任务分析

本节课为认识三角形，即为后面更深入学习探究三角形的有关性质，利用其性质解决生活中的实际问题奠定了坚实的基础。要求学生理解三角形的概念、辨别三角形的构成要素及会用几何语言表示三角形，首先从学生的生活经验出发，创设一定的情境，向学生展示出生活中常见的三角形，以此为依托引导学生自主梳理以上三个知识脉络；根据新课标要求，本节课对于三角形的认识已不仅是停留在直观的三角形上，还包括三角形构成要素之间的联系，不仅要熟练应用三角形内角和定理进行有关角度的计算，同时还应会用学过的几何知识来验证三角形内角和为 180° 这个结论的真伪，从而培养学生追根溯源的科学品质及严谨的思维能力。

教学重点：理解掌握三角形三条边和三个内角之间的关系。

教学难点：理解掌握三角形三条边和三个内角之间的关系及性质的应用。

5. 教学模式与策略设计

本节课采用基于动态数据分析"以学定教"的教学模式，通过智慧课堂信息化平台实现预习预设问题或数字化作业的自动数据分析与反馈，为教师提供及时准确、立体化的数据，辅助教师高效教学。

对于本节课较为基础的知识脉络首先采取引导学生自主梳理总结成知识体系，利用课堂互动功能中的分组作答上传知识体系图，选择优秀小组进行知识点汇报。其次，对于出错率较高需要教师着重强调的知识点采取课堂互动中的抢答提问或随机提问功能，激发学生学习的积极性，进行知识的落实。针对本节课两大知识难点：利用所学几何知识推理证明三角形内角和以及三角形三边关系的相关变式题型，采取小组合作探究解决的方式，学生交流讨论后汇总落实证明方法和解题思路，拍照上传。上传过程中，教师可对学生提交的答案进行浏览分析，精准把握学情，调整课堂教学策略。采取优秀小组讲解汇报，在讲解过程当中随机提问出现典型错例的小组，以此加深印象。针对学生汇报掌握情况，教师再进行解题思路和方法的汇总指导。最后，针对学生的薄弱点及常考点出变式拓展训练，采取全班作答形式，及时向学生出示答题报告，并根据反馈数据进行有针对性的讲解。

由此，在教学过程中充分利用信息技术提供的多种教学手段和方法策略，丰富课堂组织形式，激发学生学习兴趣、培养学生的合作学习、协作创新的素质和能力，并且通过自适应练习及时巩固学生的薄弱知识点。

6. 信息资源与环境设计

总体上是借助智慧课堂信息化平台建构本课的教育资源，同时结合多媒体教学课件辅助教学。具体包括：课前，学生在课前预习课本并学习微课；课中，教师结合多媒体课件辅助教学；课后，教师布置有针对性的日常任务及课后作业。

课前：利用智慧课堂信息化平台向学生推送预习的微课视频；通过作业与评价系统发布课前预习检测作业，包括 3 道选择题和 2 道填空题，并设置好提交时间及答案，学生完成预习任务并提交作业；教师根据学生预习反馈提供的数据分析，有针对性地进行教学设计的调整。

课中：借助智慧课堂信息化平台，通过师生终端，师生共同探究三角形中的有关性质及重难点知识。利用拍照讲解功能展示学生的典型错例及优秀作业，课堂教学过程中利用课堂互动工具中"抢答""投票""小组 PK""分组作答"等功能，让学生在纸上落实的同时，拍照上传小组合作探究的结果，进行小组展示讲解等，结合班级完善的量化赋分机制，激发学生的学习热情，培养学习兴趣。

课后：备课时根据学生预习反馈中的重难点问题进行当堂检测的设置，重新巩固重难点的同时，所留记录为今后的教学提升改善提供了完善的数据支持；根据智慧课堂提供的数据分析及学生课堂表现情况，在作业与动态评价工具中有针对性地布置日常任务及课后作业。

7. 教学活动过程设计

教学活动过程设计见表 8-2。

表 8-2　教学活动过程设计

教学内容	教师活动	学生活动	信息技术支持
自主纠错	对课前预习的完成情况进行简单分析反馈,对于重难点的典型错例进行分享	对于教师分享的典型错例或难点问题小组合作讨论,并指出易错点	利用同屏工具,展示学生预习情况的数据分析,给学生较为直观的反馈,并将典型错例拍照分享到学生端,便于学生纠错讨论
知识梳理	引导学生结合预习内容以及已有的知识基础,结合学习教案的提示,进行知识梳理,建立关于三角形的知识体系;结合学生分组作答提交的情况,选择优秀小组进行展示分享;教师进行适当点播	小组合作交流,结合教师指导,进行知识梳理,以小组为单位在笔记本上画出本节内容的思维导图,并提交上传;优秀小组展示分享,其余小组进行补充完善	利用智慧课堂中的课堂互动工具"提问"中的分组作答,教师设置好问题及答题规范,以小组为单位进行知识思维导图的提交上传,结合知识点提炼出的典型问题,传统提问与学生端抢答相结合
探究合作	引导学生结合学习案进行探究:三角形内角和为180°的证明方法;三角形三边关系的应用	小组合作探究:除利用小学阶段的剪拼法证明三角形内角和为180°外,如何结合本学期所学几何知识进行证明;利用三边关系的知识总结出判断是否能构成三角形的简便方法,交流后进行小组展示讲解	结合多媒体课件的动态演示功能,使学生更形象直观地理解三角形内角和为180°的证明方法,以及迅速判断是否能构成三角形的方法
总结归纳	结合学生的分享讲解,教师进行三角形证明方法及所用数学思想的总结归纳	结合教师重难点的总结,学生进行改错完善及笔记整理	利用智慧课堂信息化平台对课件进行展示、标注以及分享
变式拓展	结合本节重难点知识,在课件中设计3道关于三角形角度计算、三角形三边关系的应用变式题型,发布并请全班学生进行作答提交并讲解方法	学生利用学生端进行作答并迅速提交,在教师针对错例进行解题思路讲解后纠错,及时整理到改错本	利用课堂互动工具进行互动提问,学生提交后教师查看答题报告,并对答错学生进行针对性讲解
当堂检测	设计3道不同类型知识点的常考题型,进行当堂检测,精准把握学生本节课的学习效果	学生利用学生端作答并迅速提交	利用同屏工具进行课件分享;利用课堂互动工具进行互动提问,全班作答,形成答题报告

8. 练习与课外学习设计

在练习设计上，课前环节的设计主要是请学生结合教材内容，认真学习教师推送的微课，并利用智慧课堂学生端完成课前预习检测：5道客观题，主要涉及知识点为三角形的构成要素、三角形的分类、三角形角度的计算、三角形三边关系等。

课中教学环节中的设计主要是利用教师端与学生端的课堂互动功能，进行课件分享推送重难点题型及提问中抢答、全班作答、分组作答等功能，进行与学生的互动及小组展示讲评，主要分为以下环节。

(1)知识梳理：主要针对三角形的概念构成要素、表示方法、三角形的分类、三角形的内角和、三角形的构成条件这些知识点的表象进行知识体系的构建，采取分组作答，小组拍照提交上传。

(2)变式拓展：针对三角形的内角和设计1道关于三角形角度的计算选择题，2道关于三角形三边关系应用的选择题，全班进行作答并提交。

课后环节的设计主要是给学生布置相关练习题，以及相关重点页面的分享推送。主要针对本节课知识要点设计3道不同类型的客观题，全班作答提交。及时考查学生在各个课堂环节中对于知识点的理解掌握的程度，为后期提升教学水平提供数据支持，课后习题规定在智慧课堂的作业与动态评价工具中按规定时间提交上传，及时反馈学习效果，便于形成关于学生学习效果的总结性评价。

9. 学习评价设计

课前测评的目的是检测学生自主预习的质量，同时反映出学生的做题习惯。其中5道客观题全部做对的学生主动性、思维能力都较强，对于三角形的概念、构成要素、分类及利用内角和求角度问题能够做对的学生，其具备一定的学习主动性，较强的思维能力，但在自主性及学习习惯上还有待提高，也是提升潜力最大的一部分学生。少部分学生停留在只能将基本概念性的题目做对，说明其在学习自主性、学习方法和思维能力方面还有很大的欠缺，需要教师多加关注和培养。

课中教学环节中，学生对于知识脉络的梳理在很大程度上可以反映出学生的自主归纳总结能力、思维的严谨性及考虑问题的全面性。通过优秀小组讲解展示很好地反映出学生的逻辑思维能力与有条理表达能力的水平。通过学生对于两个重难点题型的合作探究：三角形内角和定理的证明与三边关系的应用，反映了学生对于前面所学知识学以致用的能力，部分学生证明三角形内角和定理时仍然停留在小学阶段的剪拼法，说明并未达到应有学段所需的解决问题水平，仍需加强训练。但大部分学生能通过创造条件利用平行线的性质解决问题。对于变式拓展训练的考查着重反映出学生思维的灵活程度。这些及时高效的数据反馈大大提高了教学的针对性和课堂效率。

课后当堂检测及课后练习的设计，及时检测出学生本节课的学习收获及对于重难点知识的掌握程度，通过规定时间的练习检测更能体现出学生利用所学知识解决问题的能力和数学综合素质。

三、教与学的实际过程描述

本节课教与学的实际过程主要围绕学生更深入地理解三角形有关知识这一典型活动展开的。

首先，学生课前结合教材内容及导学案，认真观看智慧课堂信息化平台中推送的微课，进行有效预习。根据学生学情，通过作业与动态评价工具设计具有难易层次的预习检测，学生及时进行巩固，为学生的自主学习总结归纳提供了主线，同时为教师更有针对性地备课，打造高效课堂提供了强有力的支持。

其次，教学过程的设计充分考虑到学生已有的知识经验，如关于三角形的概念、构成要素、表示方法及三角形按角进行分类，这些知识点教师不再进行赘述，将学习自主权交给学生，由学生自己进行知识体系的建构整理，培养学生总结归纳，自主探究的能力，结合智慧课堂的课堂互动功能，给学生提供了展示的平台，激发了学生的学习热情。小组合作探究主要围绕本节课的重难点：利用第二章所学平行线的有关知识进行三角形内角和的证明，三角形三边关系的探究应用这两个知识点展开谈论，充分发挥智慧课堂的优势，利用教师端与学生端的互动功能及多媒体课件的动态呈现，使学生更加直观形象地理解本节课重难点，小组展示环节激发了学生敢于表达的欲望。变式拓展题型的设计，使学生及时巩固所学知识，学以致用，培养了学生自

245

主思考问题的习惯，提高了学生的逻辑思维能力。

最后，当堂检测及课后练习的推送，要求学生在规定时间内提交完成，使学生及时了解自己的课堂学习效率，给予本节课的课堂效果及时精准的反馈，为教师后期改善教学策略，提升教学专业素养提供了数据支持。

四、学生学习成果

预习检测的客观题总体情况较好，正确率近 85%，课堂教学过程中，小组合作提交的知识梳理及课堂探究的两大主观题的答题情况比起个人答题情况来看，质量有明显提升，尤其是对于三角形内角和的证明方法，部分小组交流分享后能提交 2～3 种不同的证明方法，且思路步骤都较为规范。另外，教学过程中智慧课堂的课堂互动模式的应用，充分调动了学生的积极性。教师端与学生端的拍照提交功能及课件分享功能为课堂教学过程省去了不必要的时间，学生分享展示时瞬间提取出自己小组提交的作业，表述解题思路与方法时更加清晰明了。通过当堂检测及课后练习的数据报告分析，较预习情况来看学生掌握程度有了很大的进步。下图 8-5 为课前预习检测数据反馈，下图 8-6 为课后当堂检测数据反馈。

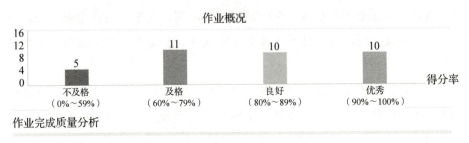

作业完成质量分析

图 8-5　课前预习检测数据

正确率分析结果

题号	正确人数	正确率
1	35人	97%
2	36人	100%
3	36人	100%
4	34人	94%

正确率分析饼状图

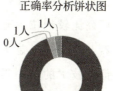

图 8-6　课后当堂检测数据

五、教学反思与评价

1. 教学反思

本节课注重学生自主学习能力的培养，整个课堂教学设计以学生为主体，以小组合作学习模式为依托，教师引导学生自主梳理出本节课的基础知识，建构知识体系；再引导学生自主探究本节课的两个重难点内容的题型，使学生在思考探究的过程中，体验合作分享的重要性，同时使学生独立思考问题、解决问题的习惯得以巩固，在解决问题的过程中，学生的逻辑思维能力和表达能力得到了提升。

而信息技术与传统课堂在整个教学过程中恰当地融合在一起，从课前到课中，再到课后，智慧教学贯穿于教学中的每个环节，使教师备课时更有针对性，使教师更精准地把握学情，学生也由此体验到科技的力量，也激发了学生学习的主动性，同时也丰富了教学组织形式，大大提升了数学课堂的趣味性与高效性，充分发挥了信息技术作为辅助教学手段的优势。但本节课在教学过程中也存在诸多不足之处，比如，学生在小组合作过程中，对于每一位学生的落实情况在把握上还有所欠缺，在智慧课堂教学模式的引领下，相信我们会共同进步，共同成长。

2. 专家点评(山东师范大学齐鲁实验学校初中学习部主任　崔明雪)

本节课的内容为进一步研究三角形奠定了基础。内容上对于学生来说并不陌生，因此怎样把这些学生并不陌生的知识，讲得让学生都愿意兴致勃勃地学下去是教师在备课时需要着重研究的一点。整节课课堂氛围活跃，学生积极踊跃，本节课对于重难点层次把握准确，对于学生会的基础知识的讲解没有多余的赘述，恰当引导学生自主进行知识梳理。对于教学重点题型的探究比较到位，充分发挥了学生的学习主体地位，注重培养学生的数学素养，这些都得益于恰当地运用了智慧课堂的信息化平台。这节课马老师将信息技术的使用贯穿于整堂课教学环节中，其一，充分激发了学生学习的积极性，使学生体会到学习的乐趣；其二，充分利用了智慧课堂强大的数据分析功能，使得本节课的教学环节设计和时间分配都恰到好处，提高了教学的针对性。信息技术服务于我们的教学过程，在我们使用的过程中，应谨记当智慧课堂与传统课堂的教学手段相得益彰时，才能将信息技术的优势发挥到最大。

▶第三节　以问题启迪智慧——《A Matter of Taste》教学案例

一、案例背景

学校：合肥市第八中学　　　年级：高一

授课教师：高佳佳　　　　　　教材版本：北京师范大学出版社英语必修 2

邮箱：963766255@qq.com　　学时：1 课时

二、教学设计

1. 设计思想

本课是一节阅读课，课文主要内容是对中国近现代三位美术大师徐悲鸿、齐白石和陈逸飞及其代表作品的介绍。该课内容涉及艺术欣赏，能够引起高中学生的兴趣。在教学设计中，根据教学内容的具体特点以及合肥市第八中学智慧课堂信息化平台的实际使用情况，针对学科核心素养要求，结合本节课所有教学内容的梳理，设计了 Pre-reading、While-reading 和 Post-reading 的各个环节，坚持以问题为导向，精心设计问题，形成有效的任务链，所有任务都由学生亲自参与和体验，以引导学生去独立思考、合作研究并解决问题，同时锻炼和培养了学生的质疑精神和思维品质。

2. 教学目标分析

(1)知识与技能：了解欣赏中国画的基本方法，会使用表示地点和动作的介词，描述色彩的词汇和句型。

(2)过程与方法：通过精心设计的问题，引导学生思考，分析、归纳和总结得出共性的规律和个性化经验。

(3)情感、态度与价值观：养成独立思考的习惯，培养对中国画的喜爱和品味，培养民族文化自信，增强弘扬民族文化的意识。

3. 学习者特征分析

经过北京师范大学出版社高中英语必修 1 的学习，班级学生已经掌握了一定的英语词汇和阅读技能，并能够通过阅读获取信息，同时具备一定的用英语思考和解决问题的能力。班级学生已经很熟悉学生端抢答、提问、拍照上传等操作，可以与教师进行充分互动。高一学生在心理和情感上处于敏感期，对像艺术欣赏这样的感性活动充满兴趣，同时他们偏好理性思维，渴望通过发现、思考，分析、归纳和总结得出自己的学习经验。

4. 学习内容与任务分析

《A Matter of Taste》是北京师范大学出版社高中英语必修 2 第六单元的第一篇课文，主要介绍了三位中国画大师以及他们的代表作品。在授课时，要引导学生去学习如何欣赏中国画，并用所学的语言知识介绍中国画。通过本课的学习，学生能够感受中国画的艺术之美，掌握欣赏中国画的基本方法，培养民族文化自豪感，了解艺术之于生活的意义。

教学重点：(1)引导学生学习欣赏中国画的基本方法；(2)使学生能用所学英语和方法介绍中国画。

教学难点：引导学生去发现、归纳欣赏中国画的基本方法，教会学生用地道的英语介绍中国画。

5. 教学模式与策略设计

本节课采用了任务型英语阅读教学模式和智慧课堂教学模式相结合的教学模式。在教学过程中，结合具体阅读任务，在智慧课堂信息化平台的支持下，引导学生进行泛读、精读课文内容。同时利用 Jigsaw Reading 教学策略，让学生在精读的基础上进行思考讨论，引导学生对课文中的信息进行归纳总结，从而得出自己的观点，具体的教学策略如下。

课前：为学生准备预习微课，鼓励学生自主预习，并且要求学生完成相应的预习作业。学生在自主预习的过程中对中国画的评价与鉴赏方法有了初步的了解，对于文章的架构也有了自己的思考。

课中：教师首先抛出一些关于课文内容的问题，让学生带着问题去仔细阅读课文并独立思考得出答案，学生在思考的过程中也熟悉并把握了全文。对于教学重难点，以问题为导向，让学生分组讨论，得出结果并使用学生端在班级展示，引导学生对得到的信息进行甄别归纳，并在小组的交流合作中形成自己的观点。课堂中使用了同屏、分享、投票、抢答、随机提问等互动模式展开师生、生生互动，活跃了课堂气氛，提高了教学效率，优化了教学效果。

课后：给学生布置课后任务，让学生通过智慧课堂信息化平台搜集更多关于中国画以及其他中国民间艺术形式的网络资源并在班级分享，激发学生的兴趣，拓宽学生的知识面。同时，让学生以给外国友人写信的形式，用自己的语言来描述与评价一幅中国画，加深学生对所学知识的理解与运用。

6. 信息资源与环境设计

课前：为学生设计预习微课，内容是关于不同种类的中国画的展示与描述，包括流派、技艺、背景故事等，激发学生的学习兴趣。发布预习作业，让学生带着问题去对文章进行初步的探究。

课中：播放配乐中国画视频，简要介绍课文中的三幅中国画的作者和创作背景，引出本课话题。利用课堂互动工具进行投票互动，激发学生的兴趣。

课后：通过作业与动态评价工具布置课后练习，对于新学词汇的使用以及文章的理解进行重点监测。根据批改作业情况，结合学生问题进行针对性指导，加深学生对本课的认识与理解。

7. 教学活动过程设计

教学活动过程设计见表 8-3。

表 8-3 教学活动过程设计

教学环节		教师活动	学生活动	信息技术支持
课前		①发布预习微课与预习作业 ②批阅学生作业，研究学情，设计课堂教学流程	①观看微课，自主预习 ②查看教师作业批复，思考并修改错误	教师利用微课管理与应用系统制作与发布微课；利用作业与动态评价工具进行作业的发布、提交、批改等操作
课中	新课导入	①播放配乐中国画视频，引出本课话题，激发兴趣，导入新课 ②展示本课的三幅名家作品，学生投票选出最喜欢的一幅 ③展示投票结果，呈现数据	①认真观看视频，认真思考，积极回答问题 ②观察三幅图片，完成投票任务 ③了解投票结果，分享个人投票的结果和原因	教师利用同屏工具分享资源；运用课堂互动工具进行课堂互动和即时反馈
	阅读准备			
	泛读环节	指导学生略读课文，思考文章大意	略读课文，概括文章主旨大意	教师利用教师端进行分享指导，利用课堂互动工具进行抢答互动
	精读环节	指导学生阅读课文，分三段进行精细化阅读，针对每段课文提出问题	认真阅读，思考问题，准备好答题素材，用智慧课堂信息化平台展示	利用课堂互动工具进行抢答、随机、小组PK、弹幕讨论等多种形式的互动
	知识巩固	引导学生反思并总结欣赏中国画的基本方法，展示流程图	思考，分析，归纳，总结	教师利用同屏工具展示知识巩固内容
	知识创新	布置创新任务并协助学生完成	运用所学的方法和知识进行小组讨论、准备并在班级展示	利用课堂互动工具进行抢答互动
	小结及情感教育	总结课堂内容并引导学生了解艺术之于生活的意义，鼓励学生学习了解并传承优秀民间艺术	倾听，思考	教师利用同屏工具展示小结内容，分享经验

251

续表

252

教学环节		教师活动	学生活动	信息技术支持
课后	布置个性化作业	指导学生用本课所学知识和技能以邮件方式向外国友人介绍一幅中国画	认真反思，完成作业并提交	学生通过作业与动态评价工具完成并提交作业
	推送优秀作业	推送作业；择优发布至班级空间，对学生提出的疑问提供个性化辅导	提交作业，在班级空间学习优秀作业，并展开讨论	利用作业与动态评价工具推送作业，在班级空间进行交流讨论

8. 练习和课外学习设计

在预习作业中，通过布置预习任务，让学生掌握中国画的相关知识。在课堂练习中通过介词填空引导学生学习表示地点和动作的动态介词和描述色彩词汇和句型；通过成语连线，引导学生学习欣赏中国画时联想主题的象征意义；通过小组活动，引导学生学会从 Search、Observe、Feel、Associate、Imagine、Analyse 六个方面掌握欣赏中国画的方法。在课后练习中，通过个性化作业以邮件的方式向外国友人介绍一幅中国画，考查学生对描述简单场景词汇和句型、中国画欣赏方法词汇和句型、介绍一幅画的方法等知识点的掌握情况。学生可在课后上网查阅中国画以及其他类型的民间艺术形式，分享到班级空间。

9. 学习评价设计

课前：借助作业与动态评价工具，发布根据课文和预习微课所设置的以选择题为主的预习作业，教师针对预习作业的批改情况，初步评价学生对于预习知识的掌握情况，并以此为依据设计有针对性的教学过程。

课中：在精读环节和知识巩固与创新环节抛出问题让学生思考交流，利用智慧课堂信息化平台中的点赞、喝彩、批注等互动功能对学生表现进行即时评价。

课后：利用作业与动态评价工具布置课后作业，形成关于学生学习效果的总结性评价，教师根据学生作业情况进行个性化辅导。

三、教与学的实际过程描述

1. 课前环节

利用作业与动态评价工具布置预习任务，让学生阅读课文，并查找中国画的相关知识。

2. 导入环节

首先，让学生观看配乐中国画视频，吸引学生学习的兴趣，引出本节课话题，并直观地感受中国画的意境美和艺术魅力，培养其对中国画的兴趣和文化自豪感。

接着，展示本课的三幅名家作品，学生根据第一印象投票选出自己最喜欢的一幅，并请一到两位同学简述理由，既活跃课堂气氛，又引出本课标题（图8-7）。

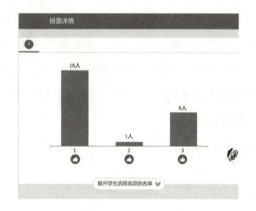

图8-7 学生反馈情况

3. 泛读环节

首先，学生略读课文，概括文章主旨大意。

其次，给出关于三幅画的一个信息表让学生思考：在介绍一幅画时会谈论到哪些方面？

最后，Jigsaw Reading，学生分三组分别阅读与一幅画有关的一段文字，通过学生端展示自己对上述问题的回答，并与全班同学一起分享，分享阅读有利于调动学生的主动性并减轻疲劳感（图8-8）。

图 8-8　Jigsaw reading 界面

4. 精读环节

第一，学生再读第一段并思考问题：画家是如何描绘奔马的速度的？

第二，介词填空，引导学生关注动态介词以及描述色彩使用的句型。

第三，成语连线，引导学生在欣赏中国画时联想主题的象征意义。

第四，学生再读对蚱蜢的描写并思考：画家为何将其画得如此逼真？

第五，学生仔细观察第三幅画，阅读第三段文字，并思考：如何形容画中女子？画家是如何描绘女子的美丽、优雅和淡淡忧伤的？引导学生分析画的细节对主题的烘托作用。

第六，介绍第三幅画的名称的由来及其背景，提醒学生关注画及画家的背景知识。

5. 读后环节

第一，反思本节课所学内容，即如何欣赏中国画（图 8-9）。

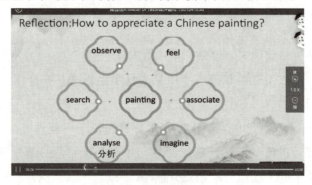

图 8-9　读后反思环节

第二，小组活动，展示两幅名家作品，各小组选出一幅画，并用本课学到的欣赏方法和恰当的语言及表达去介绍它，实现由语言的输入到输出，学以致用。

第三，用图片展示其他类型的民间艺术并鼓励学生去了解和学习。

第四，总结艺术之于生活的意义。

6. 课后环节

学生以书面形式向国外朋友介绍一幅自己喜欢的中国画作品，既巩固本节课所学知识，又增强其弘扬民族文化的意识。

四、学生学习成果

本节课的教学目标是让学生了解欣赏中国画的方法，并能熟练运用所学的方法技能以及语言知识介绍喜欢的中国画。在读后反思环节，85％的学生可以在教师的引导下，总结出欣赏中国画的基本方法：观察、感受、联想、分析、想象等。在读后的小组活动中，90％的学生可以较好地运用本节课中所学的方法、技能以及语言知识去介绍喜欢的中国画，并分享给全班同学。课后，90％的学生可以较好地用书面语言的形式向他人介绍中国画。

五、教学反思与评价

1. 教学反思

本课例设计针对教学内容的具体特点，借鉴合肥市第八中学智慧课堂教学的宝贵经验，是传统的英语课堂教学模式和智慧课堂教学技术相结合的一次尝试。导入部分的视频唯美地展示出中国画的艺术魅力，激发了学生的兴趣，引起了学生的情感共鸣。课中的投票环节通过具体的数据直观地点明主题：不同的人有不同的品味，大大地提高了教学效率。

本节课的主要教学目标有两个：引导学生学会欣赏中国画；学生能用所学方法和语言简要介绍中国画。在阅读环节中，教师通过对课文内容的深入挖掘，提出了一些能够启迪学生思维的问题，加深了学生对三幅画的理解，并且引导学生总结出中国画的欣赏方法，所以第一目标达成度非常高。

不足之处：读后环节留出的时间不够充分，若能给予学生更多时间去练

255

习和表达，本堂课的第二个目标达成度会更高，学生也可以更好地巩固课堂所学知识和技能。

2. 专家评析（合肥八中教研室主任、中学高级教师　陶勇）

本节课是高佳佳老师获得 2018 年合肥市第二届高中智慧课堂优质课比赛决赛第一名的参赛课。该课教学思路清晰，目标定位准确，设计新颖，能根据教师的自身特点和学生的实际情况，结合教学内容，将知识与技能、过程与方法、情感态度价值观三维目标有机地结合起来，注重教学过程对学生能力的培养和过程性评价对学生发展的激励，充分发挥了学生主体和教师主导的作用，体现了以人为本、以学生为中心的课程理念。

从总体来看，该课呈现出两大亮点。一是基于智慧课堂环境下的信息化教学手段的灵活使用。教师结合教学内容，在不同的教学环节恰当地运用了不同的信息化手段，使教学目标在智慧课堂环境下语言学习和运用过程中得以落实。例如，课前通过作业评价工具布置学生的预习任务，激发兴趣，吸引探究；课中分别使用分享、投票、抢答、随机提问和小组比拼等互动手段，开展师生互动和生生互动，活跃了课堂气氛，提高了教学效果；课后通过智慧课堂信息化平台评价和个性化辅导功能，对学生在网上提交的书面作业进行评价和指导，培养了学习方法，发展了语言综合运用能力。二是基于学科核心素养的课堂教学策略的有效运用。Pre-reading、While-reading 和 Post-reading 的任务设计具有一定的层次性，各种任务之间的整合合理，形成了有效的任务链，所有任务都由学生亲自参与和体验，使学生的自主学习能力、合作交流能力和探究性学习能力都得到了锻炼和培养。另外，课堂几乎所有环节坚持以问题为导向，精心设计问题，引导学生去独立思考、合作研究和最后解决问题，培养了学生的质疑精神和思维品质。

▶ 第四节　物理智慧课堂的诊断教学——《电势能》教学案例

一、案例背景

学校：北京市第十二中学　　　　年级：高一

授课教师：张晓彤
邮箱：729361198@qq.com

教材版本：教育科学出版社
学时：1课时

二、教学设计

1. 设计思想

本次授课根据《普通高中物理课程标准(2017年版)》，以落实立德树人为根本任务，以促进学生物理学科核心素养发展为目标，应用智慧课堂的教学手段，通过信息化教学增强学生间的交流，使学生个人对概念理解程度能及时输出，然后又以小组讨论的模式，引发学生之间对于已有概念的深度思考。从而让学生能够通过相互学习，彼此促进的方式，深化对概念的理解，为学习新的概念以及概念的进阶提供前提条件。

从知识体系上来说，电势能是静电场这一章的基本概念之一，虽然是新的概念，但又与之前学过的重力势能的概念有相似之处，因此，为了让学生能够充分准备好对新知识的学习，教师在课前布置了一份作业，让学生自行梳理了一下有关重力势能概念建立的核心过程，初步诊断学生对于势能概念的认识程度，并通过课堂的讨论，进一步深化概念的理解。当学生真正清楚了重力势能的概念之后，就可以按部就班地落实这种类比的思想方法，让学生主动去建构电势能的概念。

2. 教学目标分析

(1)物理观念。

将力学的能量观向电磁学迁移，能从电场力做功的角度理解电势能的变化。

(2)科学思维。

通过构建物理模型，搭建起力学与电磁学的联系，运用类比的方法，研究电场力做功的特点，从而提出电势能的概念，利用功能关系，进一步建构电势能的概念。

(3)科学探究。

利用力学知识，微元思想分析电场力做功与路径无关的特点。

(4)科学态度与责任。

放大物理的类比思想，让学生能够在生活中运用类比的思维方法，为研

257

究未知提供思路，拓展思维。

3. 学习者特征分析

通过前一章的学习，学生已经完成了对能量概念的深入认识，学生已经可以有意识地通过具体的做功过程完成对能量变化的定量分析，也对能量转化及其守恒的特点有了一定的认识，这些认知为电势能概念的引入做好了铺垫。但是对中学生而言，他们的抽象思维能力还没有成熟，对于电场等抽象概念的接受能力还普遍不足，存在一定的认知障碍，直接把力学学习过程中建立起的物质观、运动与相互作用观、能量观向电磁学迁移，对他们来说比较困难。因此，本节课从经典模型入手，让学生建立起力学和电磁学的联系，从而引出电势能的概念。由于电势能概念的抽象性，本节课采用将重力势能与电势能对比的方式认识电势能。但是，学生普遍对于重力势能的概念、得出过程及性质的认识不够深入，通过本节课的学习，在认识电势能概念的基础上，进一步深化学生对重力势能的理解，提升学生的认知水平。

本节课在普通班(11)班进行，(11)班学生聪明且反应较快，但是往往只是课上的短时记忆，不能对教学知识进行定期复习，掌握不是很扎实，所以在课前让学生自行梳理重力势能的相关知识，同时通过课堂讨论的方式可以有效地帮助学生迅速回忆重力势能相关的知识，深化重力势能概念的理解，从而顺利进行新课的教学。但是，在教学过程中，也存在一些学习障碍，如力学知识向电学知识迁移存在一些障碍，另外，学生对于初中的学习印象太深，很难形成用电场线描述电场的新习惯，这也是希望通过这节课帮助学生解决的学习障碍。

4. 学习内容与任务分析

静电场一章在人教版教材选修3-1第一章，对力学和电磁学起到了衔接的作用，既深化了力学建立起的物质观、运动与相互作用观、能量观，又为后期研究电磁学打下了坚实的基础。尽管电磁学已经发展成一门独立而完整的学科，但它的源头依然是力学。因此，本章在整体物理教学设计中起到了承上启下的作用。

电势能和电势是本章的第四节，它从能量的角度对电场进行了描述。教材在前一章(机械能守恒定律)已经对功和能的关系有过充分的讨论，为了进一步落实通过做功研究能量变化这一科学思想，教材按照电势能—电势—电势差的逻辑关系构建认知体系，因此，教材在分析静电力做功特点之后，很自然地提出了电势能的概念，又在电势能概念的基础上类比电场强度，定义了电势的概念。

教学重点：电势能概念的建构过程，落实做功研究能量变化的科学思想。

教学难点：运用重力势能的学习方法为电势能概念的建构提供思路。

5. 教学模式与策略设计

本节课教学基于智慧课堂信息化平台实现教学。首先，教师根据教学内容布置课前复习重力势能的任务，通过课前任务对学生对重力势能概念的理解深度进行精确判断。同时，把学生的反馈的重力势能认知过程作为素材分享给全班的学生，每个学生都可以对其他同学的梳理结果进行批注，增强同学间的交流互动，再配合讨论环节，让学生的互动交流有效输出，通过这种互动的模式，让学生互相成为彼此的老师，从而实现对已有概念重力势能概念的复习，并为势能概念的进阶做好准备。

教学过程中借助课堂互动工具将学生进行分组，使小组的讨论结果有效输出，同时呈现在大屏幕上，让互动更加直观，然后通过教师的引导，采取类比的学习方法，让学生逐步去探索电场力做功的特点，构建电势能概念，了解电势能的相对性和系统性。

6. 信息资源与环境设计

总体上是借助智慧课堂信息化平台让学生温故旧知，把学生的作品作为本课的课前学习资源，通过实时分享让学生在相互讨论中互相学习，理清学习思路，深化概念理解。

课前：教师通过作业与动态评价工具发布旧概念整理归纳的作业；学生完成学习任务并提交作业；教师根据学生反馈情况，有针对性地进行教学设计的调整。

课中：在类比分析的环节中，教师借助智慧课堂信息化平台，通过教师端，发布优秀学生的作业，通过小组讨论，合作批注的形式，让学生及时反馈自己的梳理程度，借助同伴的榜样力量，激发学生的学习激情，培养学生总结、归纳、完善的能力。

课后：在智慧课堂信息化平台发布关于电场力在非匀强电场中做功的微课视频，并将其作为补充资料，让学生在课后时间进行补充学习，使学生的知识更加完整，逻辑思维更加严谨。

7. 教学活动过程设计

教学活动过程设计见表 8-4。

表 8-4　教学活动过程设计

教学环节	教师活动	学生活动	信息技术支持
观察实验	向学生展示实验器材，在教师的引导下，让学生结合前面学过的知识，采用半自主的方式，设计实验，并适当预测实验结果；将预测结果与实验现象做对比，让学生体会小球的能量变化，引出电场的能量	回忆前面学过的知识，将课堂所学与实际应用结合起来，设计实验，并预测结果；在教师的引导下，体会电场中能量的存在	教师通过实物展台展示实验过程
模型建构	为了探究电场中能量的存在形式，引导学生将刚刚的物理实验抽象成物理模型，从而为后面的学习提供思路；将刚刚建立起来的物理模型与经典自由落体运动模型对比，体会电场中的能量与重力势能的相似，引出电势能的概念	观察实验，在教师的引导下建立力学模型，并与旧知识联系，寻找解决未知的途径	教师通过教师端逐步展示模型构建步骤
类比分析	将电势能与重力势能做类比，利用学习重力势能的方式建构电势能的概念，让学生通过讨论梳理学习思路	对一些优秀作业进行批注，通过小组讨论及汇报，深化重力势能概念的理解，并且为电势能的学习提供学习方法	学生利用学生端批注作答功能对概念进行整理归纳
探索新知	通过幻灯片展示重力势能的学习过程，以此作为本节课对电势能概念建构指导思想，然后逐步建构新概念	学会运用类比的方法，将之前在力学建立起的物质观、运动与相互作用观、能量观从力学向电学迁移，通过科学探究的方式，让学生完成对电场力做功特点、电势能概念、电场中的功能关系以及电势能的相对性、系统性等知识的学习	教师端左侧展示重力势能的有关知识，右侧让学生通过类比，自己推理电势能的相关知识

教学环节	教师活动	学生活动	信息技术支持
总结提升	引导学生对本节学习谈谈自己的体会	学生反思总结	教师端展示总结内容 方法提升：运用类比的实践探究，建构新概念 概念进阶：保守力和非保守力，引出势能概念

8. 练习与课外学习设计

课前：发布课前习题，主要内容是对于上节课所学概念的归纳总结，主要以选择题和填空题为主，有助于教师了解学生对旧知识的掌握程度，做出针对性的课堂教学设计。

课中：引导学生在小组讨论中将电场力做工的相关概念与力做工的相关概念进行类比，在课上推导电场力做功特点时，学生可以得到，在匀强电场中，电场力做功只与电荷量以及初、末位置有关，而与路径无关的结论。

课后：教师将电场力在静电场中做工的相关知识以微课视频的形式推送给学生，让学有余力的同学在课后自行学习，培养学生思维的严谨性，拓宽学生的知识面，促进学科间的交流互动。

9. 学习评价设计

课前，教师布置了让学生自行梳理重力势能建构过程的作业，对学生对重力势能掌握程度进行了课前诊断工作，诊断结果发现，大部分学生已经初步建立了功和能之间的联系，在梳理重力势能建构过程中都能提到重力做功对重力势能的影响，但是，学生对于势能的理解仅仅停留在表面，没有能够从能量守恒的角度认识势能的概念。

课中，教师重点突出重力势能与电势能的众多相似之处，从而引发学生的深度思考，让他们总结出势能所具备的特征，达到概念的进阶。

通过这节课的学习，学生不仅对势能的概念进行了升华，同时也进一步落实了类比的思想方法，让学生学会知识迁移，为探索未知世界提供方法，拓展思路。

261

三、教与学的实际过程描述

本节课实际过程主要围绕电势能概念的建构进行，但在电势能概念的建构基于学生对重力势能概念的理解深度，因此本节课紧紧抓住教学的重难点，先后突破重力势能概念的深入理解以及电势能的概念建构，落实从做功研究能量变化的重要思想。

首先，通过学生自行整理重力势能概念建构过程，及课堂上生生间的互动学习，让学生深化对于重力势能概念建构过程的理解。从而为学习电势能打好基础。

这是学生在课上进行的批注(图 8-10)，可以看出他们对于重力势能的概念在课前梳理时已经进行了一定的回忆，对于重力势能的概念已经有了自己的独立思考过程，但是这种思考可能还太浮于知识的表面，并不深入，需要教师的引导，来深化对概念的理解。

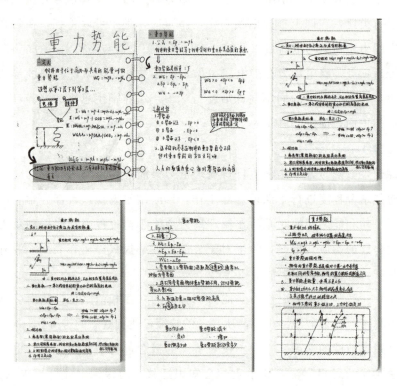

图 8-10　学生批注

其次，学生深入理解重力势能后，依照重力势能的建构过程，逐步利用科学探究的方式完成对电势能概念的建构，其建构过程可以分为以下五个环节。

（1）电场力做功的特点：如图 8-11 所示，在匀强电场中依次完成对直线、折线和一般曲线做功情况的探究，从而得出在匀强电场中，电场力做功只与移动电荷的电荷量以及起点和终点的位置有关的结论，并通过课后视频微课，将该结论应用于所有静电场中。

将电荷 q 从 A 沿其他曲线移至 B，电场力做功吗？

沿任意路径电场力做功：$W_{任意} = qE \cdot |AM|$。

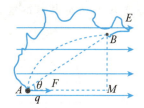

总结：在匀强电场中，电场力做功只与移动电荷的电荷量以及起点和终点的位置有关。

图 8-11　电场力做功的特点

（2）类比重力做功的特点，在重力场中有重力势能，电场中因此有电势能，接着定义出电势能的概念。

概念：移动物体时，重力做功与路径无关，只由物体的始末位置决定；在静电场中，电荷受电场力作用，移动电荷时，电场力做功也与路径无关，由始末位置决定。物体在地球上具有重力势能，电荷在静电场中也具有势能，这个势能叫作电势能，用符号 E_p 表示。

（3）利用做功研究能量变化的科学思想，类比重力做功对应重力势能的变化，得到电场力做功所对应电势能变化的关系，如图 8-12 所示。

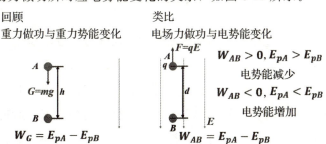

回顾
重力做功与重力势能变化

类比
电场力做功与电势能变化

$W_{AB} > 0, E_{pA} > E_{pB}$
电势能减少
$W_{AB} < 0, E_{pA} < E_{pB}$
电势能增加

$W_G = E_{pA} - E_{pB}$

$W_{AB} = E_{pA} - E_{pB}$

图 8-12　电场力做功所对应电势能变化的关系

264

(4)通过规定电势能零点，利用前面得到的静电场中的功能关系，推导得到电势能的具体表达形式，再次将重力势能与电势能类比，巩固电势能的相对性。

与重力势能一样，只有选择了参考点(零电势能位置)电势能才有确定的值。若将无穷远处的电势能定为零$\Rightarrow E_{p\infty} = 0$ J，$W_{A\infty} = E_{pA} - E_{p\infty} = E_{pA} - 0$，即

$$E_{pA} = W_{A\infty}$$

电荷在电场中某点的电势能的大小就等于将电荷从该点移动到无穷远处(零电势能点)电场力所做的功。

(5)通过类比，让学生说出电势能是电场与电荷共有的能量，如图 8-13 所示。

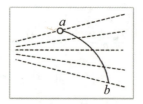

重力势能是物体和   电荷的电势能是由
地球共有的   电荷和电场共有的

图 8-13　电势能是电场与电荷共有的能量

最后，在完成电势能概念建构之后，通过让学生谈本节课收获的方式，引导学生对知识和方法进行总结，达到概念进阶、方法归纳的效果。开拓学生的思维，让学生在未来的研究学习中可以运用类比的思维方式，为研究位置提供思路。

四、学生学习成果

在本次的教学过程中，智慧课堂教学手段充分调动了学生的积极性，同时通过优秀作业的展示、批注学习和小组讨论的方式，增强了生生之间的互动，让学生在同伴交流中获得提升，完善自己的概念体系，并运用类比的方法进行新概念的建构，大部分学生都处于积极思考的状态，通过类比达到力学物质观向电学的迁移，采用自主探究的方式，90％的同学能够理清电势能的概念，85％的同学可以建立物理模型，掌握科学探究方法，逐步扫除电势

能概念中的难点，为今后电磁学的学习打下坚实的基础。

五、教学反思与评析

1. 教学反思

本节课从能量的大观念入手，讨论了电场中蕴含的能量转化及守恒，着重培养了学生在以下几个方面的能力。第一，基于实验事实，建构物理模型，突出主要因素，忽略次要因素的能力。第二，利用已有做功和能量之间的联系分析电场中的能量转化及守恒，用已有经验事实解决未知的能力。第三，通过类比的思想，拓宽思路，提供研究的方式方法，培养了学生的逻辑思维能力。第四，在已有知识的基础上，经过分析综合，从更高的站位提出事物的共性，使研究更具有普适性。

在教学过程中，也存在一些问题。

(1)小组讨论的结果处理不是很到位，没有更充分地挖掘到学生对重力势能深层次的思考，应该更有针对性地把学生的诊断结果与新知相结合，深入落实研究重力势能的方法，提高学生的认同意识。

(2)没有很好地把控课堂的节奏，节奏比较一致，应该更注重轻重缓急，使课堂的节奏处理更加张弛有度。

(3)结尾的处理有些仓促，如果能更加深度地挖掘学生的体会，应该会对概念的整合提升起到更大的帮助。

(4)教师的语言应该尽量简练，留出足够的时间让学生表达自己的想法，说出自己的体会。

2. 专家点评(北京市第十二中学物理教研组组长　岳玉萍)

本节课的教学重点是电势能概念的建构过程，如何采用重力势能的学习方法类比电势能的学习是本节课的难点。在本课的教学中，张老师在"智慧课堂"的理念支撑下，充分运用信息化技术的优势，将学生的概念理解程度实时输出，精确诊断，对症下药，利用学生之间互助学习的方法让学生的概念得到进阶。电势能的概念过于抽象，学生很难理解，因此本节课在教学过程中力求突出类比法的思维特征和思维过程，适当强调类比过程中的求证环节，让学生在体验类比法的优越性的同时，掌握电势能的相关知识。此外，张老

265

师在这节课中充分利用"智慧课堂"的信息化手段使生生互动、师生互动更为直接，真正从学生的特点出发设计教学方案，注重科学观念的培养。

‣ 第五节 同步共生课堂 共话智慧教育——《碳的多样性》教学案例

一、案例背景

学校：蚌埠二中　　　　　　　年级：高一

授课教师：吴艳　　　　　　　教材版本：山东科学技术出版社

邮箱：84515309@qq.com　　　学时：1课时

二、教学设计

1. 设计思想

共生课堂是让教育生态学的视野观进入科学课堂，通过改善教师、学生、课程、环境与技术四个生态因子在课堂上的参与状态，优化相互关系，实现各个因子既自我发展又相互促进，从而达到科学课堂上的关系和谐和共生发展。互联网共生课堂是基于"智慧课堂"，通过人工智能、互联网等信息化技术手段，实现多地实时同上一节课的课堂教学模式，让优质的教学资源实现即时共享，让先进的教育理念随时互通；在课堂上，教师共通理念，学生共同学习、共同探讨、共同进步，技术上共同支撑，有助优质教育资源"输血"给教育资源欠缺地区，助力教育公平的实现。

本节课运用互联网与成都西藏中学师生同步共生课堂，跨越课堂时空，实时同上一节课——《碳的多样性》；根据建构主义学习理论和翻转课堂的教学理论，应用智慧课堂信息化平台，灵活地将信息技术运用于课堂教学：利用 AR 技术了解碳单质结构上的差异决定了其物理性质上的差别，利用数字化实验探究碳酸钠与碳酸氢钠的主要化学性质，让学生深刻体会碳单质的多样性及碳的化合物的多样性。

2. 教学与评价目标分析

(1)知识与技能。

①通过 AR 技术展示金刚石、石墨、C_{60} 的结构，理解同素异形体的概念，了解导致碳单质间物理性质较大差别的原因是碳原子的排列方式不同。

②通过分组实验、数字化实验，进一步认识碳酸钠和碳酸氢钠的性质。

③联系实际，了解碳单质及其化合物在生活生产中的应用。

(2)过程与方法。

①进一步巩固研究物质性质的程序和方法。

②通过传统实验、数字化实验提高科学探究能力。

③通过科学探究过程提高分析问题的能力。

(3)情感、态度与价值观。

①激发学习化学的兴趣，形成将化学知识应用于生活生产的意识。

②通过互联网，发扬交流合作、共同学习、共同进步的精神，养成严谨的学习习惯。

3. 学习者特征分析

蚌埠二中高一(15)班学生：高一(15)班是理科实验班，学生的知识基础、知识储备、学习能力相对较强。他们在初中已经接触了二氧化碳、碳酸钙等含碳元素的物质，且基础扎实，但受初中化学知识深广度的限制，很难达到解释生产和生活中的现象以及解决相关化学问题的水平；对智慧课堂学生端的操作比较熟练，包括提问、拍照上传等操作，可以和教师充分进行互动，在此之前接触过数字化实验仪器，对实验图像分析比较熟练，所以数字化的演示实验由师生合作完成；他们热情洋溢，充满激情，对待未知事物充满好奇，有强烈的求知欲。

成都西藏中学一部(1)班学生：成都西藏中学是一所为西藏的社会主义建设培养中高级人才打基础的省属重点中学。一部(1)班的学生们是来自藏区的藏族同胞，他们的知识基础相对薄弱，解释生产和生活中的现象以及解决简单化学问题的水平相对较弱；经培训后，他们对智慧课堂学生端的操作比较熟练，包括提问、拍照上传等操作，可以和教师进行互动，但是对数字化实验的仪器和图像比较陌生，因此对数字化实验的相关内容如仪器名称、图像分析依据等要详细介绍，并引导分析图像。他们对待新事物充满好奇心和求知欲，学习热情高。

4. 学习内容与任务分析

《普通高中化学课程标准（2017 年版）》中对主题 2"物质性质及物质转化的价值"要求如下："结合实例认识金属、非金属及其化合物的多样性，了解通过化学反应可以探索物质性质、实现物质转化，认识物质及其转化在促进社会文明、自然资源综合利用和环境保护中的重要价值"；实验及探究活动："碳酸钠与碳酸氢钠性质的比较"。

鲁教版教材第三章内容的核心是元素化合物知识，主要是应用第二章的概念和理论知识认识物质的性质，探讨物质在生产和生活中的应用，以及人类活动对生态环境的影响。碳及其化合物以碳元素的多样性为线索，探索碳单质的多样性、碳化合物的多样性、碳元素转化的多样性，核心概念是同素异形体。

教学重点：同素异形体的概念，碳酸钠和碳酸氢钠的化学性质。

教学难点：碳酸钠与碳酸氢钠化学性质的差异。

5. 教学模式与策略设计

本节课教学通过互联网，实现实时交互、共同学习、共同讨论、共同进步的异地共生课堂同步教学，蚌埠二中教师为课堂的主要引导者，成都西藏中学教师为辅，相互配合完成教学任务；两个班级的学生通过互联网相互交流和学习，共同完成学习任务。教学过程中采用多种教学方法和手段，如实验探究法、交流讨论法等；采用智慧课堂的教学模式，学生在课前学习微课并且完成微课练习，通过分析微课学习内容和教学任务进行课堂教学设计，并根据学生作业反馈情况和教学重难点安排教学策略，具体策略如下。

课前：两个班分别学习微课视频，提交作业（可以错时完成，两位教师分别批改本班作业，但是可以通过作业与动态评价工具掌握另一个班级的作业完成情况，便于分析和备课）。

课中：用 AR 技术了解三种碳单质的微观结构特点，理解同素异形体的概念，了解导致碳单质间物理性质较大差别的原因是碳原子的排列方式不同（蚌埠二中老师主导）；通过实验探究（分组实验、数字化演示实验），掌握碳酸钠和碳酸氢钠的主要化学性质(西藏中学教师分析对比碳酸钠和碳酸氢钠的化学性质,两边同时进行实验,数字化实验由蚌埠二中教师完成);设计实验方案,掌握碳酸钠和碳酸氢钠的鉴别(蚌埠二中教师主导)。

课后:完成习题,体会碳酸钠与碳酸氢钠相互转化的多样性(两边同时进行)。

6. 信息资源与环境设计

信息资源设计:微课资源,用科大讯飞智慧课堂"一键录制"功能录制,主要内容为通过自然界中的含碳物质先认识碳元素的三种单质:金刚石、石墨和 C_{60},掌握同素异形体的概念并比较三种单质物理性质上的差异;再通过常见矿石的化学成分——碳酸盐来认识含碳化合物,知道无机化合物和有机化合物的概念;最后介绍两种重要的含碳化合物——碳酸钠和碳酸氢钠的主要性质并总结:碳酸钠"三强"(溶液碱性较强、溶解性较大、热稳定性强)、碳酸氢钠"三弱"(溶液碱性较弱、溶解性较小、热稳定性较弱)。在网络环境下,通过微课管理与应用系统推送微课资源,学生先学习微课,再在作业与动态评价工具上完成相关练习,检验学习效果。教师再通过作业与动态评价工具,根据统计的数据,及时制订和调整教学策略,达到教学策略及时化的效果。

教学环境设计:本节课两个班级分别在蚌埠二中报告厅和成都西藏中学多媒体教室中上课,除了多媒体课件、录播系统、互联网等外,共有七块显示大屏,成都西藏中学两块,一块显示蚌埠二中的实时课堂,一块显示教师的 PPT 教学课件。蚌埠二中有五块大屏,背景大屏分三格显示,一格显示成都西藏中学的实时课堂,一格显示蚌埠二中的实时课堂,一格显示蚌埠二中教师的 PPT 教学课件;学生前方两块大屏分别显示两个班级的实时课堂,另外墙上两块大屏可以调整显示内容(包括对方的实时课堂、与应用终端同步等)。

7. 教学活动过程设计

教学活动过程设计见表8-5。

表 8-5　教学活动过程设计

270

教学内容	教师活动	学生活动	信息技术支持
作业情况反馈（蚌埠二中教师）	对课前任务完成情况进行点评、总结性分析	互相交流错误率较高的问题	利用智慧课堂信息化平台推送作业，根据作业统计情况，制定教学策略
新课导入（蚌埠二中）教师	AR 技术展示金刚石、石墨、C_{60} 的结构模型，巩固同素异形体的概念，了解碳单质的应用，提问：H_2O 和 H_2O_2 是否互为同素异形体？	通过观看碳的三种单质的结构模型展示，知道碳原子的排列方式不同，决定了碳的各种单质有着不同的性质，学生思考并回答问题	AR 技术展示碳的三种单质的结构模型；通过互联网，成都西藏中学学生回答
实验探究、交流分享、教师点评(蚌埠二中教师、成都西藏中学教师分别指导学生完成实验)	成都西藏中学老师：分析碳酸钠与碳酸氢钠结构与性质上的差异，并实验验证 蚌埠二中学生：分组实验（微型实验）。Na_2CO_3、$NaHCO_3$ 溶液酸碱性的检测；Na_2CO_3、$NaHCO_3$ 与盐酸的反应 成都西藏中学学生：分组实验(改进实验) 成都西藏中学老师：点评西藏中学学生的表现并交流实验成果	观察实验现象，交流分享实验结论：【结论 1】Na_2CO_3、$NaHCO_3$ 溶液呈碱性，且等浓度下 Na_2CO_3 溶液碱性更强（根据酚酞的红色深浅判断）；【结论 2】碳酸氢钠与盐酸反应更剧烈	教师用"拍照、录像"等课堂互动工具，记录实验过程，作为交流讨论的素材

教学内容	教师活动	学生活动	信息技术支持
数字化实验探究 (蚌埠二中教师)	蚌埠二中教师：点评蚌埠二中学生的表现并交流实验成果 数字化实验演示1：利用气压传感器比较 Na_2CO_3、$NaHCO_3$ 与盐酸反应的快慢 数字化实验演示2：利用温度传感器测量 Na_2CO_3、$NaHCO_3$ 与盐酸反应中的热效应	观察实验现象并讨论：碳酸氢钠与盐酸反应时，锥形瓶内气压曲线斜率大，但影响锥形瓶内气压的因素除了气体的量外，还有温度，因此，再用温度传感器测量 Na_2CO_3、$NaHCO_3$ 与盐酸反应中的热效应，得出碳酸钠与盐酸反应时放热反应。小结得出结论：碳酸氢钠与盐酸反应更快、更剧烈；现象非常剧烈的反应，不一定都是放热反应	利用数字化实验技术：气压传感器和温度传感器探究碳酸钠与碳酸氢钠与盐酸反应的快慢
教师提问、点评 (成都西藏中学教师)	提问"治疗胃酸过多通常选用碳酸钠还是碳酸氢钠？"并总结碳酸钠和碳酸氢钠的性质	交流、思考、回答	通过互联网，蚌埠二中学生回答教师的提问
巩固提升 (蚌埠二中教师)	交流研讨：如何鉴别碳酸钠和碳酸氢钠溶液？ 蚌埠二中教师课堂总结	设计、讨论、分享实验方案，蚌埠二中学生用实验验证	学生用课堂互动工具把设计方案上传

8. 练习与课外学习设计

(1)课前：微课中设计了 4 道选择题，涉及微课中的三个主要内容，例如，第 1 题检验对同素异形体概念的理解；第 2、3 题诊断并发展学生对碳单质、含碳化合物在生产、生活中的应用；第 4 题检验学生对碳酸钠、碳酸氢钠性质的掌握。

例 1 最近科学家发现都由磷原子构成的黑磷(黑磷的磷原子二维结构如图)是比石墨烯更好的新型二维半导体材料，下列说法正确的是( )。

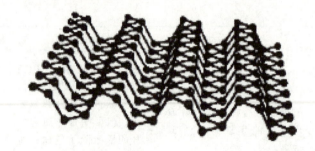

A. 黑磷导电属于化学变化

B. 黑磷属于化合物

C. 黑磷与白磷互为同素异形体

D. 黑磷高温下在空气中可以稳定存在

例 2　通常用活性炭去除冰箱中的异味，主要利用了活性炭的(　　)。

A. 吸附性　　　　　B. 还原性　　　　　C. 稳定性　　　　　D. 氧化性

例 3　下列用途不能体现该物质性质的是(　　)。

A. 金刚石可以刻划玻璃，说明金刚石硬度大

B. 二氧化碳能使紫色石蕊试液变红，说明二氧化碳具有碱性

C. 一氧化碳可用于工业炼铁，说明一氧化碳具有还原性

D. 活性炭可用于防毒面具，说明活性炭具有吸附性

例 4　关于 Na_2CO_3 和 $NaHCO_3$ 性质的说法正确的是(　　)。

A. 25℃时，在水中的溶解度 $NaHCO_3$ 大于 Na_2CO_3

B. 用 $Ba(OH)_2$ 溶液能鉴别碳酸钠和碳酸氢钠溶液

C. 受热时，$NaHCO_3$ 比 Na_2CO_3 容易分解

D. $NaHCO_3$ 和 Na_2CO_3 各 1 mol 分别与过量盐酸充分反应，产生 CO_2 的质量不同

(2)课中：设计了几个主观思考题，诊断并发展学生对同素异形体概念的掌握、碳酸钠和碳酸氢钠性质的认识进阶和认识思路的结构化水平。

例 1　H_2O 和 H_2O_2 是否互为同素异形体？(蚌埠二中教师)

例 2　治疗胃酸过多是用碳酸钠还是碳酸氢钠？(西藏成都中学教师)

例 3　在 $CO_3^{2-} \xrightarrow{H^+} HCO_3^- \xrightarrow{H^+} H_2CO_3(H_2O+CO_2)$ （顶部标注 $2H^+$）这个转换关系中，由碳酸转化为碳酸氢根、碳酸根离子可以选择什么试剂？（蚌埠二中教师）

例 4　如何鉴别碳酸钠和碳酸氢钠溶液？（蚌埠二中教师）

(3)课后练习：诊断并发展学生对化学价值的认识水平。

例 1　查阅资料了解 C_{60} 等化学前沿。

例 2　查阅资料了解往碳酸钠、碳酸氢钠溶液中滴加 $CaCl_2$ 溶液时为什么都会立即产生白色沉淀？

9. 学习评价设计

课前：借助智慧课堂信息化平台提前发布微课及课前练习(4 道选择题)，教师根据学生预习测评的反馈情况，制定有针对性的教学策略。特别是要仔细分析异地的两个班级作业的差别，既要尊重学生的差异性，又要对学生的发展进阶有明确策略。

课中：设计了几个主观思考题，诊断并发展学生对同素异形体概念的掌握、碳酸钠和碳酸氢钠性质的认识进阶和认识思路的结构化水平。例如，学生通过分享实验成果，知道碳酸钠和碳酸氢钠的碱性强弱、与酸反应的快慢等性质差异，能回答出治疗胃酸过多通常选用碳酸氢钠；知道了碳酸钠转化为碳酸是逐步加酸实现的，就能推出碳酸转化为碳酸钠的过程中可以加氢氧化钠实现。

课后：学生查阅相关资料后，在作业与动态评价工具中线上交流并讨论。

三、教与学的实际过程描述

(1)(蚌埠二中教师)作业情况反馈：通过对课前任务完成情况进行总结性分析，成都西藏中学学生课前微课作业中的第 3、4 题的正确率分别只有 73.5％、55.9％，蚌埠二中学生这四题的正确率在 80％以上，课堂上要解决的重点和突破的难点就是碳酸钠和碳酸氢钠的化学性质，如图 8-14、图 8-15 所示。

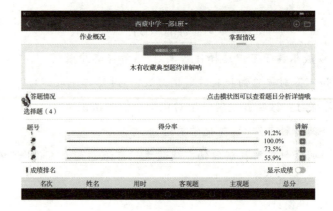

图 8-14　成都西藏中学作业情况

图 8-15　蚌埠二中学生作业情况

　　(2)(蚌埠二中教师)AR 软件拍摄课本 63 页的图 3-1-4(金刚石中碳原子的排列方式)，3-1-5(石墨中碳原子的排列方式)，3-1-6(C_{60} 中碳原子的排列方式)，了解到在金刚石中，每个碳原子都与相邻的四个碳原子以强的相互作用直接连接，形成正四面体结构。在石墨中，碳原子呈层状排列，每一层上的碳原子以强的相互作用形成平面六边形结构；层与层之间的相互作用较弱，容易发生相对滑动。C_{60} 分子是由 60 个碳原子构成的分子，形似足球，中文名也叫足球烯；碳原子位于球的表面，呈正六边形和正五边形排列，球内是空心的。科学家们已经有了一些研究成果，比如，在球心放些金属离子，做成新型超导材料等；感兴趣的同学，还可以课后上网查阅有关资料，了解一些化学前沿。通过分析它们的微观结构发现，在这些单质中碳原子的排列方式不同，就决定了碳的各种单质有着不同的性质。

（3）（成都西藏中学教师）分析碳酸钠与碳酸氢钠结构与性质上的差异，并进行实验验证。

成都西藏中学（改进实验）：在盛有等体积等浓度盐酸的两只试管口，分别放一个盛有等质量的碳酸钠和碳酸氢钠固体，同时将固体倒入试管中，观察气球的变化情况。

现象：盛有碳酸氢钠的气球变大速度快。

结论：相同情况下，碳酸氢钠与盐酸反应快。

蚌埠二中：学生分组实验（微型实验）。

①Na_2CO_3、$NaHCO_3$溶液酸碱性的检测：分别取 1 滴管 Na_2CO_3、$NaHCO_3$溶液于点滴板中，再分别滴入 1 滴酚酞试液，观察现象，如图 8-16 所示。

现象：都变红色，碳酸钠溶液中颜色更深。

结论 1：Na_2CO_3、$NaHCO_3$溶液呈碱性，且等浓度下 Na_2CO_3溶液碱性更强。

②Na_2CO_3、$NaHCO_3$与盐酸反应：分别取 1 滴管等浓度 Na_2CO_3、$NaHCO_3$溶液于点滴板中，再分别滴入等体积等浓度盐酸，观察现象，如图 8-17 所示。

现象：都发生剧烈反应，并有气泡产生。

结论 2：都能与盐酸反应，但比较不出反应快慢。

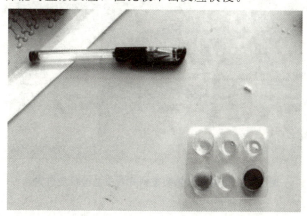

图 8-16　碳酸钠与碳酸氢钠碱性测定

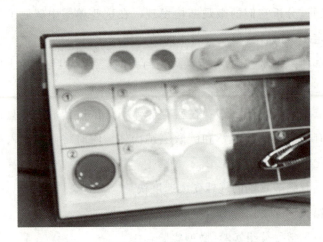

图 8-17　碳酸钠与碳酸氢钠及与盐酸反应

　　(4)(蚌埠二中教师)数字化实验展示 1：利用气压传感器比较 Na_2CO_3、
$NaHCO_3$ 与盐酸反应的快慢。在两个锥形瓶上连接两个压力传感器，可以实
时记录锥形瓶内压强的变化，传感器通过数据采集器和电脑相连，把数据传
送给电脑，再以图像形式表现出来，如图 8-18、图 8-19 所示。

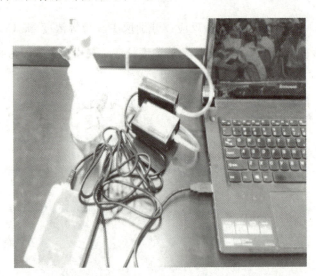

图 8-18　碳酸钠与碳酸氢钠分别于盐酸反应装置

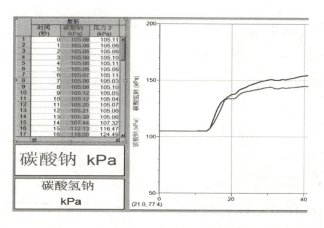

图 8-19 压力曲线

分析：如图 8-20 所示，碳酸氢钠和盐酸反应的锥形瓶中，斜率大些，是不是能说明 $NaHCO_3$ 与盐酸反应更快更剧烈一些呢？锥形瓶内气压增大可能还和哪个因素有关？

数字化实验展示 2（图 8-21）：用温度传感器测定碳酸钠、碳酸氢钠固体分别与盐酸反应的热效应。

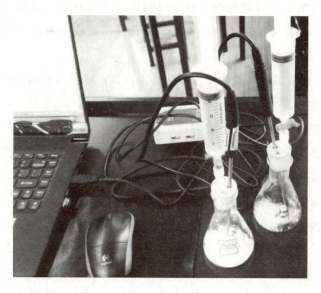

图 8-20 碳酸钠与碳酸氢钠分别于盐酸反应装置

277

278

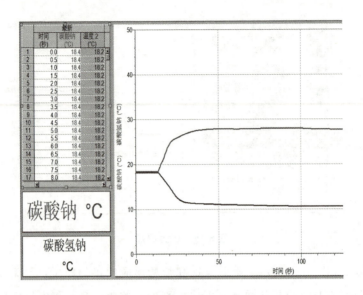

图 8-21　温度曲线

分析：从图像上能得出，随着反应的进行，碳酸钠与盐酸反应时，溶液温度在升高，说明该反应是放热反应；但碳酸氢钠与盐酸反应时，溶液温度却在降低，说明该反应是吸热反应。说明在上述反应中，碳酸氢钠与盐酸反应的锥形瓶内，与气压增大呈正相关的是气体的量，说明碳酸氢钠与盐酸反应快。

结论 3：碳酸氢钠与盐酸反应更快、更剧烈；现象非常剧烈的反应，不一定都是放热反应。

（5）（成都西藏中学教师）提问、点评、总结，提问："治疗胃酸过多通常选用碳酸钠还是碳酸氢钠？"（蚌埠二中学生回答，与西藏中学教师）并总结碳酸钠和碳酸氢钠的性质。

（6）（蚌埠二中教师）交流研讨、课堂点评、总结，提问："如何鉴别碳酸钠和碳酸氢钠溶液？"学生设计实验方案，教师点评，如图 8-22 所示。

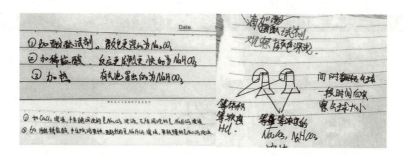

图 8-22　学生设计的实验方案

如图 8-23 所示学生设计的实验方案中提出用 $CaCl_2$ 溶液来鉴别,是否可行?学生进行实验验证。

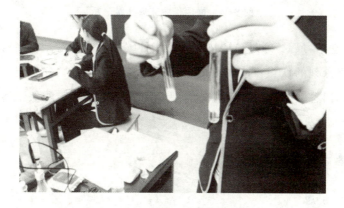

图 8-23　往等体积等浓度碳酸钠与碳酸氢钠溶液中滴加 $CaCl_2$ 溶液

现象:都有白色浑浊生成。要解决这个问题,可以课外查阅资料。

(7)蚌埠二中教师点评并进行总结。

四、学生学习成果

(1)学习微课后,大多数学生能够掌握同素异形体的概念,了解碳单质及其化合物在生产生活中的应用,以及碳酸钠和碳酸氢钠的化学性质。如成都西藏中学的学生 13 人优秀,6 人不及格(共 34 人),蚌埠二中 40 人优秀,10人不及格(共 55 人),不及格的同学集中表现在对碳酸钠和碳酸氢钠性质差异性没完全掌握(图 8-24)。

279

作业完成质量分析

客观题

- 优秀[90%~100%]13人
- 良好[80%~89%]0人
- 及格[60%~79%]15人
- 不及格[0%~59%]6人

图 8-24　微课作业完成质量分析

(2)课堂学习后，通过 AR 技术观看三种碳单质的微观结构，对结构决定性质有了更深刻的认识；能小组内合作完成实验，交流、分享实验现象与结论；能准确回答教师提出的问题；能独立完成碳酸钠与碳酸氢钠溶液鉴别的设计方案。

五、教学反思与评价

1. 教学反思

本节课是在全国第四届智慧课堂观摩研讨会上的展示课，运用互联网与成都西藏中学师生同步的共生课堂，采用了两地联动教学，两地师生共上一堂课，让优质的教学资源即时共享，让先进的教学理念随时互通，让不同区域教师、学生之间可以实现跨越时空限制的交流和互动。本节课作为资料图片刊登在中国教育报 2018 年 3 月 22 日 12 版信息化版块上。

本节课从以下环节来发展化学学科核心素养：首先利用 AR 技术展示石墨、金刚石、C_{60} 的微观结构，让学生从微观的角度认识三种单质结构上的不同决定了它们在物质性质上的差异，发展宏观辨析与微观探析素养；其次通过对比分析碳酸钠、碳酸氢钠性质上的不同，并通过设计一系列实验来验证、比较、探究其化学性质的差异，特别是通过设计数字化实验来比较碳酸钠与碳酸氢钠分别与盐酸反应的快慢和热效应问题，发展科学探究和创新意识素养。

　　本节课通过智慧课堂信息化平台，按照"先学后教、数据分析、以学定教、智慧发展"基本教学流程，来落实教学目标。学生在课前微课中，自主学习碳单质及碳的化合物的多样性等基础知识；在课堂上巩固和提升同素异形体的概念及三种单质性质上存在差异的原因，通过实验探究的方式来落实含碳化合物转化的多样性的教学目标和突破碳酸钠与碳酸氢钠性质上的差异这一重难点，不仅提高了教学效率，而且可以在时间有限的课堂上最大限度地为学生提供科学探究和交流合作的机会和平台，凸显出学生自主学习的主观能动性。

　　共生课堂是一种新型模式，如何在教学中去平衡学生之间的差距以及如何最大程度地尊重学生的个性化需求，还需要我们不断探索、反思和总结。智慧共生，犹如它的名字一样充满美妙与魅力，期待学生在信息时代在共学中乐于共享，在共享中实现共生，在共生中实现智慧的共长！

　　2. 专家点评（蚌埠第二中学校长、正高级教师　李新义）

　　本节课是运用智慧课堂信息化平台实现远程同步共生课堂开拓性实验课，意义重大而深远。整个教学过程，突出信息化的"化"字：用 AR 技术实现微观变化可视化，新媒体创设了全新的教学情境，激发学生探究动机与潜能；将数字化实验与教学完美结合，突出发展学生观察、辨析、推理等能力；教师循循善诱，以问题为驱动学生思考，引导两地学生互动交流，在信息化的环境下，重构了课堂教学结构，发展了学生宏观辨识与微观探析等学科核心素养。

第六节　顺学而导、点拨提升——《细胞呼吸》教学案例

一、案例背景

学校：绍兴市阳明中学　　　　　年级：高一

授课教师：单晓岚　　　　　　　教材版本：浙江科学技术出版社

邮箱：29047284@qq.com　　　　学时：1 课时

二、教学设计

1. 设计思想

采用翻转课堂的教学设计理念，运用智慧课堂信息化平台，在课堂教学设计上采取课前、课中、课后任务单的整体设计思路。在课前利用教师终端发布课前任务单，指导学生自主学习《细胞呼吸》中有氧呼吸和无氧呼吸相关过程，同时完成课前自我诊断，然后通过智慧课堂信息化平台的大数据分析功能发掘学生在自主学习中的薄弱环节。在课堂教学中，可以真正做到以学生为主体，有针对性地对部分概念过程进行辨析和梳理，同时在课堂任务单中，完成对《细胞呼吸》知识点的进一步挖掘和实践应用方面的联系，实时进行课堂检测，利用课堂互动工具即时反馈学生知识的掌握情况，即时调整教学策略，真正做到以学定教，使课堂的教学更有效。最后针对两次测试中发现的问题，发布课后巩固习题，帮助学生对《细胞呼吸》的重难点内容再做一次强化。

2. 教学目标分析

(1)知识与技能。

①识记细胞呼吸的概念、类型，解释细胞呼吸的实质就是糖的氧化。

②说出有氧呼吸的概念、场所和过程，掌握物质能量变化的特点。

③概述乳酸发酵和乙醇发酵，比较有氧呼吸和无氧呼吸的区别。

④能够说出细胞呼吸在生产、生活实践中的应用。

(2)过程与方法。

①通过完成课前任务单，培养学生自我构建知识体系的能力和对相关知识进行分析比较的思考能力。

②通过学习用化学方程式表达有氧呼吸和无氧呼吸的过程，领会细胞呼吸的实质，培养学生综合分析能力。

③通过课堂拓展，培养学生联系生产、生活实践的能力。

(3)情感、态度与价值观。

①通过对有氧呼吸和无氧呼吸过程的分析比较，培养学生的理性思维。

②通过对细胞呼吸概念过程意义的学习，理解生物学核心概念"细胞的生命活动需要物质和能量的推动"，培养学生的生命观念。

3. 学习者特征分析

呼吸作用是学生在初中科学课上学习的重点生物学原理之一，学生对呼吸作用的最基本的物质变化和能量变化有一定基础，但是对呼吸作用的具体过程并不清楚。高一学生有机化学相关知识的缺乏，认知水平的限制，使他们在学习细胞呼吸具体过程中物质和能量的变化上，理解细胞呼吸本质上存在一定的困难。

所任教班级为重点班学生，知识水平相对较好，有一定的逻辑抽象思维能力，对事物有一定的分析能力和独到见解，喜欢质疑和争论，课堂气氛活跃，参与度高。

4. 学习内容与任务分析

本次授课内容选自浙科版必修1第三章《细胞的代谢》第四节《细胞呼吸》，知识层面上来说，细胞呼吸是整个细胞代谢的核心内容，以前面所学的线粒体的结构和功能、主动转运、细胞与能量为基础，同时为后面学习光合作用、生态系统的物质循环、能量流动等内容奠定基础。通过课前任务单中微课的学习和相应学习任务的完成，让学生对细胞呼吸概念、有氧呼吸具体过程和场所等有一个初步的认知，再通过课前自我诊断针对基本概念过程的判断题，完成对这些具体概念过程的进一步理解，在理解的基础上，掌握细胞呼吸的本质，使学生对细胞呼吸的认识提高到一个新的水平。通过课堂中针对具体场所、特殊细胞、有氧呼吸与无氧呼吸异同等细节问题的讨论与辨析，加深学生对细胞呼吸过程中物质能量变化的理解，帮助学生对生物体能量的摄入、储存、释放和利用规律的掌握，逐步从前概念深入到核心概念"细胞的生命活动需要物质和能量的推动"，培养学生的生命观念。

教学重点：有氧呼吸的具体过程和场所；有氧呼吸与无氧呼吸的区别。

教学难点：有氧呼吸中物质和能量的变化。

5. 教学模式与策略设计

如图 8-25、图 8-26 所示，通过智慧课堂信息化平台发布微课和课前学习任务单，推送了 20 个判断题作为对预习效果的诊断性测试，根据智慧课堂信息化平台反馈的课前自我诊断数据，为教师备课提供了准确和个性化的数据，提升了备课的有效性，真正落实了备课从学生的前概念、迷思概念出发，从

283

学生的最近学习发展区出发。

在课堂教学过程中应用了智慧课堂的多种教学方法和手段，通过选择答题正确的同学进行错题讲解，培养学生互助合作学习的能力。通过抢答、随机提问、同屏讨论等方式，充分带动起学生学习的主动性和积极性，让学生主动参与学习的整个过程，在教师的指引下发现问题，分析问题，通过独立思考，合作讨论等方式解决问题，获得知识，体验整个研究的过程。在过程中锻炼学生的观察能力独立思考的能力，培养学生自学的习惯。

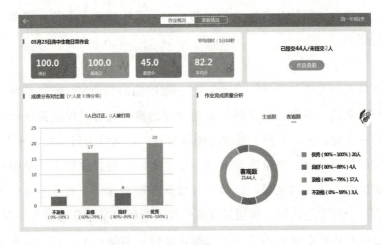

图 8-25 课前自我诊断数据反馈 1

图 8-26 课前自我诊断数据反馈 2

6. 信息资源与环境设计

课前：借助智慧课堂信息化平台发布微课，微课内容为"细胞呼吸概述""有氧呼吸""无氧呼吸""细胞呼吸在实践中的应用"，发布课前任务单指导学生如何看懂微课，并通过知识梳理填空帮助学生从微课中获取有用信息，自行解决简单知识，存留难点，带着问题去听课。最后发布课前自我诊断，检测微课学习效果。然后根据课前诊断性练习反馈数据，有针对性地进行教学设计的调整。

课中：利用智慧课堂信息化平台，通过师生终端，生生互助来共同解决课前自主学习中存在的问题。通过多媒体课件的辅助教学对教学重点和难点采用识图、提问、辨析、讨论、联系生产生活实际等方式来促进学生思维、在互助学习中完成重点和难点的突破，并进一步升华，完成核心概念"细胞的生命活动需要物质和能量的推动"的构建。

课后：利用作业与动态评价工具布置课后巩固练习，对课堂诊断过程中发现的薄弱知识点进行进一步强化，完成本节《细胞呼吸》教学设计的知识目标。

7. 教学活动过程设计

教学活动过程设计见表8-6。

表8-6　教学活动过程设计

教学内容	教师活动	学生活动	信息技术支持
预习反馈	对课前任务单完成情况进行总结性分析反馈，选择性分析高频错题	错误率较高的问题请答对同学进行过程分析	在学生端上展示课前自我诊断的分析数据，给学生直观的认识
概念回顾	对课前自主学习中涉及的细胞呼吸概念、有氧呼吸概念场所、无氧呼吸概念场所等简单的前概念进行总结	对照课前任务单的知识梳理和图解填空，对概念有进一步的认识	学生端展示基本概念之间的思维导图

续表

教学内容	教师活动	学生活动	信息技术支持
重难点突破	思考1：图中与有氧呼吸有关的酶分布在哪里？能产生ATP的细胞结构有哪些？ 思考2：请回答下列细胞或生物的呼吸方式：①哺乳动物成熟的红细胞；②蛔虫；③光合细菌；④破伤风杆菌；⑤酵母菌；⑥噬菌体 讨论：判断细胞呼吸方式的依据有哪些？	识图回忆线粒体结构，结合课前预习的有氧呼吸过程和场所回答 通过对有氧呼吸和无氧呼吸概念场所内涵和外延的思考和辨析，判断出特殊细胞和生物呼吸方式 总结比较有氧呼吸和无氧呼吸过程、物质和能量变化的异同，完成细胞呼吸方式的判断	采用教师端课堂互动工具中的随机提问、抢答、讨论方式，调动学生自主思考的主动性和积极性，发挥学生主体性，在识图、提问、看书、思考、比较等过程中，引导和帮助学生理解本节课的重点——有氧呼吸的过程和场所、有氧呼吸和无氧呼吸的区别，通过同学间的互助讨论突破难点，加深对有氧呼吸过程中物质和能量变化的理解
实践拓展	结合细胞呼吸相关知识，分析采取下列措施的原因。①无土栽培时通入空气、中耕松土；②零上低温、低氧、适宜湿度用于蔬果保鲜；③粮油种子的贮藏，必须降低含水量，使种子处于风干状态；④在大棚蔬菜的栽培过程中，夜间适当降温；⑤皮肤破损较深或被生锈铁钉扎伤，要打破伤风针；⑥包扎伤口时用松软的"创可贴"	通过对细胞呼吸、有氧呼吸、无氧呼吸概念过程的再次阅读，有氧呼吸与无氧呼吸异同的比较，联系生产生活实践，抢答完成	采用课堂互动工具的抢答模式，完成细胞呼吸原理在实践中的应用
课堂检测	根据课前自我诊断存在的问题和课堂教学中的重难点，布置6个选择题当堂检测	限时完成课堂检测	利用课堂互动工具发布课堂检测习题，限时作答

8. 练习与课外学习设计

学生在课前主要通过观看微课和阅读课本，完成课前任务单上的简单知识点的梳理填空题和针对基本概念设计的判断题，学生可通过作业与动态评价工具的作业分析发现概念理解中的问题，对有疑问的知识可以主动与老师或同学进行线上线下的交流讨论。课堂教学环节中的课堂检测主要针对本节课的重难点知识进行针对性练习，完成前概念向科学概念的转变。课后的巩固练习帮助进一步构建出核心概念，并激发学生对生物学的兴趣，通过互联网和书籍等解释细胞呼吸在生产生活实践中的应用。

9. 学习评价设计

课前任务单：20个判断题，主要涉及知识点为细胞呼吸概念，有氧呼吸三个阶段的过程场所，无氧呼吸的过程，细胞呼吸在生产、生活实践中的应用等。在课前自我诊断中设计判断题，可以更好地检测学生观看微课的效果、阅读课本的能力以及对知识点的掌握情况，根据学生自我诊断的反馈，在课堂上有针对性地帮助学生把前概念向科学概念转化。

课堂任务单：思考与讨论（抢答），课堂检测6个选择（全班限时作答），根据即时反馈数据判断学生对概念的掌握情况，进行重点讲评。

课后巩固练习：利用作业与动态评价工具布置课后作业，要求学生在规定时间内完成上传，反馈最终的学习效果。教师可根据学生反馈的情况进行有针对性的个性化辅导。

三、教与学的实际过程描述

本节课教学实际过程主要围绕"有氧呼吸过程"展开。

首先，通过对课前任务单上自我诊断中错误频率较高的题目进行详细的讲解，对细胞呼吸、有氧呼吸、无氧呼吸概念和过程进行分析和总结归纳，力求为前概念向科学概念转变提供更多的科学事实。

其次，在学生通过课前微课和任务单已掌握一定细胞呼吸相关知识的基础上，提出"线粒体结构中与有氧呼吸有关的酶分布在哪里？能产生 ATP 的细胞结构有哪些？""请回答下列细胞或生物的呼吸方式：①哺乳动物成熟的红细胞；②蛔虫；③光合细菌；④破伤风杆菌；⑤酵母菌；⑥噬菌体"。

287

"讨论：判断细胞呼吸方式的依据有哪些?""生活中有哪些地方用到了细胞呼吸相关知识?"通过随机提问、抢答、集体讨论等方式，让学生分享自己从已有知识基础上对比和迁移来的答案。智慧课堂的课堂互动工具，极大地提高了学生课堂的专注度、思维的活跃度和学习的积极性，塑造了良好的课堂气氛。

最后，进行课堂检测，根据即时反馈，让答对的同学进行讲解，在学生互助解答的过程中加深对概念的理解，完成从前概念到科学概念的转化。

四、学生学习成果

课堂检测总体情况良好，整体正确率达到80%以上，在这里截取了部分学生学习效果的课堂反馈测评信息图(图8-27)。

另外，智慧课堂的教学模式充分调动了学生的积极性，除了常用的抢答、随机提问、小组合作，第一次尝试采用讨论的方式(图8-28)，极大地提高了学生的参与度，思维的活跃性，真正使学生成了课堂教学的主体，让学生对有氧呼吸和无氧呼吸的区别有了更加深刻的认识，取得了较好的教学效果。

45	45	100%
总人数	参与数	参与率

正确率分析柱状图

题号	正确人数	正确率	请教人数	
1	40人	89%	0人	查看详情
2	45人	100%	0人	查看详情
3	40人	89%	0人	查看详情
4	34人	76%	0人	查看详情
5	29人	64%	0人	查看详情
6	38人	84%	0人	查看详情

图 8-27　课堂反馈测评信息图

图 8-28　课堂互动方式——讨论

五、教学反思与评价

1. 教学反思

本节课的设计主要是通过课前任务单，教会学生如何观看微课，结合阅读《细胞呼吸》一节课本知识，完成对简单概念的自主学习。通过课前任务单里的自我诊断，发现对知识点理解上的误区和漏洞，在课堂教学中针对自我诊断反馈的问题，进行有针对性的重难点突破，并结合生产生活实践加深学生对细胞呼吸过程中物质和能量变化的理解，完成核心概念的构建，再结合课后巩固练习，强化对核心概念"细胞的生命活动需要物质和能量的推动"内涵与外延的理解。

在整个教学过程中，采用了直观教学法、阅读法、比较归纳法、讨论法、互助学习等教学方法，充分调动了学生学习的积极性和主动性，培养了学生一定的独立思考能力和自学的习惯。

2. 专家点评（绍兴市阳明中学党支部书记、高级教师　卓铭阳）

本节课利用智慧课堂信息化平台，利用设备终端完成基于微课支持的课前导学任务单，利用作业与动态评价工具收集分析学生课前学习数据，找到学生本课时学习痛点，基于学生学习痛点设计课时教学，建构细胞呼吸概念图，构建"先学后教、以学定教、顺学而导、点拨提升"的有效课堂教学模式。使学生在轻松愉悦的课堂环境中形成一种你追我赶的氛围，化被动学习为主动学习，促进传统"满堂灌"的课堂模式向新型"满堂学"的课堂模式的转变。

▶ 第七节　突出情景教学，构建智慧课堂——《消费及其类型》教学案例

一、案例背景

学校：蚌埠二中　　　　　　　年级：高一

授课教师：丁小艳　　　　　　教材版本：人民教育出版社（2014年版）

邮箱：1599175368@qq.com　　学时：1课时

二、教学设计

1. 设计思想

本课内容基于学生生活，从学生身边的消费生活入手，深入浅出，同时又是对前两课的基本知识的提升，也是为后面消费原理的展开铺垫好基础。本节课根据建构主义学习理论和翻转课堂的教学理论，通过构建买车的教学情境，引导学生深入学习影响消费的因素；基于智慧课堂信息化平台提供的资源和数据信息，分析消费的类型，引导学生掌握如何提高消费水平以及如何做理智的消费者的知识。课下，根据学生上课存在的问题，通过微课推送知识点的讲解和查缺补漏的习题，进行个性化教学，促进学生智慧发展，从而引导学生科学地分析生活消费问题的能力。

2. 教学目标分析

（1）知识与技能。

识记影响消费的因素，消费类型的两种分类及其含义，恩格尔系数的含义；通过对影响消费的因素、消费的类型的学习，培养学生的理论思维能力、深入分析经济问题的能力及参与经济生活的能力；在学习消费结构时，可让学生收集资料，了解我国消费结构的变化趋势，从而增强学生关注现实生活消费的能力和提高学生亲身参与消费行为的能力。

（2）过程与方法。

教师通过构建买车的教学情景，采用启发、设问等方法引导学生参与到影响水平的因素以及如何提高消费水平的教学过程中去，并适时加以引导，

通过课堂互动工具"讨论"功能，揭秘恩格尔系数的变化，引导学生形成消费的正确认识，并实时关注学生自身情感体验和思想观念的形成。

（3）情感、态度与价值观。

通过本课学习，对学生进行艰苦奋斗、勤俭节约的思想教育，从而树立正确的消费观。

3. 学习者特征分析

高中阶段的学生对消费已经有了一定程度的了解，况且我校学生基础扎实，学习能力和综合素质较好，不仅对校园消费耳熟能详，对社会上的各种消费现象也充满兴趣，有较强的参与意识，对本节课的开展有一定的促进能力。同时，我校学生对信息化教学设备的应用比较熟练，通过智慧课堂构建教学情境，很容易实现师生的有效互动，有利于学生在比较快乐的学习环境中学习。讲解时需要从学生身边的消费案例入手，举例要生动、具体，贴近学生的生活消费，容易引起学生的共鸣。对于一些学习基础较好的学生，可以通过个性化教学，指导他们更好地去分析事例，培养他们勤思考、深分析的好习惯。

4. 学习内容与任务分析

（1）课标要求。

通过分析影响消费的因素，归纳如何提高消费水平和分析消费的类型，从而引导学生形成关于消费的基本认识，树立正确的消费观。

（2）教材分析。

《消费及其类型》是《经济生活》第三课《多彩的消费》的第一框题。从本节课的地位、作用上看，学生在此之前已经学习了怎样进行货币与商品的交换，本课学习的是怎样去消费，它是对下一框题——树立正确的消费观的引领和导入，又为第二单元学习生产做好准备和铺垫，起着承上启下的过渡作用。围绕"消费"这一中心，本课时分设三部分。一是"影响消费的因素"，从根本原因、主要原因以及其他因素进行分析；二是"消费和类型"，从交易方式，消费目的和消费对象进行划分；三是"消费结构"，结合恩格尔系数的变化进行科学分析。本课三个教学部分设计科学合理，环环相扣。

（3）教学重难点。

教学重点：通过分析影响消费的因素，归纳如何提高消费水平。

291

教学难点：收入与消费的关系。

5. 教学模式与策略设计

智慧课堂教学模式基于智慧课堂教学策略，先学后教，以学定教，以智慧教学理念为指导，借助智慧课堂信息化平台提供教学资源，从教学设计、教学实施等方面创设学习情境。

课前：学生自己预习本课内容，选择自己的一个习惯性消费行为，上传到作业与动态评价工具与大家共同分享；教师录制并发送关于影响家庭消费的因素及家庭消费的类型的微课，学生利用学生端进行自学，并完成教师在作业与动态评价工具中布置的课前作业；教师登录教师端利用作业与动态评价工具，批改学生作业，掌握学生对新课的预习程度，制定教学策略。

课中：教师分享学生自学的学习成果，展示学生自学的案例，通过教师端同屏工具，实现课内立体化教学互动，并对学生通过学生端做的选择题进行解疑释惑；构建买车的教学情境，给学生一个现场的生活感受，引导学生独立分析思考问题；利用课堂互动工具进行互动交流，同时采用抢答、随机提问、讨论区师生互动等活动实现知识的建构。

课后：根据学生课堂学习或课堂练习检测存在的问题，在微课管理与应用系统推送微课进行讲解，进行补偿教学；同时利用作业与动态评价工具发送课后作业，进行知识的拓展。

6. 信息资源与环境设计

本课题的信息资源库由微课资源库、检测试题库、多媒体课件库组成，在教学中，根据课堂需要和学生反馈，及时调整数据信息。课前，教师通过微课管理与应用系统，选择一键录制功能，录制并发送影响家庭消费的因素及家庭消费的类型的两个教学微课，学生登录智慧课堂信息化平台，自学微课内容并完成作业与动态评价工具上的 8 道检测题；课中，教师根据采用平台的数据分析，针对检测题的正确率，进行当堂讲解；借助蚌埠二中智慧课堂信息化平台，构建教学情境，采用同屏互动，依次推进教学进程，实现立体化的交流；课后，在微课管理与应用系统推送微课进行精讲，同时利用作业与动态评价工具发送课后作业，教师通过终端后台的数据，及时了解补偿教学的成效，为进行下一课教学策略的制定提供信息支撑。

7. 教学活动过程设计

教学活动过程设计见表 8-7。

表 8-7　教学活动过程

教学内容		教师活动	学生活动	信息技术支持
课前	小试牛刀	课前录制发布微课,布置批改课前作业,掌握学情	自主学习微课,完成课前作业,提出问题	师生通过微课管理与应用系统发布微课作业,进行知识教学,分析学情
课中	生活体验	设问:以同学们平时乘坐什么交通工具上学为例——导入新课(以学生最关心的话题的讨论形式导入,有利于激发学生学习的积极性)	跟随教师的讲解走进情境;思考交流讨论,得出结论	依托设备终端呈现贴近学生生活的真实情境
	创设情境合作探究	教学过程中,提出问题并引导学生解决问题①引导学生分析影响买车的因素:生产力、收入、物价、消费观等②现学现用,让学生分组讨论如何提高居民的消费水平③感悟生活中形形色色的消费现象背后的原因	学生分组,前后左右讨论,并按组来回答;师生互动交流,讨论得出成果	借助智慧课堂信息化平台,将这两个知识点同屏至学生终端,学生可以更直观地了解影响价格的因素,实现立体化的教学互动
	推进新课环环相扣	环环相扣,买车的疑虑解决了;进入怎么买车,如何消费的环节,引出消费的几种分类	学生思考并讨论,并通过终端提交答案	依托课堂互动工具,学生在讨论区各抒己见,并进行点赞
	智慧积淀知识演练	①观看小品《昨天,今天,明天》问:大妈的消费属于什么类型?②通过消费分类的分析,引出消费结构③布置练习,根据学生的终端提交正确率,对消费结构进行讲解	学生认真观看视频并回答问题;认真做终端作业并思考回答	实时同屏,展示作业正确率,根据正确率进行讲解
	拓展思考引导成长	对消费及其类型的知识进行总结、情感升华	学生倾听,感悟所学内容,认真做笔记	用师生终端营造媒体情境,升华情感

293

294

续表

教学内容		教师活动	学生活动	信息技术支持
课后	个性化教学	依据当堂练习检测情况，个性化推微课作业；针对学生提出的问题，通过微课的方式进行个性化辅导解答	学生自主学习微课，完成课后作业，提出问题	依托作业与动态评价工具，个性化推送微课和作业，释疑解惑，拓展提升

8. 练习与课外学习设计

（1）课前：利用作业与动态评价工具布置8道选择题，主要涉及的知识点是影响家庭消费的因素和家庭消费的类型。答题情况通过资源平台进行大数据分析，检测学生微课自主学习效果，掌握本节课的知识预习程度(图 8-29)。

（2）课中：设计如何消费的方案，在讨论区发布，通过点赞数对学生的选择方式进行分析。

（3）课后：依据学生课上学习情况，利用微课管理与应用系统对部分学生进行补偿教学；针对学生的疑问，教师发布微课进行个性化辅导，拓宽知识面。

（4）课外学习设计：辨析——贷款消费就是超前消费，与适度消费相矛盾。要求学生根据本节课所学内容进行分析，并拍照上传到学生端。贷款消费是本节课消费的类型的一种，而超前消费是下一节课的一个知识点——量入为出，适度消费的一个反面例子，这个题目的选择，事实上是在学习了本节课基本知识的基础上，对下一课题树立正确的消费观有一个导入式的作用，有利于扩展学生思维的张力。让学生意识到政治课堂是贴近实际，贴近生活的课堂，绝对不是空谈理论。

图 8-29 学生作业情况

9. 学习评价设计

(1)学生的课前微课练习情况：通过 8 道选择题，进行课前预习测评，形成教师对全班的评价，检测学生微课学习的情况和对知识的掌握程度；可以很直观地发现学生对第 1 题和第 7 题普遍存在课前理解力不够的问题（图 8-30）。

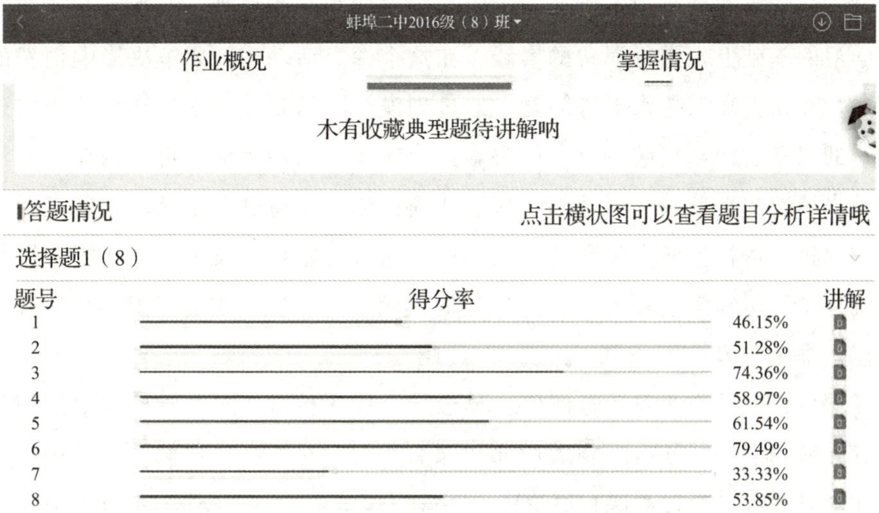

图 8-30　学生答题情况

(2)课堂评价情况：通过课上讨论、练习和检测实现自我评价、他人评价、群体合作评价相结合；由于课堂环节较多，本节课更着重体现了他人评价和群体合作评价。

(3)课后通过有针对性的检测与个性化辅导，达到教师对学生个人的评价对教学进行总结性评价和形成性评价。通过课后一个辨析题的提交成果来看，学生已经普遍掌握了本节课的知识，并具有了对下节课知识的储备与运用能力。

三、教与学的实际过程描述

在经济生活"体验式"智慧教学实践中，要教会学生对书本知识联系实践的能力。本节课通过对生活经验的唤醒、激活和参与，引导学生参与到经济生活中，提供大量的学习机会和个性化的学习体验。本节课分课前、课中、

295

课后三个环节进行。

296

　　课前教师录制发布微课"影响家庭消费的因素"和"消费的类型"，引导学生学习消费的主体内容，通过课前布置的选择题，掌握学情；以此为依据，调整教学设计，课上针对学生的错误率和疑问进行教学。

　　课中：首先，依托智慧课堂信息化平台，呈现一个生活化的情境，提出问题，让学生有话可说，激发学生参与到课堂中的积极性。其次，在课前知识学习的基础上，进行消费的实践。在这个探究活动中，要解决影响消费的因素，如何提高消费水平等问题；通过创设学习情景，让学生在体验中实现知识的意义建构，突破重点，解决难点，使知识回归生活；再次，在如何消费引出消费的类型探究活动中，师生共同交流，并通过课堂互动工具进行点赞与评析，进行生活中消费的二次体验，通过随堂检测反馈学习情况，进行正确评价，引领学生投入到经济生活的浪潮中。最后，梳理知识体系，升华情感，师生共鸣。

　　课后：依托作业与动态评价工具进行个性化教学，对课堂检测中知识掌握存在薄弱点的同学推送相关微课和课后练习，对学生提出的疑问，进行个性化辅导解答，通过微课和讨论区，正确引领学生参与到经济生活的氛围中。

四、学生学习成果

　　学习经济生活的意义是提高学生参与经济活动的能力，做有经济头脑的人。我们每一个人都生活在一定的经济关系之中，人的一生都始终在扮演着消费者的角色，人不可能游离于社会经济活动之外，也不可能脱离一定的经济关系。因此，中学生今天在学习和掌握经济知识，培养经济头脑，提高参与经济活动的能力，明天就有可能在社会市场经济活动中游刃有余。

　　通过本课的学习，学生对消费有了深刻的认识。课堂练习正确率比较高，通过对解题思路的梳理，学生基本上都能对消费的基本知识及拓展知识理解透彻。比如，本节课之前，我与学生探讨过什么是消费，学生的回答都是消费就是去买东西，那么影响我们买东西的原因，如何去买，如何买得舒心以及如何提高家庭消费水平，高一的学生受自身生活阅历的影响，无法回答；而学完这节课，学生告诉我，简单的"消费"两个字却蕴含着这么多的道理，政治课不是纯粹的说教课，而是一门可以教会学生生活与消费的技能课；让学生明白政治知识不是来自课本，而是源于生活实践。在社会实践中，自主探索、领会有关经济生活中包含的经济学道理，学会独立分析，增强参与经济生活的能力。通过本课的学习引导他们更好地参与到经济生活的实际行动中，做理智的消费者，践行正确的消费观。

五、教学反思与评价

1. 教学反思

本课内容与学生生活实际密切相关，经济生活以"生活逻辑"为主线，强调贴近学生生活，贴近学生实际。对涉世不深的中学生而言，最熟悉的是经济生活中的消费环节。而由于各种各样的社会原因，学生的家庭消费水平会有很大的差异，学生对消费的分析也往往会触及学生敏感的心灵。在教学中，应结合学生生活，联系具体案例进行讲解，才能起到理论联系实际的作用。

一节展示课的形成，教师需要提前做很多努力，教学素材的积累任重道远，所以需要教师做一个热爱生活、热爱课堂、热爱学生的表率，才能更好地把学生带入到经济生活的课堂中，让学生去感悟经济的浪潮，去体会经济现象的点点滴滴，面对纷繁复杂的经济现象不至于手忙脚乱。教师对本节课的精心设计固然起到先入为主的效果，抓住了学生想学的欲望；而智慧课堂信息化平台的运用，在本节课中起到了画龙点睛的作用，一次次活跃了课堂氛围，调动了学生参与到课堂体验中的热情，提高了学生学以致用的本领。

在大力推进新课改的情况下，智慧课堂中的情境依托信息技术，引领生成更高的价值。通过本课的学习，学生收获了参与经济生活的体验，提高参与经济生活的能力。而作为教师的我也领会到智慧教学的闪光点，它将开启教学的新纪元，成为新课改背景下的一抹绿色。我深深地感受到智慧教学势在必行。

2. 专家点评（蚌埠市政治学科带头人、中学高级教师　程颉）

本节课采用的事例与学生实际生活关联密切，因而容易调动学生的积极

297

性，能够激发学生学习兴趣，让学生想学，让学生在学习中感受快乐，在成长中收获幸福。丁老师运用信息技术为学生创设生动真实的教学情景，让学生有身临其境的感觉，真实地走近学生、亲近学生，深入地了解学生，充分体现学生的主体地位，尊重学生的个人经验和感情体验，培养学生思辨和探索的精神。本节课自始至终，学生都在一个欢乐与和谐的氛围里学习，师生之间的和谐互动，促进了政治高效课堂的形成。

▶ 第八节　多角度看历史——《罗斯福新政》教学案例

一、案例背景

学校：蚌埠二中　　　　　　　年级：高二

授课教师：朱保林　　　　　　教材版本：人民教育出版社（2015 年版）

邮箱：591024217@qq.com　　学时：1 课时

二、教学设计

1. 设计思想

智慧课堂经过多年的探索，基本总结出四个基本特点：教学决策的数据化、评价反馈的及时化、交流互动的立体化、资料推送的智能化。2018年新课改所强调的历史学科的核心素养培养目标，智慧课堂在坚持智慧推送、智慧互动和智慧反馈的基础上，突出历史学科的史料分析和情境教学的个性化。

本节课立足学生成长和学习的基本规律，引导学生从已知知识"罗斯福新政举措"出发，掌握更多关于"罗斯福新政时期政治改革"的新知识。同时，借助智慧课堂多样化的教学模式，使得课堂教学突破"老师教，学生记"的单一化教学模式，将学习过程中阅读、互动、反馈等利用信息技术加以呈现，促进学习方式的多样化。

2. 教学目标分析

(1)知识与技能。

能够说出经济危机发生的原因；概括出新政的五项措施；初步理解罗斯福对危机的认识以及如何在宪法范围内逐步扩大总统权力；学生读懂相关史料并提炼出有用信息。

(2)过程与方法。

观看图片、曲线图等，增强直观性，学会从图片、曲线图等获取有效信息；通过史料、内容，探究罗斯福总统如何利用宪法合法地扩大权力，又如何与美国联邦最高法院的斗争进一步巩固权力，奠定现代美国总统制的基础。

(3)情感、态度与价值观。

认识到是罗斯福的政治决策促使他能够战胜危机；突出国家干预经济发展，缓和社会矛盾，维持社会发展。

3. 学习者特征分析

本课授课对象是高二文科学生，从个性发展角度，他们青春洋溢，思维活跃，学习欲望强，对新鲜事物有着强烈的求知欲。从技术角度，他们能较为熟练地操作学生端，进行拍照上传、课上互动、抢答问题等。从知识角度，学生对罗斯福本人及其事迹有一定的了解，为深入学习提供知识基础。从能力角度，高二文科学生初步具备从材料中获取信息的基本能力。但本课涉及较多的专业名次，如金本位制、国家干预、国家垄断资本主义等，这加大了学生理解的难度。

4. 学习内容与任务分析

(1)课标要求。

通过阅读材料，列举罗斯福新政的主要内容，理解罗斯福总统是如何通过新政措施与美国联邦最高法院的斗争，逐步扩大总统的权力。

(2)教材分析。

本课是人教版新课标高中历史必修二经济史模块第六单元《世界资本主义经济政策的调整》第18课《罗斯福新政》。本课包含三个内容：一是"临危受命"，面对前所未有的经济大萧条，前任总统胡佛虽采取了一定的措施，但未能挽救时局；二是"新政"，着重分析了罗斯福上台后采取的一系列改革措施以及经济改革带动的政治变革；三是"摆脱困境"，着重分析罗斯福新政对当时及后世资本主义新发展产生的影响。因此，罗斯福新政从内容上具有承上启下的作用。

（3）教学重难点。

重点：罗斯福通过新政扩大总统权力。

突出重点方法：借助史料，巧设问题，引导学生思考、回答，教师分析、归纳。

难点：罗斯福总统与美国联邦最高法院的斗争。

突破难点方法：此部分内容在教材中仅仅涉及"三权分立与制约"的政治权力约束的原理，教师应借助史料尽可能地让学生去理解"特殊时期"美国的政治体制改革。

5. 教学模式与策略分析

《普通高中历史课程标准（2017 年版）》对学生的要求已由"知识立意"向"学科素养立意"转变，历史学科的核心素养有唯物史观、时空观念、史料实证、历史解释、家国情怀。日常的教学要逐步培养学生的学科核心素养，同时也要结合智慧教学手段，将重难点内容技术化的呈现，具体如下。

（1）课前：学生通过学生端观看教师推送的《罗斯福新政》微课，初步了解到本节课的教学主题和教学内容；其次，学生按照老师的要求，搜集相关资料，并观看视频，自主学习。

（2）课中：针对教学重点"罗斯福新政扩大总统权力"，教师设计"金融、工业、农业、社会保障"四个问题，通过教师终端资源分享功能，分别向学生推送文字、图片、数据等相关材料，让学生在阅读的基础上，归纳"总统权力扩大"的表现。针对"罗斯福总统与美国联邦最高法院的斗争"这一难点，老师利用电子课本功能，回顾必修 1《1787 年宪法》的内容，然后通过推送材料，老师讲解的方式，让学生知道"新政时期总统与联邦法院的斗争"。最后通过提问问题"如何理解总统对美国联邦最高法院是一场失败的胜利？"，培养学生依据材料巩固所学知识的能力。

（3）课后：依据本节课重难点和学生作业检测的结果，分层次地向学生推送作业；针对学生作业中的出现的问题，教师利用作业与动态评价工具，录制微课进行解答，体现个性化教学。

6. 信息资源与环境设计

课前，利用录屏软件 Camtasia Studio 进行微课录制，将《罗斯福新政》一课中新政背景、主要内容、特点及产生的影响，有序地进行录制。然后，分享给学生，让学生提前了解新课内容。播放《罗斯福新政》纪录片，增强学生的直观印象。

课中，班级电教委员将教师端与学生端进行同屏，此时教师的课件就会显示在学生端上。教师向学生推送资料，让学生归纳罗斯福新政措施的同时，总统的权力又有哪些变化。同时，也可通过课堂互动工具"互动"键，进行师生的对话与交流。

课后，向学生推送试题，学生提交后，作业与动态评价工具会及时反馈正确率，有助于检验教师的教学效果，也可检验学生的听课效果。

7. 教学活动过程设计

教学活动过程设计见表 8-8。

表 8-8　教学活动过程设计

	教学内容	教师活动	学生活动	信息技术支持
课前	知识清单（罗斯福其人其事、新政措施）	录制微课：将本课的主干知识初步呈献给学生	①观看微课，初步了解本课内容 ②搜集相关资料，观看相关纪录片（世界历史100集之罗斯福新政）	学生利用学生端观看微课
课中	导入新课	教师展出三个简短的史料： ①《1787年宪法》有关总统权力的规定 ②20世纪20年代末美国困境的图片 ③罗斯福新政演说	阅读史料，回答老师提出的相关问题	教师利用教师端展示史料，学生利用课堂互动工具回答教师的提问

302

	教学内容	教师活动	学生活动	信息技术支持
课中	新课讲授	【问题探究一】非常时期总统权力的扩大 (1)展现新政的相关史料 (2)结合史料，探讨如下问题： ①新政时期，罗斯福是如何克服市场调节失灵的问题的？ 【依据史料并结合所学知识回答】 ②新政时期，总统权力及政府职能发生了怎样的变化？	①课前准备：识记罗斯福新政的主要内容 ②阅读史料，根据教师的提问，回答相关内容	教师通过教师端补充展示图片、文字材料等内容，帮助学生进一步理解新政的内容，深刻理解总统权力及政府职能的变化
	新课讲授	【问题探究二】总统与美国联邦最高法院的斗争 教师向学生展示如下材料： ①美国联邦最高法院的构成 ②美国联邦最高法院对新政的态度 ③罗斯福的反击 ④如何理解总统对美国联邦最高法院是"一场失败的胜利"？	①认真听教师的讲解 ②思考"一场失败的胜利"(教师推送两则材料，学生阅读后，思考问题，并通过学生端，将作业拍照上传，教师依据学生回答的状况，进行点评)	教师端展示史料；学生通过学生端将自己的答案拍发给教师
	新课讲授	【问题探究三】如何看待罗斯福新政时期的政治改革？	自主探究，培养学生论从史出的能力	利用课堂互动工具"投票"功能进行互动，选出大家认可的答案
	本课小结	回顾本课知识点，深化对主题问题的理解	学生自由发言	教师端与学生端同屏，展示本课结语
课后	层次化教学	依据本节课的重难点和课堂作业检测的结果，分层次地向学生推送作业	个别学生自主学习微课，完成课后作业，提出疑问	依托作业与动态评价工具，个性化推送微课和作业，释疑解惑，拓展提升

8. 练习与课外学习设计

课堂教学完成后，为了检测学生对于识记的知识、运用知识解决问题的能力，有针对性地选择了10道选择题，推送给学生，让学生当堂完成。

例1　20世纪30年代，为应对严重的经济危机，美国总统罗斯福开创了一条新的发展道路，即（　　）。

　　A. 自由放任　　　　B. 国家干预　　　　C. 计划经济　　　　D. 知识经济

例2　富兰克林·罗斯福在首次总统就职演说中说："我们只要明智而勇敢地承担起来，这项任务并不是不能解决的。部分地可以由政府直接招雇，像战时紧急状况那样，同时通过雇用这些人员来完成急需的工程，从而促进和改组我们自然资源的利用。"致力于实现"这项任务"的新政措施是（　　）。

　　A. 保护劳工权利，缓和阶级矛盾

　　B. 防止盲目竞争，恢复工业生产

　　C. 实行以工代赈，解决就业问题

　　D. 合理利用资源，保护自然环境

例3　1935年，美国联邦最高法院因为《全国工业复兴法》授予联邦政府管理州内贸易等权力违宪宣布该法无效；1937年，美国联邦最高法院认为联邦政府有权监管任何涉及州际贸易的劳资关系，否定了琼斯—劳克林钢铁公司对《全国劳工关系法》侵犯各州权力的控诉。这一变化反映出（　　）。

　　A. 美国司法受到政府权力的影响

　　B. 分权制衡原则削弱了新政的效果

　　C. 最高法院反对罗斯福的干预政策

　　D. 形势的发展影响了司法解释

例4　(2013·课标全国Ⅰ，31)有些学者认为，美国总统胡佛并不是自由放任政策的典型代表，他也对经济进行了有限的干预，且为后来的罗斯福新政提供了借鉴。胡佛采取的干预措施是（　　）。

　　A. 斡旋劳资双方达成保持工资水平和不罢工的协议

　　B. 通过霍利—斯穆特法以提高关税和保护国内市场

　　C. 发起自愿减少耕地运动以维持农产品价格

　　D. 成立复兴金融公司向一些银行和公共工程贷款

303

9. 学习评价设计

学生学习的评价设计，不仅要准确、多面地反映学生学习的实际状况，而且还有激励机制，促进学生在学习上进一步发展的动力。针对不同环节的教学任务，学习评价设计也应有不同的目标。

教师推送微课并让学生自查资料，课中提问检验学生预习效果。

课中：教学主体内容的教学中，通过三个设问贯穿课堂教学，配以史料、图片、数据等材料，让学生在互动过程中，初步得出自己的结论。最后通过随堂练习的方式检验学生课堂学习的效果。

课后，针对随堂练习所反映出的问题，教师在课下针对不同能力层次的学生分别推送不同的练习题。根据学生课下作业的情况，既可以个性化讲解，也可以通过微课的形式全班讲解。

三、教与学的实际过程描述

在《罗斯福新政》一课中，将教学过程分成三个环节进行。

环节一：教师通过美国《1787 年宪法》有关总统权力的规定、罗斯福就职演说、两张 1929—1933 年期间美国经济危机的图片，引导学生走入当时的美国，感受当时美国普通民众的生活以及罗斯福总统解决经济危机的决心。通过导入，让学生直奔教学主题。

环节二：目前历史教学不再是简单知识的讲解和结论的直接获取，而是通过切题的史料、图片、图表等多种方式，培养学生"论从史出"和多角度看待问题的能力。因此，在教学过程中针对不同问题的设置，发挥智慧课堂的不同功效。有的需要推送资料，让学生从资料中获取信息，在师生互动中得出基本结论，如"问题探究一"的设置。有的则需要学生阅读材料，倾听教师的讲解，如"问题探究二"的设置。有的则需要学生依据所学知识，对教师提出的问题进行思考，写出简短的答案，通过学生端发送给教师，如图 8-31、图 8-32 所示。

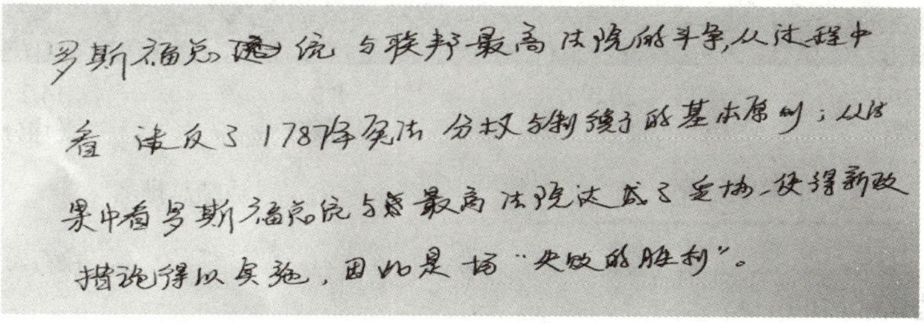

罗斯福总统与联邦最高法院的斗争，从过程中看，违反了1787年宪法分权与制衡的基本原则；从结果中看罗斯福总统与最高法院达成了妥协，使得新政措施得以实施，因此是场"失败的胜利"。

图 8-31　学生答案 1

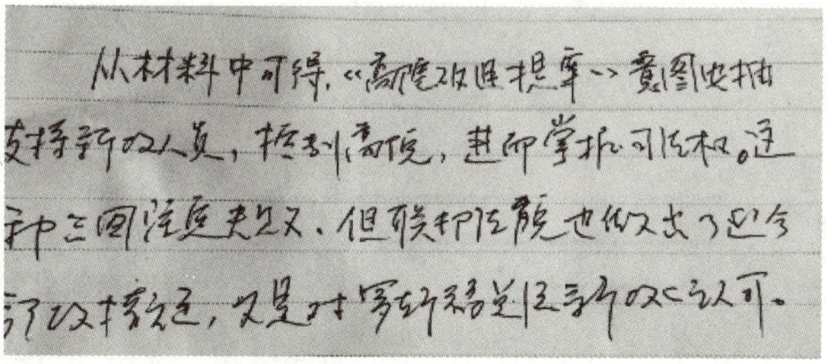

从材料中可得，"高院改组提案"意图安插支持新政人员，控制高院，进而掌握司法权。这种企图注定失败。但联邦法院也做出了让步……措施，又是对罗斯福总统新政的认可。

图 8-32　学生答案 2

环节三：课后的巩固性练习。针对课中反映的问题，推送不同的试题给学生。针对学生在处理问题的过程中，通过在线答疑和微课等形式进行课下辅导。

四、学生学习成果

学生学习成果通过历史试题检测，教师通过作业与动态评价工具推送给学生，学生完成后，作业与动态评价工具可以反馈出学生学情，包括最高分、最低分、平均分及各题的正确率，如图 8-33 所示，通过作业与动态评价工具的数据分析，能够直观地反映出学生对于本课主干知识的掌握情况。平均分 14.2 分，说明大多数同学基本达到学习效果，而最低分的同学只做对了 4 道选择题，说明该生仅掌握了基础知识的识记，对于知识的应用仍存在问题。对于错误率最高的第 4 题，该题是 2013 年全国卷真题，主要考查学生获取和解读信息的能力，准确、综合运用所学知识分析、解决历史问题的能力，要求学生准确区分自由放任政策和国家干预政策及罗斯福新政的主要内容。

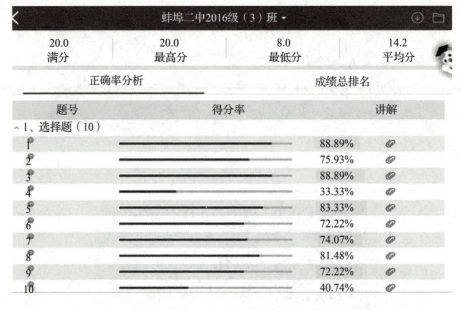

图 8-33　学生作业完成情况

五、教学反思与评价

1. 教学反思

教学任务结束后，评课教师既有赞赏，主要赞叹大数据分析带来的魅力，也有质疑，在信息化时代，面对冰冷的设备终端，教师的基本素养该如何体现。在倾听教师们的点评后，结合自己的经历谈谈对智慧教学的感受。

智慧课堂教学对教师专业发展既是机遇又是挑战。对于机遇，在课改的大潮中，信息技术应用到课堂中，大数据分析应用到教学中这是信息化教学的趋势。在这种大趋势下，授课理念也发生了变化，先学后教，以学定教，智慧发展。随堂测验的大数据分析，更加直观地看到学生对于试题的掌握情况。课后还可布置个性化练习，这都是传统课堂不可比拟的。对于挑战，一是加大的教师课前备课强度。不仅要制作课前预习微课，还要制作上课课件，等于一节课要备两次课。其次，还要寻找适宜的教学材料，适当的练习题的数量，这些都要考验教师的耐心和专业课素养。再次，如何处理传统课堂与智慧教学的关系。我认为传统课堂并不会因技术的变化而消失，反而会成为智慧课堂的有益补充。在《罗斯福新政》重难点的突破上，仍采用史料教学，教师讲解，学生讨论等形式，这弥补了技术型课堂所缺少的"人情味"。所以，无论智慧课堂还是传统课堂都应根据实际教学的需要增补，而不应偏废。

2. 专家点评（蚌埠市历史教研员、中学高级教师　王昌成）

从教学内容上，朱老师本节课不属于课本教材内容，而是立足必修二《罗斯福新政》的基础上对教材的深度挖掘。《罗斯福新政》是从经济角度探讨美国政府在坚持资本主义制度的前提下对资本主义生产关系的局部调整。经济体制的调整反过来会带动政府机构、政府职能和政府决策的相应变化。朱老师的本节课是对新政时期政治改革的进一步拓展，给听课教师一种耳目一新的感受。

从教学形式上，朱老师利用了智慧课堂这一新型教学手段，对传统课堂"老师教，学生学"模式的突破，微课制作，同屏条件下师生的互动，当堂的教学检测以及课下的个性化作用，都在体现智慧教学"以学定教""先学后教"的基本理念。

第九节　做中学 学中觉 觉中悟——《行走巴西》教学案例

一、案例背景

学校：宁波市第二中学	年级：高二
授课教师：施裕芳	教材版本：校本教材
邮箱：31450330@qq.com	学时：1 课时

二、教学设计

1. 设计思想

本次课是"第四届全国智慧课堂观摩研讨会"上的一堂观摩课，这是一次跨省跨校的交流课程，教学对象为安徽省蚌埠二中的高二学生。本教学设计立足于"做中学，学中觉，觉中悟"的理念，从学生的兴趣出发，以观察地理

307

现象、探究地理问题和揭示地理规律作为地理教学的驱动力；同时在智慧课堂环境下探索高中地理教学与信息技术的深度融合。智慧课堂依赖的是终端教学设备，其注重将技术、媒体与各种教学方法等进行整合，以期望达到一定的教学目标，师生之间可借助终端进行随时随地互动交流。通过智慧的教与学，不仅能够基于动态学习大数据分析，实现教学决策数据化、交流互动多元化、评价反馈即时化、资源推送智能化，而且能够解决多媒体教学面临的瓶颈，构建"互联网＋"时代的互动式课堂教学模式，促进全体学生实现符合其个性化特征要求的成长和发展，全面变革传统课堂教学模式。

由于跨区教学，为了能使学生保持一定的新鲜感，教学设计省略了课前预习这一环节，把重心放在课中的学习。在教师的主导下，组织学生深度学习和探究巴西区域地理环境特征，了解热带雨林对全球气候的影响，期待能在师生互动中碰撞出火花，实现知识的建构，从而形成动态生成的课堂。通过体验旅游中的吃喝玩乐，学会区域地理的一般分析方法，培养学生地理学科核心素养，感悟生活中的地理，促进学生智慧发展。

2. 教学目标分析

(1)知识与技能。

①了解巴西的地理位置特征。

②了解巴西的自然和人文地理特征。

③理解巴西自然和人文地理特征的形成原因。

④学会区域分析的一般方法。

(2)过程与方法。

①通过"投票、抢答"和阅读图片，了解巴西的自然和人文地理特征。

②通过小组合作探究图文材料和"拍照讲解"交流表达，分析说明巴西农作物的分布特征和区位因素。

③通过小组合作探究材料和"拍照讲解"交流表达，分析巴西人类活动(桑巴和足球)的形成原因。

④通过"讨论发言"，理解环境保护在可持续发展中的重要作用。

⑤学以致用，能结合图文材料分析现实问题，能掌握解决现实生活中的地理问题的能力。

（3）情感、态度与价值观。

①树立学生保护与合理利用森林资源的意识，培养正确的人文地理观念。

②增强学生热爱祖国、热爱家乡的情感。

3. 学习者特征分析

蚌埠二中的学生基础扎实，学习能力和综合素质较好，对自然界充满兴趣，有较强的参与意识，但这个年龄段的学生综合分析能力和应用能力较弱。因此在学习过程中，如何运用地理原理去解释生活中的现象，将会是学生面临的一个难点。其次，授课班级为文科班，女生多，听课态度认真，但是性格内向，课堂主动参与少，这就需要教师选材新颖并合理设计课程，并充分调动学生学习的主动性。

通过初中地理和必修 3 区域可持续发展的学习，学生初步了解到区域地理学习的一般内容，包括地理位置特征、自然地理特征和人文地理特征，但是因跨区教学带来的课时衔接问题，学生没有上过一节区域地理的课，因此具体到某一区域的具体内容，尤其是对区域特征的综合分析，学生其实很陌生。这对教师是一种挑战，需要教师在讲授知识的同时，更加注重知识的综合分析和应用能力。

4. 学习内容与任务分析

（1）课标要求。

课标对区域地理的学习是要求学生"学会区域分析的一般方法"。

（2）教材分析。

区域地理在高中没有统一的教材，但一般分为世界地理和中国地理，世界地理按照大洲或地区来编写，每个区域一般都从认识地理位置、自然地理特征和人文地理特征着手，探讨区域问题，从而实现可持续发展。本节《行走巴西》是《南美洲》下的一个国家，属于教师自编内容，重点是通过巴西区域特征的学习，分析区域问题，让学生知道热带雨林对全球气候的重要作用，学会保护和合理利用森林资源。

（3）教学重难点。

教学重点：巴西农作物的分布特征和区位因素。

教学难点：区域分析的一般方法。

309

5. 教学模式与策略设计

本节课教学采用智慧课堂教学模式，由于跨区教学，为了能与学生保持一定的新鲜感，教学设计省略了课前预习这一环节，把重心放在课中学习。

教学过程中采用多种教学方法和手段。通过视频播放等，减少师生初次见面的陌生感，激发学生的学习兴趣，引出学习的主题；通过"抢答""投票"等方式与学生充分交流互动，随堂了解学生对巴西的认识程度，及时调整教学内容，帮助学生准确认识巴西自然和人文地理特征；通过小组合作和拍照讲解，综合分析巴西的农业、桑巴和足球，探究人文地理特征的形成原因，培养学生养成观察生活、运用地理原理解释生活现象的能力；通过互动——讨论发言，了解学生对热带雨林的保护与开发的理解，培养学生保护森林资源、形成正确的人文地理观念；通过教师展示建构区域学习的一般方法，抛砖引玉，发展学生的综合思维。

6. 信息资源与环境设计

本节课采用智慧课堂信息化平台辅助教学，重心在课中学习，关注课堂的动态生成。首先，利用播放视频"里约狂欢节"导入新课，帮助学生了解学习的主题，让学习内容更加直观、生动；其次，课中的课堂互动工具，提供了"抢答""投票""讨论"等方式，教师可即时得到学生练习数据，帮助教师调整教学节奏，精准教学；再次，课堂教学中"拍照讲解"即时分享讲解学生成果，教师可以更便捷地进行评价指导等，最后通过互动工具中的"分享"，将教师自己整理的成果分享给学生，给学生提供一个更为全面准确的学习结果，从而达成教学目标。

7. 教学活动过程设计

教学活动过程设计见表 8-9。

表 8-9　教学活动过程设计

教学内容	教学内容	教师活动	学生活动	信息技术支持
新课导入	了解课题	提问：我的梦想是什么？ 播放视频	猜测教师的梦想，观看视频	通过教师端视频播放功能和同屏工具，呈现狂欢节场景，减少初次见面的陌生感，激发学生学习的兴趣，引出学习课题

教学内容	教学内容	教师活动	学生活动	信息技术支持
新课讲授	印象巴西——认识巴西的自然和人文特征	选择题呈现教师指导：巴西的地形分布特征；巴西的城市分布特征	互动——抢答、投票，回答教师展示的选择题	学生通过学生端展示自己的答案，教师通过作业评价工具，了解学情，调动课堂气氛，实现交流互动立体化
新课讲授	玩味巴西——分析巴西的农业、桑巴和足球，探究成因（学案）	教师将学生分组，并指导学生，最后拍照讲解并分享【探究活动一】分析巴西农作物的分布特征和区位因素【探究活动二】从地理角度分析巴西桑巴和足球的形成原因	学生在教师分组下，选择其中一个问题进行合作探究	利用拍照讲解工具，展示学生探究结果，利用分享功能，拓展学生的知识；培养学生养成观察生活、运用地理原理解释生活现象的能力，真正实现学习生活中的地理
新课讲授	和谐巴西——探讨人地协调	呈现亚马孙热带雨林相关新闻，提问：在玩味中如何实现巴西的可持续发展	思考、讨论、展示、分享	利用课堂互动工具，了解学生对热带雨林的保护和开发的理解情况，培养学生保护环境、形成正确的人地观念
课堂小结	知识建构	教师板书归纳总结	倾听、思考、记笔记	—

8. 练习与课外学习设计

教师结合课堂学生学习情况，可以利用作业与动态评价工具推送个性化学习任务，并根据学生提交情况进行反馈总结，为下一节课堂的教学设计提供依据。第一，根据学生对巴西城市错误的认识，布置有关"分析巴西城市分布特征及形成原因"的练习；第二，通过对巴西农作物分布的分析，布置有关"分析巴西农业地域类型及区位因素"的练习；第三，通过"和谐巴西"的分析，发现学生对环境保护和经济发展之间的关系认识比较片面，要

311

求学生利用互联网或相关书籍，搜索巴西热带雨林开发利用现状及对全球气候变化的影响，并将搜集的相关材料、图片或视频上传平台或班级空间，供大家学习参考。

9. 学习评价设计

课上讨论、发言——形成性评价。通过小组合作探究，形成碰撞的思维火花，加之教师的提问点拨，教师可以随时对学生的学习状态，接受能力，都有一个相对精准的把握，也可以通过资源的智能推送，调动学生的课堂积极性，对学生活动的效度有一个整体上的把握。

课后作业练习与线上个性化辅导——总结性评价。课后作业练习——通过分析巴西城市分布特征及形成原因，能掌握城市的区位因素；通过分析巴西农业地域类型及区位因素，能掌握世界常见的农业地域类型及区位因素；通过搜索资料、分享成果，能辩证地了解环境保护与经济发展之间的关系，形成正确的人地协调观，同时能提高地理信息的获取、分析和应用能力。线上个性化辅导——针对农业地域类型的分析，制作关于世界常见的农业地域类型的微课简介，提供个性化辅导；针对资料搜集情况，利用课堂互动工具，与学生进行一对一的交流，形成个性化指导评价。

三、教与学的实际过程描述

此次教学实际过程主要围绕着本节课的主题《行走巴西》来进行，紧紧抓住教学重点和难点。

首先，教师通过让学生猜"我的梦想"这个看似不着边际的问题，减少师生初次见面的陌生感和紧张感，借助播放视频——里约狂欢节，引出本节课的主题，激发学生学习的兴趣。

其次，在教与学的过程中使用课堂互动工具，通过抢答、投票等与学生充分交流互动，随堂了解学生对巴西的认识程度，及时调整教学内容，帮助学生准确认识巴西自然和人文地理特征；通过小组合作和拍照讲解，综合分析巴西的农业、桑巴和足球，完成巴西人文地理特征的形成原因的重点突破；通过互动功能，让学生线上畅所欲言，教师结合学生的发言，实时了解学生对热带雨林的保护与开发的理解，并对学生的观点进行辩证式评价，引导学生关注热点，保护环境，形成正确的人文地理观念。

最后，教师根据课堂师生互动情况实时板书并完善，建构区域地理的一般分析方法，引导学生学会观察生活、运用地理原理解释生活现象的能力，真正实现学生活中的地理。

四、学生学习成果

本案例的目标是学生在学习后，了解巴西的自然地理和人文地理特征，能够解释主要特征的形成原因，并形成正确的人文地理观念。通过学习，95％的学生能解释巴西主要特征及形成的原因，所有学生都能抓住课堂上的重点及基本读图的方法，能够理论联系实际，运用地理原理解释生活现象，基本实现了教学目标。但是，在探讨热带雨林的开发和保护这一环节，学生的发言在我意料之外。学生对热带雨林开发和保护的理解较充分，因在必修三中学过热带雨林的开发，所以可以很快理解开发对促进巴西经济发展的作用。对于保护部分，在课堂最后环节进行了强化，人文地理协调还需要注重环境的保护，90％以上的学生可以较好地理解该部分内容。课堂小组合作学习成果如图 8-34、图 8-35 所示。

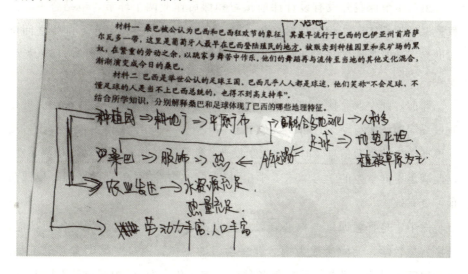

图 8-34 课堂小组合作学习成果 1

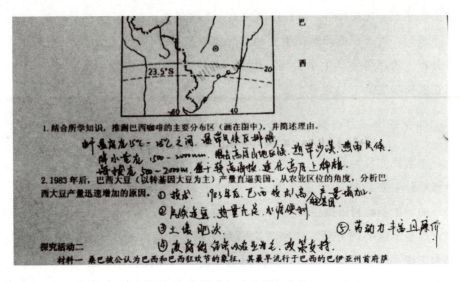

图 8-35　课堂小组合作学习成果 2

五、教学反思与评价

1. 教学反思

虽然本节课我并没有设计课前预习和课后作业两个环节，但结合平时的智慧课堂教学实践，我的感触颇深。基于智慧课堂信息化平台，师生之间可借助终端随时随地进行互动交流。这就使得智慧课堂明显优于传统课堂教学模式。

课前，师生彼此独立的备课、预习转变成了协作过程。教师备课后可以通过终端的作业与动态评价工具发布预习任务，允许学生自由发表评论，然后根据学生的反馈信息及时修改教学设计，使课堂教学更具针对性和全面性，以此满足不同学生的学习需求。学生可以在学生端接受教师的指导，使课前预习更有效。

课中，是智慧课堂的核心，教师需发挥智慧，充分利用终端各项功能，开展智慧教学，使学生成为智慧课堂学习的主体。通过终端课堂互动工具，实现提问、讨论、投票、抢答等各种活动多元化；通过"拍照讲解"功能，即时呈现纸质信息图像化；通过"实物展台"功能，实现教学内容动态化。这不仅使课堂更有活力和期待，更重要的是能将师生之间互动的结果进行量化并即时输出，便于教师科学调整课堂教学过程和有效推送课后学习任务或资源。这种课堂活动，注重发挥学生的主观能动性，使其主动参与学习过程，进行问题思考、观点讨论和活动交流以获取知识，最终提高分析问题和解决问题的能力。

课后，教师通过分析课前和课中采集的数据，制定个性化的教学策略，然后在终端作业与动态评价工具上向不同的学生推送不同的学习资源和任务，学生在完成相关任务后，作业评价工具能自动批改选择题并呈现答题情况，不仅减轻了教师批改作业的负担，还可以精准地分析反馈数据，对不同问题采取不同方法。个性问题可以在平台上通过文字进行点对点的指导和交流，共性问题可以录制微课全班分享或在下一节课中课堂讲解，这将极大地提升课堂效率。

终端所带来的一对一互动学习环境保障了学生的个性化学习，让处在不同层次的学生都能结合自身真实情况，实现个性化发展，又能最大限度地调动学生学习的积极性和主动性。教师以终端为工具，在智慧教育理念的指引下构建高中地理智慧课堂，将有利于培养学生的学科地理学科核心素养，也有利于创新课堂教学模式和教学方式。但是，作为新兴事物，我发现基于终端的智慧课堂在教学实践中还存在诸多问题：如何确保师生间的配合是智慧课堂有效实施的先决条件？智慧课堂基于信息技术，需要软硬件的支撑，无论是学校还是家庭，都需要资金投入，学校要如何确保经费？家庭是否愿意承担相应的费用？终端的PPT编辑功能不全，教师课件制作仍需在电脑上操作再上传至教师终端，如何完善教师终端多项功能等问题。这些依赖于政府、学校、技术公司、个人等方面的支持，如此才能使智慧课堂真正服务于教育，为我所用，有效提高教学效果。

2. 专家点评（安徽省教研员、特级教师　吴儒敏）

这堂课不仅合理有效地利用了智慧课堂，充分体现了信息技术与高中地理学科教学的深度融合，实现了智能、高效、互动的地理课堂。同时给高中区域地理的复习提供了新的备考思路，给安徽省地理教学改革带来了新的启示。区域地理复习常常会走"八股文"套路，教师一进课堂，学生就能猜到今天学习什么内容、按什么顺序学习，学习兴趣大大降低。然而，施老师的这

315

316

堂课跳出了这样的传统思维，以学生感兴趣的"吃喝玩乐"作为切入点，让学生找出这些"吃喝玩乐"与巴西地理环境之间的联系，在不知不觉中融合了地理必修二与必修三的知识，设计相当巧妙，实现了地理知识的整合，提高了学生融会贯通的能力。不仅如此，学生的地理核心素养也在最后一个环节中得到了提升。学生通过讨论巴西热带雨林破坏问题，了解了区域经济发展与环境保护之间的关系，认识到了区域可持续发展的重要性。

第九章 学校整体推进智慧课堂教学模式

——以安徽省蚌埠二中智慧课堂教学改革为例

DIJIUZHANG XUEXIAO ZHENGTI TUIJIN ZHIHUI KETANG JIAOXUE MOSHI

——YI ANHUISHENG BENGBU ERZHONG ZHIHUI KETANG JIAOXUE GAIGE WEILI

学校开展智慧课堂教学一般有单课、学科和整体性推进三种模式。安徽省蚌埠二中自 2012 年以来，结合新课改整体推进智慧课堂教学改革，探索形成了高中智慧课堂教学模式。该成果已获得安徽省基础教育教学成果一等奖。本章结合蚌埠二中的实践，从改革的总体设计、改革的过程与方法、改革的主要成果、改革的收获与反思四个方面，介绍了学校整体推进智慧课堂的教学模式。

▶ 第一节 改革的总体设计

在学校开展信息化教学实践中，推进智慧课堂教学的方式有三种类型。第一种是单课开展智慧课堂教学应用，即围绕某一个教学环节、某一堂课来实施智慧课堂教学应用，早期的智慧课堂教学试点大都采用这一方式。第二种是学科智慧课堂教学模式，即结合某一门学科的教学来实施智慧课堂教学应用，如数学智慧课堂教学模式、英语智慧课堂教学模式等。第三种是学校整体推进智慧课堂教学模式，即从学校教育教学改革的全局进行筹划设计，把智慧课堂作为学校全面育人的主阵地和核心环节，学校的所有学科都要常态化应用智慧课堂教学模式。蚌埠二中于 2006 年开始实施高中新课程改革，结合新课改的实际需要，学校采取了整体性推进智慧课堂教学模式。

一、改革背景和问题提出

蚌埠二中成立于 1928 年，是安徽省重点中学，安徽省示范性高中，全国教育技术实验学校，全国首批文明校园。蚌埠二中秉承"启迪学生心智、关注

317

终身发展"的办学理念，始终走在教育教学改革的前列，坚持立德树人根本任务，弘扬"崇尚一流、追求卓越"的优秀精神，着力学生核心素养的发展，为党和国家培养了大批"向忠、向善、向上"的优秀人才。进入新时代，全体蚌埠二中人凝心聚力，努力把蚌埠二中建设成为"德育优先、文化优秀、教师优等、课程优化、信息优联、校园优美、管理优效、教育优质"的现代化学校。

蚌埠二中在长期的教育教学改革实践中认识到，课堂是人才培养的主渠道，在某种程度上来说，课堂模式基本决定人才培养模式和教育质量。蚌埠二中于 2006 年开始实行高中新课程方案，新课程改革的核心环节是课程实施，课程实施的基本途径是课堂教学。可以说课堂教学质量和效益的高低决定了新课程改革的成败。课程改革越深化，课堂教学就越重要，课堂教学改革是课程改革的攻坚战。

新课程理念认为，课堂教学不是简单的知识传授或学习的过程，而是师生情感与智慧综合生成的过程，课堂教学的根本任务是"开发学生的智慧"。实践调查和文献分析表明，以"班级授课制"为标志的传统课堂教学存在许多局限和不足，无法破解学生学科核心素养发展和应试水平共同提高的问题。突出表现在：学生主体地位不突出，学习自主性主动性缺乏；课堂中凭教师经验判断学情，教学针对性精准性不强；过于注重知识传授，导致能力素养和个性化发展受限；等等。传统课堂的教学模式无法破解学生学科核心素养发展和应试水平共同提高的问题，很难培养出学生能够适应终身发展和社会发展需要的必备品格和关键能力。传统课堂存在的不足用传统的方法难以解决，因而必须树立崭新的教育观、质量观、课堂观，利用新的思维方式和新的技术手段，进行一场基于技术的课堂变革。

为改变以教师为中心、以知识传授为主要任务、标准统一的传统课堂教学方式，突出以学生为中心、实施个性化精准教学、促进学生学科核心素养的发展，蚌埠二中主动顺应信息技术发展和教育变革的潮流，坚持"向忠、向善、向上"办学思想，自 2012 年开始结合新课程改革实验，以课堂教学为切入点，紧紧围绕学生成长和发展需要，开发利用学习数据分析、课堂即时评价和智能推送等技术，大力推进智慧课堂教学实践，开启了智慧课堂变革的序幕。自此后不断加大推进力度，全面利用新一代信息技术手段，深化学科教学改革，实现了全学科智慧课堂常态化应用，形成了学校整体推进智慧课堂教学模式。

二、改革总体思路

1. 改革的总体思路

本项目的总体思路是：以问题为导向，以理论为先导，以技术为支撑，以能力提升为保障，搞好顶层设计，分步组织实施，注重评价反馈，有序推进智慧课堂教学模式的构建与应用，为培养"向忠、向善、向上"优秀人才服务。项目实施的技术路线如图 9-1 所示。

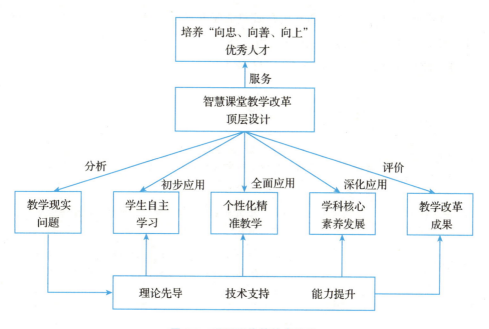

图 9-1　项目实施的技术路线

2. 改革解决的主要问题

（1）解决了传统教学中学生主体地位不突出，学习主动性、自主性缺乏的问题，提出了构建智慧教学环境和学习情境促进学生沟通协作、主动建构知识意义。

（2）解决了课堂教学中凭教师经验判断学情和决策，教学针对性、精准性

319

320

不强的问题，提出了基于学习数据分析和全过程动态评价实现个性化精准教学。

(3)解决了目前教学过程过于注重知识传授、能力素养发展不够的问题，提出了通过重构教学流程加强教学互动探究学习、促进学生学科核心素养培养和提升。

(4)解决了信息化教学改革实践中缺乏理论指导、整体规划设计不够的问题，提出了智慧课堂教学基本理论和学科智慧课堂应用模式，保障改革的正确方向。

三、改革的主要阶段划分

本改革项目自 2012 年初开始调研和论证方案，2013 年开始分步实践和应用检验，共分为方案设计、初步应用、全面应用、深化应用、总结推广五个阶段。各个阶段的时间、内容和主要任务见表 9-1。

表 9-1　改革的主要阶段划分

起止时间	阶段名称	主要工作
2012 年 1 月—2013 年 6 月	方案设计阶段	进行教学改革问题和需求分析、理论依据与技术环境分析，对新课程改革方案分析优化，提出智慧课堂教学总体方案及实施计划
2013 年 7 月—2014 年 6 月	初步应用阶段	启动信息化环境建设、微课资源体系建设，在蚌埠二中部分班级试点应用与研究
2014 年 7 月—2016 年 6 月	全面应用阶段	对蚌埠二中试点情况初步总结与阶段反馈，全面建设与完善信息化环境与资源，学校进行常态化应用，合作学校开展建设与应用，开展教研活动
2016 年 7 月—2017 年 6 月	深化应用阶段	对全面应用和合作探究情况进行总结反思与阶段反馈，实行全学科、全年级深化应用，开展校际交流，同步进行理论研究
2017 年 7 月—2018 年 7 月	总结推广阶段	梳理学科教学应用案例，总结学科智慧课堂教学模式，提升理性认识，形成智慧课堂教学理论与实践应用最终成果，开展教学示范和推广应用

‣ 第二节　改革的主要过程与方法

本项目实施过程中，一方面采用了文献研究、统计分析、综合调查、量化研究、构建模型、行动研究等教研课题常用研究方法；另一方面结合项目实际，采取了多种针对性的改革措施与方法，着力解决课堂教学中的实际问题，改革的主要过程与方法如下。

一、做好教学改革顶层设计，培养"向忠、向善、向上"人才

2012 年 1 月—2013 年 6 月为方案设计阶段。从新课程改革和课堂教学中的现实问题入手，跟踪教育信息化发展政策要求和理论趋势，落实学校办学思想，研究制定智慧课堂教学研究与实践的总体方案。

1. 抓住发展契机，确立研究课题

2006 年 9 月，蚌埠二中开始实行高中新课程方案，并被确定为安徽省"新课程实验样本校"。在新课程实施中，采取多种措施解决传统课堂教学存在的问题，但始终成效不明显。2012 年迎来了两个难得的契机：一是教育部发布《教育信息化十年发展规划（2011—2020 年）》，安徽省蚌埠市也出台了相关规划，对学校信息化发展提出新要求；二是新校区建设为学校信息化发展和课程改革提供了良好条件。早在 2011 年 9 月 7 日，安徽省副省长谢广祥等专题调研蚌埠二中校园建设，李新义校长汇报了学校信息化建设的设想。2012 年 1 月，学校制定了《坚持内涵发展　突出学校特色　构建优质高中——2012—2015 年发展规划》，提出"聚焦课堂练内功，狠抓教育教学质量"，实施"信息工程"等。在此背景下，学校确立以信息化促进教学改革的研究课题，并成立由校长牵头的项目团队，全面开展课题研究和推广应用。

2. 坚持理论先导，抓好整体规划

项目组认真学习，认真领会上级教育信息化政策要求，充分发挥"理论先导"作用，学校多次邀请北京师范大学、华东师范大学和安徽省教科院的课程论和教育技术学专家教授来校做报告和指导信息化教学改革，聘请首都师范大学教授担任学校的教育信息化特聘专家，为学校智慧课堂教学改革进行总

322

体设计和理论指导。2014 年和 2016 年学校牵头和合作申报了有关智慧课堂教学改革的两项全国教育信息技术研究课题"十二五""十三五"规划课题，课题的研究贯穿于教学改革的全过程，为教学改革项目的方案设计、试点应用和全面实施提供了理论依据。项目组进行了广泛的校内外调研，到上海、浙江、江苏、广东等地区先进学校学习考察，查阅了大量资料，把握微课教学、翻转课堂、智慧课堂等信息化教学的发展趋势和特点，在此基础上提出信息化教学研究与实践方案。2012 年以来，学校落实国家、安徽省有关教育信息化的政策要求和《关于推进智慧教育的实施意见》的整体部署，先后制定了《蚌埠二中以信息化促进教育现代化实施方案（2012—2015 年）》《蚌埠二中微课管理办法》《蚌埠二中进一步推进智慧课堂教学实践行动计划》《蚌埠二中教育信息化深化发展三年规划（2016—2018 年）》《深化智慧课堂实践 推进学科教学改革实施方案》等专项文件，对智慧课堂教学改革进行了整体规划和系统设计，以优质教育资源和信息化学习环境建设为基础，以智慧化学习方式和教育模式创新为核心，以教师信息技术能力培训和智慧课堂教学改革实验为突破口，高标准推进学校信息化和现代化建设，促进教育教学智慧化发展。

3. 突出立德树人，确保改革方向

学校倡导"启迪学生心智，关注终身发展"办学理念和"向忠、向善、向上"办学思想，在项目实施中始终予以贯彻和坚持。项目组认真学习党的十八大"落实立德树人根本任务"总要求，坚持"信息化教学改革不能为了信息化而信息化"，利用信息化促进教学改革的根本目的是育人——培养德才兼备的人才。项目顶层设计始终围绕"向忠、向善、向上"人才培养需要，以学生的学习和发展为核心，创设泛在互联、资源丰富、有利于协作交流的信息化教学环境，创新智慧化学习方式和教育模式，深化学科教学改革，促进学生学科核心素养的提升，全面推进素质教育。

二、创设智慧教学环境与资源，激发学生自主主动学习

2013 年 7 月—2014 年 6 月为初步应用阶段。在整体规划的基础上，学校从搭建环境和建设校本微课资源入手，逐步进行试点和推广应用，激发学生自主学习，为学生全面应用与发展奠定基础。

1. 利用"校企合作"优势，共建智慧教学环境

采取"校企合作""教技融合"等方式引进外部一流技术力量支撑信息化教学改革。学校早在 2012 年建设新校区时，就开始规划校园现代化、信息化建设，投入 5000 多万元建设先进的校园网和教学基础设施。通过政府采购，与国内一流的教育信息化企业科大讯飞公司进行长期合作，利用科大讯飞在人工智能和教育业务方面的优势，规划设计学校教学信息化发展的蓝图，校园信息化基础设施处于国内同类学校领先水平。2013 年 5 月，学校搬入新校区，项目组会同公司进行分析设计，围绕学生学习发展需要，确定基于云计算、大数据、移动互联网等新技术构建"云—网—端"智慧课堂信息化平台，创设富有智慧、智能高效的教学环境，促进学生主动构建知识意义。

智慧教学环境系统构建的流程与方法如图 9-2 所示。

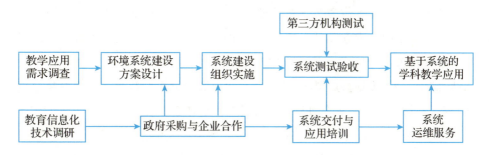

图 9-2　智慧教学环境系统构建的流程与方法

2. 依靠教师集体力量，开发校本学习资源

项目组把微课程作为智慧教学的核心资源，依靠全体教师，根据课内外学习与教学的需要，精心设计和制作校本微课资源。2013 年 3 月，学校制订了《蚌埠二中微课管理办法》，推进建设覆盖各学科的学习微视频、题库、虚拟实验等学习资源库，建立个性化的自主学习平台。并建立试点先行、典型引路、学科协作、整体联动的推进机制，组织教师进行微视频制作，开展微课教学研究，激励教师人人参与、个个应用、共建共享。

3. 突出学生主体地位，促进自主学习探究

通过智慧课堂信息化平台实现教与学的立体沟通与交流，使新的课堂成为数字化的"体验馆""实验场"，更好地激发学生学习的兴趣和积极性，突出学生的主体地位。2013 年下半年开始，学校推进微课教学全面应用，学生可

以不再拘泥于传统课堂统一的计划进度，而是根据自己的情况主动、自主地安排学习，挑选自己喜欢的教师的微课观看，与教师和同学在线交流，从课堂讲授为主向多种学习方式转变，促进学生自主学习探究。

三、开展动态学习分析与评价，实现个性化精准教学

2014 年 7 月—2016 年 6 月为全面应用阶段。学校将研究与实践的重心从课堂信息化平台和资源的使用，向基于数据分析与评价的个性化精准教学转变，推进智慧课堂教学的全学科、常态化应用。

1. 树立"数据改变教育"理念，建立动态学习分析评价体系

2014 年 7 月，针对智慧课堂应用中海量教学数据的生成和处理需求，项目组组织阶段性总结和反思，提出"数据改变教育"的核心理念，把基于动态学习数据分析与评价作为实现智慧教学的根本路径。学校邀请了华东师范大学教授、北京师范大学教授、中央电教馆副馆长等专家来校做报告，诊断问题，指导把关。2014 年 8 月，项目组与科大讯飞联合申报了全国教育信息技术研究"十二五"规划重点课题"基于动态学习数据分析的智慧课堂构建与应用研究"，探讨建立和实施全过程学习分析与评价体系。

2. 实施全过程分析与评价行动，促进个性化精准化教学

按照"数据改变教育"的智慧课堂核心理念，学校在教改规划设计之初就把基于动态学习数据分析作为实现智慧教学的根本路径，从依赖存在教师头脑中的教学经验转向依赖对海量教学数据的分析，一切靠数据说话，依靠直观的数据对学生的学习行为进行判断和制定教学决策，在课堂教学中实现基于证据的教育，形成全新的教学模式。基于课前、课中、课后动态学习数据分析，实施全过程学习评价并及时反馈，准确掌握学情，实现"以学定教"和高效教学。2014 年下半年开始，围绕课前、课中、课后全过程学习数据分析与评价，组织实施三个方面的研究与实践行动：基于预习评测学情分析，优化教学设计；基于随堂检测即时反馈，提升教学机智；基于多元评价智能推送，实现个性化辅导，具体内容与方法如表 9-2 所示。

表 9-2　全过程学习分析与评价

教学阶段	数据产生	学习分析与评价	数据应用
课前	发布富媒体预习材料和作业；预习讨论、交流；学生学习档案；学生基础信息库	预习测评、已有认知基础分析；预习测评反馈；学生个性特征分析	深化学情分析，优化教学设计，实现精准预设
课中	学习成果展示；课堂练习、讨论；推送随堂测验；师生互动行为	课堂练习数据、协作学习、讨论数据、检测数据统计分析；学习行为数据分析；即时反馈	改进教学策略，调整教学进程
课后	发布课后作业、学习任务；推送课后富媒体学习资源；学习社区讨论	作业批改、反馈；作业统计分析；交流、讨论统计分析	实施针对性辅导，为学生推送个性化学习资料

3. 开展多种形式研讨活动，深化基于数据的智慧教学

为了广泛讨论、交流基于数据的智慧教学应用，学校筹划了系列智慧课堂教学观摩研讨活动。2015 年 3 月 21 日，教育部中学校长培训中心在蚌埠二中召开了"基于大数据分析，提升课堂教学机智"的专题研讨会，探讨大数据分析下课堂教学机智的生成与提升。2016 年 1 月 8 日，在蚌埠二中中召开"第二届全国智慧课堂观摩研讨会"，由来自深圳中学、广州市第一中学等全国名校的 11 名教师进行智慧课堂同课异构观摩展示，研讨如何利用大数据分析开展智慧课堂教学。项目实施期间学校发表了"基于动态学习数据分析的智慧课堂模式""大数据时代智慧课堂的构建与应用"等多篇相关论文。

四、构建学科智慧课堂教学模式，促进学生核心素养发展

2016 年 7 月—2017 年 6 月为深化应用阶段。针对不同学科在教学内容、教学方式、教学评价方面的差异，提出结合学科特点构建学科智慧课堂教学模式，进一步深化学科教学改革，促进学生学科核心素养的提升。

1. 深化应用，开展学科智慧课堂建模

基础教育课堂教学是按学科课程分类进行教学实施的，由于不同学科在教学内容、教学方式、教学评价方面的差异，所以在课堂教学实践运用中，

325

326

各个学科的智慧课堂教学也具有不同的特点。2014 年以来，学校全面推广智慧课堂模式在各个学科教学的常态化应用，学校制订了"深化智慧课堂实践、推进学科教学改革实施方案"，通过探索各学科智慧课堂教学的特点，提出智慧课堂的"4＋N"特征模型，并组织各学科组对本学科的智慧课堂教学模式进行总结梳理和建模分析，对九个学科智慧课堂教学进行建模分析，构建了学科智慧课堂教学模式体系，优化学科教学策略与学习策略，促进学生的学科核心素养发展。学科智慧课堂教学建模的流程与方法如图 9-3 所示。

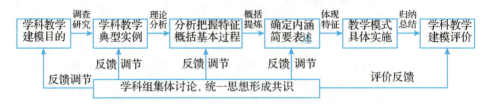

图 9-3　学科智慧课堂教学建模的流程与方法

2. 聚焦提升，发展学生学科核心素养

为深化学科教学改革，针对学科智慧课堂教学模式的构建，提出抓住关键，围绕立德树人总要求，聚焦于学生学科核心素养发展，突出学生创新精神和实践能力培养。化学学科组率先构建化学智慧课堂教学模式，探索化学学科核心素养发展，出版了《结构化学》[①]专著，在核心期刊发表论文"学科核心素养引领下信息技术与化学教学的融合创新"。2016 年 10 月 13 日，由中国化学会主办的"第十一届全国基础教育化学新课程实施成果交流大会"在蚌埠二中召开，共同探讨化学学科核心素养的内涵及其培养策略等问题。2017 年下半年，撰写出版了《智慧课堂教学理论与实践》[②]专著，为开展学科智慧课堂教学改革、促进学科核心素养发展提供了有力保障。

五、突出教师改革主力军作用，加强智慧教学推广应用

2017 年 7 月—2018 年 7 月为总结推广阶段。在教学改革实践过程中，学校充分发挥广大教师在智慧课堂教学改革中的主力军作用，大力提升教师信

---

① 李新义、徐奇智、吴茂乾等：《结构化学》，合肥，中国科学技术大学出版社，2018。
② 李新义、刘邦奇：《智慧课堂教学理论与实践》，合肥，安徽教育出版社，2018。

息技术应用能力，采取边实践、边总结、边提升的方法，积极开展智慧课堂教学的示范应用。

1. 以人为本，提升教师信息技术应用能力

推进智慧课堂教学改革，关键是"以人为本"，需要充分依靠广大一线教师在智慧课堂教学改革中的主力军作用，学校采取多种方式提升教师信息技术应用能力，发挥教师参与改革的积极性、创造性。一是开展多种形式的信息技术培训。挖掘本校培训资源，集中组织专题培训；组织专家讲座，培训教师现代教育理论和信息技术支持下的教学理念和教学模式；选送优秀教师到高校教育技术专业进修提高等。二是开展网上教研活动。构建开放、互动的网络教研平台，推进网络化教研，鼓励教师整合教学资源，参与网上集体备课、教学实践问题探讨，开展网上公开课、说课和评课活动。三是开展课题研究和竞赛活动。围绕信息技术与学科教学的整合开展课题研究，积极申报课题，认真开展教学研究，撰写教学案例，加强教学反思，真正做到以研促教。建立常规的学校信息化大赛培训、考核制度，形成"人人参赛、逐级竞赛"的大赛机制，进一步激发教师参与学校信息化建设与应用的积极性。

2. 合作分享，拓展智慧教学示范应用

为推广示范应用，探索形成了多样化的校际合作分享机制。2016年，学校利用第二届全国智慧课堂观摩会的契机召开了"'蚌埠市信息技术和课堂教学深度融合9+1接力赛'二中站活动"，与蚌埠二中集团学校、蚌埠市第一中学、江西省南昌市第一中学、蚌埠十二中等合作学校交流研讨实践应用成果。李新义校长到上海、四川、山东、陕西、湖北等省厅局长培训班做报告介绍教学改革经验，并多次受聘为教育部教育厅局长教育信息化专题培训班授课。近两年各类学校专门来学校调研考察累计50多次。2016年12月，学校提出《智慧课堂蚌埠倡议》，在第三届全国智慧课堂观摩研讨会上由中国电化教育杂志社社长许林宣读发布。2017年12月，第四届全国智慧课堂观摩研讨会上采取"空中课堂"模式，由蚌埠二中和成都西藏中学的师生协作互动共同完成课堂教学，实现了远程分享示范应用。

▶ 第三节   改革取得的主要成果

整体推进智慧课堂教学模式是学校教育教学的总体筹划和实施的教改项目，在改革成果方面具有综合性和完整性。该项目经过六年的探索与实践检验，在七个方面取得了显著成果，探索形成了高中智慧课堂教学改革与实践的完整体系。改革成果的主要内容框架如图 9-4 所示。

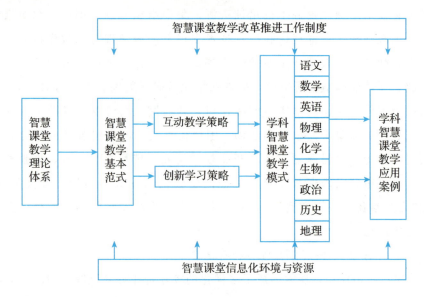

图 9-4   改革成果的主要内容框架

一、智慧课堂教学基本理论

《智慧课堂教学理论与实践》一书是国内首部基于中学教学实践的智慧课堂理论专著，我国著名教育信息化专家、华中师范大学校长杨宗凯教授为该书作序。该书提出了智慧课堂的定义、内涵、"4＋N"特征、关键目标、体系结构、教与学策略等理论框架，建立了学科智慧课堂教学模式，总结了 21 个学科智慧课堂教学应用案例，初步形成了完整的智慧课堂教学理论与实践体系。

1. 智慧课堂的"4＋N"特征

从全学科智慧课堂教学应用的视角提出的智慧课堂特征，其中"4"是指一般智慧课堂所具有的共性特征，即教学决策数据化、评价反馈即时化、交流互动立体化、资源推送智能化；"N"是各个学科智慧课堂的个性化特征，对于不同的学科而言其"N"的数值及内涵都是不一样的，见表9-3。

表9-3　智慧课堂的"4＋N"特征

智慧课堂的"4"个共性特征	智慧课堂的"N"个学科个性特征	
教学决策数据化 评价反馈即时化 交流互动立体化 资源推送智能化	语文	鉴赏点评交互化、表达分享富媒体化、阅读资源库量化
	数学	感受体验情境化、抽象探究模型化
	英语	作文批阅信息化、听说读写情境化
	物理	实验呈现实时化、电磁核变宏观化
	化学	实验过程数字化、微观结构可视化
	生物	实验过程精准化、微观操作虚拟化
	政治	课内课外无界化、体验实践常态化
	历史	史料实证数字化、理解分析情境化
	地理	时空演变直观化、综合知识层次化

2. 智慧课堂的关键目标

基于动态学习数据分析的智慧课堂在教学应用和运行中体现了重要的特色和价值，其关键目标是实现动态开放课堂，提高课堂高效互动，促进合作探究学习，有助于个性化学习，有利于引导性施教，提升课堂教学机智。

3. 智慧课堂的核心任务

基于动态学习测评和数据分析实现全过程学习评价：通过课前发布富媒体预习材料和作业，进行预习测评和反馈，深化学情分析，优化教学设计，实现以学定教，便于精准教学；通过课中推送随堂测验，进行实时检测数据分析和即时反馈，改进教学策略，调整教学进程；通过课后作业数据分析，实施针对性辅导，为学习者推送合适的个性化学习资料，实现个性化的学习支持。

4. 智慧课堂的教学体系结构

从智慧课堂教学的要素、关系和活动的整体结构等方面来考察，智慧课堂教学体系的总体框架是由资源管理与服务、动态评价与分析、教学应用支

329

持、教学活动流程等四个要素组成的体系架构，可以形象地用一个四面体结构来表示，如图 9-5 所示。

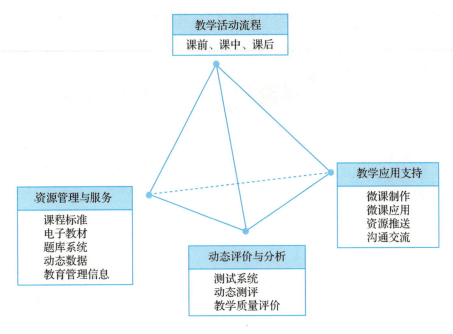

图 9-5 智慧课堂的教学体系结构

二、智慧课堂教学环境与资源

1. 智慧课堂信息化教学平台

智慧课堂采用"云—网—端"的服务方式，部署和应用智慧课堂的信息化平台，其中"云"平台提供后台数据资源存储、处理和服务支撑；"网"通过微云服务器搭建教室的局域网、互联网等网络实现数据的本地化存储、计算、数据传输和交流互通；"端"是利用智能手机、PAD 等智能移动终端设备及其 App 服务实现教与学的前端应用服务。智慧课堂信息化平台的体系架构如图 9-6 所示。

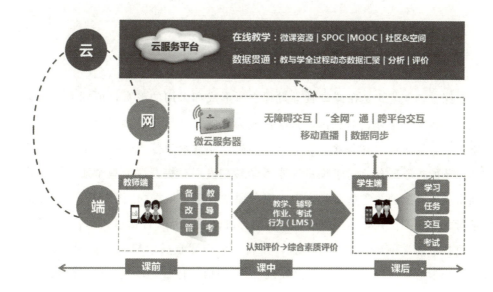

图 9-6　智慧课堂信息化平台体系架构

2. 智慧课堂信息化教学资源

　　微课程是智慧课堂教学的核心资源，根据课前、课中、课后学习与教学的需要，精心设计，多样化制作系列化校本"微课"资源和"精品课程"。"微课堂"主要突出课堂教学中某个学科知识点的学习。"微课时"即以重点常考题型或实际考题为出发点，精讲解题方法及过程，并与相关知识点对接。"微课业"主要指各种练习、作业。"三微"由所有任课教师利用微课工具自行录制，用于辅助教师课堂教学(如新课导入、重难点分析、考试辅导等)，提供学生自主学习、个性化学习。"三微"强调了内容与知识点的挂接，强调了学习、考试、作业过程的交互与推送，构成了"闭环"学习过程，学生可以从新课、考试或作业任何一个节点进入学习。"精品课程"是校本优质教学资源，由校内名师针对重点课程讲授，由专业人员利用录播教室进行专业制作，主要用于教学观摩、竞赛、示范等，也可用于课堂教学。"三微一精"以微为主，以精为辅，相互配合、相互衔接，形成了服务学生学习的完整的数字化课程内容体系。

三、智慧课堂教学基本范式

1. "云端建构、先学后教、以学定教、智慧发展"教学范式

课堂教学范式是在课堂教学过程中所形成和采用的教育价值标准、教学观点、教学行为方式的总称。教学范式为课堂教学活动提供观念、工具和思维方式，直接规约着课堂教学的具体实施。课堂教学范式改革是学校教育教学改革的核心部分，对于推进课堂教学转型发展，提升课堂教学质量，培养高素质人才起着非常重要的作用。智慧课堂教学是依据"建构主义"学习理论进行教学顶层设计，运用"互联网＋"的思维方式和新一代信息技术开发应用，通过技术与学科教学的深度融合，创新、重构课堂教学模式，实现"云端建构、先学后教、以学定教、智慧发展"的新型信息化教学范式。这一范式的基本内涵见表9-4。

表9-4 智慧课堂教学基本范式

范式要素	基本内涵	意义
云端建构	基于"云一网一端"部署方式，构建智慧学习云平台，提供师生移动端教学工具	创设有利于协作交流和意义建构、富有智慧的学习环境
先学后教	开发富媒体学习资源提供给学生预习探究，变革传统课堂的流程	提前实现"先学后教"和"知识内化"
以学定教	通过动态学习数据分析和全过程评价，精准掌握学生学情，优化教学预设和实施策略	实现"以学定教"和"因材施教"
智慧发展	基于新的课堂形态和学习环境，围绕学生学科核心素养的发展，提高教学的针对性、有效性，实现智慧的教和智慧的学	促进学生全面而富有个性地发展，促进教师专业化成长

2. 智慧课堂教学的一般流程结构

依据智慧课堂教学结构理论模型，结合智慧课堂信息化平台的构建和我们在蚌埠二中及相关学校多年应用的实践经验，这里可以总结归纳得出智慧课堂教学的实用教学流程结构。在教学实践运用中，智慧课堂教学的实用流程由三个阶段和八个环节组成，每个阶段和环节包括了在智慧课堂信息化平台的技术支持下教师"教"和学生"学"的共同活动以及它们的互动关系。智慧

课堂教学的实用流程结构如图 9-7 所示。

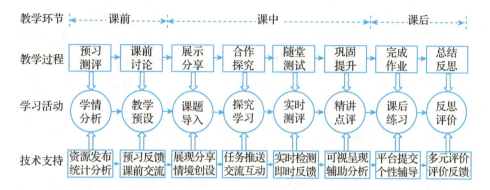

图 9-7　智慧课堂教学实用流程

四、智慧课堂教学与学习策略

1. 智慧课堂的互动教学策略

借助智能化的移动学习工具和应用支撑平台，实现教师与学生的立体、高效、持续的互动交流，在互动过程中实现协作、探究和意义建构，促进学生的智慧生成与发展，具体包括如下内容。

(1)信息获取过程中的互动策略。

(2)研究探讨过程中的互动策略。

(3)随堂测评过程中的互动策略。

(4)课后辅导过程中的互动策略。

2. 智慧课堂的创新学习策略

依据建构主义学习理论构建的智慧课堂，基于"云—网—端"信息化平台为实现"以学习者为中心"的理念创设理想的学习环境。学生可以利用各种工具和信息资源，采取基于智慧课堂信息化平台的学习方式方法来达到自己的学习目标，完成知识意义建构的过程。

(1)智慧课堂的自主性学习策略。

(2)智慧课堂的探究性学习策略。

(3)智慧课堂的协作性学习策略。

(4)智慧课堂的情境性学习策略。

五、学科智慧课堂教学模式

依据智慧课堂基本特征和教学基本范式，结合各个学科智慧课堂的个性特征和应用优势，我们在蚌埠二中的智慧课堂教学改革实践中探索建立了九个学科智慧课堂教学模式。涵盖了语文、数学、英语、物理、化学、生物、政治、历史、地理九个学科，具体包括各学科智慧课堂教学模式的指导思想、基本流程和应用要求。

这里以语文学科智慧课堂教学模式为例。语文学科智慧课堂教学模式主要由课前感知、互动体悟、深度研读、拓展运用四个横向维度和教师在学习流程上的指导、学生的学习活动和网络技术的支持三个纵向维度交织构成。教师围绕教学目标，提出学习任务，提供共享资源，分析学情，及时诊断指导，点拨提升。具体如图 9-8 所示。

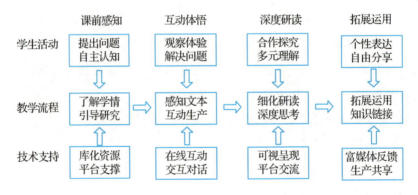

图 9-8　语文学科智慧课堂教学模式

六、智慧课堂典型应用案例

我们开发了 30 多个高中各学科智慧课堂教学的典型案例，并通过专著出版、观摩研讨会等方式交流推广，已成为广大高中教师进行信息化教学实践的重要参考依据，有效地促进和提升了高中学科课程教学质量。

七、智慧课堂教学改革推进机制

在推进智慧课堂教学改革的过程中，为了保证改革项目有组织、有计划、有秩序地实施，学校建立了校外合作和校内推进制度，形成了完整的智慧课堂教学改革推进机制。

1. 校际合作推进机制

建立校际合作推进机制，包括集团学校共同实践、合作学校协作探究和外围学校交流分享三种合作模式。

2. 校内工作推进制度

建立校内工作推进制度，包括规划计划(5项)、管理培训(3项)、考评激励制度(4项)等，提供了较为完善的组织制度保障，具体见表9-5。

表 9-5　蚌埠二中信息化工作制度一览表

序号	制度类型	文件名称	发布时间	发布单位
1	规划计划类	坚持内涵发展 突出学校特色 构建优质高中	2012.11	蚌埠二中
		蚌埠二中以信息化促进教育现代化实施方案2012—2015年	2012.3	蚌埠二中
		蚌埠二中进一步推进智慧课堂教学实践行动计划	2014.9	蚌埠二中
		蚌埠二中教育信息化发展三年规划(2016—2018年)	2016.6	蚌埠二中
		蚌埠二中深化智慧课堂实践、推进学科教学改革实施方案(2016—2018年)	2016.6	蚌埠二中
2	管理培训类	蚌埠二中微课管理办法	2013.3	蚌埠二中
		蚌埠二中进一步推进智慧课堂教学实践行动安排表	2015.1	蚌埠二中
		蚌埠二中校本教研实施方案(2017—2018)	2017.9	蚌埠二中
3	考评激励类	蚌埠二中举行第十届青年教师基本功比赛	2018.4	蚌埠二中
		蚌埠二中教研组评估方案(修订稿)	2012.7	蚌埠二中
		蚌埠二中首届智慧教学奖文件	2015.5	蚌埠二中
		校字[2017]23号关于设立蚌埠二中第二届智慧教学奖的决定	2017.4	蚌埠二中

▶ 第四节　改革的收获与反思

一、智慧课堂教学改革的主要成效

1. 提高了课堂教学的质量与效果

经过六年的实际应用和检验，蚌埠二中的课堂教学效果明显增强，学生学习的积极性和主动性大幅提高，教学质量显著提升。智慧课堂具有传统课堂教学所不具有的优点，它更强调人性化教学，关注学生的发展，发挥学生的学习主体地位，促进学生主动学习。通过智慧课堂教学平台的使用，促进师生课前、课中、课后三阶段教与学活动的有效发生。

例如，蚌埠二中的新课教学，课前过去每个班至多有 25% 有预习习惯的学生先预习新课，带着问题来学习。使用智慧课堂平台后，学习微课是学生课前必须发生的学习活动。95% 以上的学生在学校任务单的驱动下，学习微课预习新课，都能带着问题去学习。在课中，过去教师提问学生互动的比例一般为 20%，使用智慧课堂平台后，课堂师生互动可达 95% 以上，只要学生提交，教师都能及时点评互动，同时能及时发现每一位未提交的学生，以便课下及时辅导交流；而在课后，以前学生在家练习，学生与教师交流低于 10%，通过作业平台后教师与学生的交流达 80% 以上。同时假期实现停学不停教。以前每次寒暑假，教师只能在学生返校日与学生交流辅导，通过作业平台，教师可有计划有步骤地布置作业，与学生及时交流，及时监控学生作业进度，学生作业及时完成率达 98% 以上，有效地杜绝开学前学生恶补假期作业的现象。使用智慧课堂平台实现精准教学，如习题课，由于有了完整的数据统计分析，课堂上不讲、略讲、精讲的准确率达到 95% 以上，真正实现了因材施教。（中国教育报 2018 年 3 月 3 日报道）

智慧课堂教学的实施，促进了学生主动学习，积极参与各类创新实践活动并取得良好成效。蚌埠二中学生积极参加各类学科竞赛及科技创新活动，2012 年以来，获得全国一等奖 11 人次、二等奖 31 人次，省一等奖 88 人次，2014 年获得团中央学校部、全国学联秘书处主办的第一届全国中学生商业大赛团体银奖，代表省市参加全国中学生模拟联合国大会和中学生领导力展示会，取得了良好成绩。2015 年高考获得省文科第一名、第六名，这是以理科见长的学校取得的重大突破。

2. 促进了学科教师的专业发展

在智慧课堂教学模式的研究与实践中，通过学术报告、课堂观察和教学研讨等教研活动的推广，也促进了学校教师的专业发展。特别是在2014—2017年连续召开的四届全国智慧课堂教学观摩研讨会上，通过智慧课堂优质课的观摩活动和点评，与会教师深刻领会到智慧课堂教学的特点和实施策略，参与观摩的教师会潜移默化地将这些理念融入课堂，并推广到学校的教研活动中，对促进广大教师的专业发展起到了不可替代的作用。近几年，学校有4人获省特级教师；2人为正高级教师，另2人已通过2018年正高级教师评审；1人被评为全国优秀教师；获全国学科教学竞赛一等奖9人、二等奖20人，省优质课一等奖10人。渠雷雷老师代表安徽省采用智慧课堂教学模式在第五届全国中学物理名师大赛上获得一等奖。

3. 产生了一批具有较高水平的研究成果

2012年以来，项目主持人先后出版研究论著4部。2018年6月，其中课题的核心成果《智慧课堂教学理论与实践》由安徽教育出版社出版，为国内首部基于中学教学实践的智慧课堂理论专著；《结构化学》是基于智慧课堂和可视化技术，针对新的化学课程编写的教材，2018年4月，由中国科技大学出版社出版。课题组核心成员在《中国电化教育》《现代教育技术》《中国教育信息化》《中国信息技术教育》《中国教育网络》《中国教育报》《化学教育》《物理通报》等核心报刊发表教学信息化论文40余篇。2014年，蚌埠二中作为核心实验校参与的课题《省域内全面推进高中化学优质教学研究与实践》，获得安徽省教学成果一等奖；2017年2月，蚌埠二中申报的课程改革案例《积极探索智慧课堂 推进课堂教学改革——蚌埠二中智慧课堂实践报告》，经专家审议，入选教育部基础教育课程教材发展中心基础教育课程改革典型案例集。近年来，蚌埠二中教师基于信息技术的学科教学改革两次获得中国化学会组织的"全国基础教育化学新课程实施成果"特等奖，两次获得安徽省基础教育课程改革教育教学成果一等奖。有关信息化教研论文获全国一等奖的有16篇，获全国二等奖的有18篇。

4. 提升了学校现代化水平和影响力

智慧课堂教学改革与实验的实施，也推动了蚌埠二中的全面建设，学校现代化水平和社会影响力大幅提升，得到了国内同行学校、相关研究机构和领导部门的肯定。2012 年，学校被中国化学会化学教育委员会评为"全国基础教育化学新课程实施先进单位"，2013 年，被安徽省教育厅评为"安徽省基础教育课程改革先进单位"，2017 年，被中央精神文明建设指导委员会评为"全国文明校园"。

2013 年以来，蚌埠市教育局在蚌埠二中多次召开教育信息化现场会、培训会；在 2016 年出台的《蚌埠市"十三五"智慧教育发展专项规划》，蚌埠二中被确定为蚌埠市智慧教育推进工作领导小组副组长单位；2017 年 12 月，蚌埠二中被安徽省教育厅确定为"安徽省中小学智慧校园建设示范校"。李新义校长在 2016 年 3 月被教育部科技司遴选为"教育现代化 2030（教育信息化领域）"专题研究专家组中三名中小学专家成员之一，并荣获 2017 年度中国化学会化学基础教育奖。

在中央电教馆等支持下，学校先后承办了四届全国智慧课堂教学观摩研讨会。在 2016 年 12 月举办的第三届全国智慧课堂观摩研讨会上，共有来自全国 23 个省市 237 所中小学近 3000 名教师前来蚌埠二中观摩交流，为推动智慧教学的深层次发展，中国电化教育杂志社许林社长在大会上宣读了《智慧课堂蚌埠倡议》。2014 年以来，中国教育报先后五次报道了蚌埠二中智慧课堂教学改革的动态和经验。2016 年 3 月，教育部副部长杜占元来蚌埠二中调研教育信息化工作，对蚌埠二中智慧课堂教学改革及学校信息化建设给予了充分肯定，他认为，蚌埠二中的教育信息化工作富有创造性，值得推广和学习。一是顶层设计，所有工作以互联网技术与学科教学的深度融合这一理念为引领；二是发展均衡，从学校信息化工作的管理到教师的应用，再到学生的学习方式，都在实践中探索、前进；三是取得了较好的成绩，互联网加教育的理念与手段逐步被学生、家长、社会接受，令人欣慰。截至 2017 年 12 月，先后来到蚌埠二中观摩学习智慧课堂实践活动的教学单位与学校涵盖了国内 20 多个省份，这表明在信息技术与基础教育深度融合的改革实践中，蚌埠二中开展的智慧课堂实践活动在国内产生了很大的社会影响。

二、改革推进的成功经验：以点带面、梯度推进

在智慧课堂教学改革中，一个成功经验是，在改革项目的推进中重点采取了"以点带面、梯度推进"的实施策略，基本思路如下。

首先，在 2013 年进行试点建设与应用，在内容上主要是开展"微课教学"，即制作微课、实施微课教学，在范围上选取两个试点班级进行教学应用。

其次，在取得基本经验的基础上进行推广应用，2014 年开始使用智慧课堂信息化平台，并在学校大范围进行常态化教学应用，同时与校外合作探究，推广使用。

最后，进行深化应用和理论提升，2016 年学校进一步提出"深化智慧课堂实践、推进学科教学改革实施方案"，在总结前三年实践经验的基础上，进一步深化改革实践，形成较为系统和稳定的改革成果。先后组织了四届全国智慧课堂教学观摩研讨会，在"第三届全国智慧课堂教学观摩研讨会"上发布了《智慧课堂蚌埠倡议》，实现了在更大范围内示范应用。

总结梳理"以点带面、梯度推进"的经验做法，可以用以下的实施流程示意图表示（见图 9-9）。

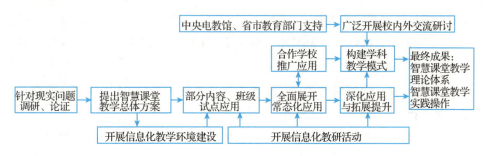

图 9-9 "以点带面、梯度推进"实施流程图

三、需要进一步探索的问题

本项目虽然取得了较好成果，但还存在一些问题和不足需要进一步探索。例如，要围绕立德树人根本要求，关注学生的个性化、多样化发展需要，对智慧课堂信息化平台建设进一步升级和完善，促进信息化环境下人才培养模式的改革和学生学科核心素养的培养提升；针对学生的个性化差异和选择性学习需求，结合新课程改革加强智慧课堂的深层次应用，探索分层教学、走班教学等新的教学方式，适应新课改、新高考的新要求；围绕课堂教学大数据的采集、汇聚和处理，加强大数据、人工智能等新技术的应用，利用教学大数据挖掘分析、建立智能教学系统等新手段，促进教育教学的智能化发展。这些问题既是新课程改革不断深化产生的新要求，也是现代科技与课堂教学融合创新的必然趋势，需要着眼于长远，把握本质，不断探索，持续推进技术支持下的课堂变革。

339

参考文献

[1]查有梁. 教育建模[M]. 南宁：广西教育出版社，1998.

[2]查有梁. 课堂模式论[M]. 桂林：广西师范大学出版社，2001.

[3]陈丽等. 数字化校园与 E-Learning——信息时代大学的必然选择[M]. 北京：北京师范大学出版社，2007.

[4]陈卫东，刘欣红，王海燕. 混合学习的本质探析[J]. 现代远距离教育，2010(5).

[5]陈晓红. 大数据时代的信息素养教育理论与实践[M]. 成都：西南交通大学出版社，2017.

[6]程晓堂，赵思奇. 英语学科核心素养的实质内涵[J]. 课程·教材·教法，2016(5).

[7]崔鸿. 中学生物教学设计与案例研究[M]. 北京：科学出版社，2012.

[8]冯菲，刘玲. 混合式教学成功手册——让课程快速上网[M]. 北京：北京大学出版社，2013.

[9][美]福克讷. 美国经济史(下卷)[M]. 王锟，译. 北京：商务印书馆，1989.

[10]高中物理选修 3-1 教师教学用书[M]. 北京：人民教育出版社，2010.

[11]国洪梅，荆惠兰. 从百日新政看总统和国会在立法方面权力及地位的变化[J]. 北方论丛，2003(3).

[12]何克抗，林君芬，张文兰. 教学系统设计[M]. 北京：高等教育出版社，2006.

[13]何克抗，吴娟. 信息技术与课程整合[M]. 北京：高等教育出版社，2007.

[14]何克抗. 信息技术与课程深层次整合理论[M]. 北京：北京师范大学

出版社，2008.

[15]何克抗，郑永柏，谢幼如．教学系统设计[M]．北京：北京师范大学出版社，2005.

[16]何锡涛，沈坚，吴伟，等．智慧教育[M]．北京：清华大学出版社，2012.

[17]何晓群，刘文卿．应用回归分析(第二版)[M]．北京：中国人民大学出版社，2007.

[18]胡庆芳，贺永旺，杨利华，等．精彩课堂的预设与生成[M]．北京：教育科学出版社，2007.

[19]胡庆芳．优化课堂教学：方法与实践[M]．北京：中国人民大学出版社，2014.

[20]教师月刊编辑部．俞献林：大数据与未来教师[M]．上海：华东师范大学出版社，2017.

[21]课程教材研究所，思想政治课程教材研究开发中心．普通高中课程标准实验教科书思想政治2必修政治生活教师教学用书[M]．北京：人民教育出版社，2012.

[22]黎加厚．信息化课程设计——Moodle 信息化学习环境的创设[M]．上海：华东师范大学出版社，2007.

[23]李秉德．教学论[M]．北京：人民教育出版社，1991.

[24]李克东．新编现代教育技术基础[M]．上海：华东师范大学出版社，2002.

[25]李曼丽，张羽，叶赋桂，等．解码MOOC——大规模在线开放课程的教育学考察[M]．北京：清华大学出版社，2013.

[26]李芒，蒋科蔚，李师．信息化学习方式案例教学[M]．北京：北京师范大学出版社，2014.

[27]李新义，刘邦奇．智慧课堂教学理论与实践[M]．合肥：安徽教育出版社，2018.

[28]李玉平，刘静波，付彦军．微课程——设计与案例赏析[M]．北京：中国人民大学出版社，2014.

[29]林崇德．21世纪学生发展核心素养研究[M]．北京：北京师范大学出版社，2016.

[30]刘邦奇，孙曙辉．翻转课堂技术平台及应用综述[J]．软件导刊，2015(11)．

[31]刘邦奇，孙曙辉．数字化校园——理念、设计与实现[M]．合肥：中国科学技术大学出版社，2014．

[32]刘军．智慧课堂："互联网＋"时代未来学校课堂发展新路向[J]．中国电化教育，2017(7)．

[33]刘美凤，等．信息技术在中小学教育中应用的有效性研究[M]．北京：教育科学出版社，2010．

[34]刘明成．智慧课堂的价值追求及实施策略[J]．当代教育科学，2014(8)．

[35]刘绪贻，杨生茂．富兰克林·D.罗斯福时代：1929—1945[M]．北京：人民出版社，1994．

[36]柳夕浪．学生综合素质评价：怎么看？怎么办？[M]．上海：华东师范大学出版社，2016．

[37][美]ANITA WOOLFOLK．教育心理学(第十版)[M]．何先友，等，译．北京：中国轻工业出版社，2008．

[38][美]BRUCE JOYCE，MARSHA WELL，EMILY CALHOUN．教学模式(第七版)[M]．荆建华，宋富钢，花清亮，译．北京：中国轻工业出版社，2009．

[39][美]R.M.加涅，W.W.韦杰，K.C.戈勒斯，等．教学设计原理(第五版)[M]．王小明，庞维国，陈保华，等，译．上海：华东师范大学出版社，2007．

[40][美]萨尔曼·可汗．翻转课堂的可汗学院——互联网时代的教育革命[M]．刘婧，译．杭州：浙江人民出版社，2014．

[41][美]威廉·曼彻斯特．大萧条与罗斯福新政[M]．朱协，译．海口：海南出版社，2009．

[42]南国农．信息化教育概论[M]．北京：高等教育出版社，2004．

[43]欧阳新龙，肖川．义务教育数学课程标准解读[M]．北京：北京师范大学出版社，2016．

[44]任雪松，于秀林．多元统计分析(第二版)[M]．北京：中国统计出版社，2011．

[45]孙曙辉，刘邦奇．基于动态学习数据分析的智慧课堂模式[J]，中国教育信息化，2015(22).

[46]孙曙辉，刘邦奇．智慧课堂[M]．北京：北京师范大学出版社，2016.

[47]唐斯斯，杨现民，单志广，等．智慧教育与大数据[M]．北京：科学出版社，2015.

[48]唐烨伟，庞敬文，钟绍春，等．信息技术环境下智慧课堂构建方法及案例研究[J]．中国电化教育，2014(11).

[49]涂子沛．大数据[M]．桂林：广西师范大学出版社，2012.

[50]王晨，刘男．互联网＋教育——移动互联网时代的教育大变革[M]．北京：中国经济出版社，2015.

[51]王飞．罗斯福新政时期总统行政权研究(1932—1941)[D]．合肥：安徽大学，2010.

[52]王磊．化学2(必修)教师用书[M]．济南：山东科学技术出版社，2008.

[53]王希．原则与妥协：美国宪法的原则与实践[M]．北京：北京大学出版社，2005.

[54]魏忠．教育正悄悄发生一场革命[M]．上海：华东师范大学出版社，2014.

[55]吴长江．为学而教——课堂教学设计与改进的校本行动[M]．上海：上海大学出版社，2014.

[56]杨文源，刘恩山．为了理解的教学设计：从指向核心概念的问题开始[J]．生物学通报，2014(1).

[57]叶澜．新编教育学教程[M]．上海：华东师范大学出版社，1991.

[58][英]维克托·迈尔-舍恩伯格，肯尼思·库克耶．与大数据同行——学习和教育的未来[M]．赵中建，张燕南，译．上海：华东师范大学出版社，2015.

[59]余文森．核心素养导向的课堂教学[M]．上海：上海教育出版社，2017.

[60]余文森，洪明，张蓉．有效教学的理论和模式[M]．福州：福建教育出版社，2011.

[61]张富山，李传武．中国教师智库鼎尖教案数学七年级下册(北师大版)[M]．延吉：延边教育出版社，2015.

344

[62]张华，钟启泉．课程与教学论[M]．上海：上海教育出版社，2000.

[63]张嘉志．信息化教学方法与技术[M]．北京：北京师范大学出版社，2012.

[64]赵凯华，张维善．新概念高中物理读本(第三册)[M]．北京：人民教育出版社，2009.

[65]赵明仁．教学反思与教师专业发展[M]．北京：北京师范大学出版社，2009.

[66]中华人民共和国教育部．普通高中化学课程标准(2017 年版)[M]．北京：人民教育出版社，2018.

[67]中华人民共和国教育部．普通高中课程方案(2017 年版)[M]．北京：人民教育出版社，2018.

[68]中华人民共和国教育部．普通高中语文课程标准(实验)[M]．北京：人民教育出版社，2003.

[69]钟志贤．信息化教学模式——理论建构与实践例说[M]．北京：北京师范大学出版社，2006.

[70]周振宇．共生课堂——一种基于教育生态学的新思考[J]．教育研究与评论，2010(6).

[71]朱建峰．翻转课堂与传统课题教学模式比较研究[J]．北京城市学院学报，2015(5).

[72]祝智庭，顾小清，闫寒冰．现代教育技术——走进信息化教育(修订版)[M]．北京：高等教育出版社，2005.